Volker Eismann,
Hans Magnus Enzensberger,
Kees van Eunen,
Brigitte Helmling,
Bernd Kast,
Ingrid Mummert
und Maria Thurmair

Die Suche
Das andere Lehrwerk für Deutsch als Fremdsprache
Arbeitsbuch 1

Langenscheidt
Berlin · München · Leipzig · Wien · Zürich · New York

Visuelles Konzept und Gestaltung: Klaus Meyer und Ruth Kreider-Stempfle, München
Planung der Grammatikprogression: Willy Rogalla, Göttingen
Textillustrationen: Michael Keller, München
Layout: Antonia Berger, Simone Reichart, München
Umschlaggestaltung: Klaus Meyer, München
Redaktion: Hans-Heinrich Rohrer

Autoren und Verlag danken Renate Stallbaumer vom Goethe-Institut Paris für zahlreiche wertvolle Anregungen und ihre Mitarbeit bei der Entstehung des Lehrwerks.
Wir danken weiterhin allen Kolleginnen und Kollegen, die Die Suche mit Erfolg erprobt haben, insbesondere Claudia Hahn-Raabe vom Goethe-Institut New York und Irene Motyl vom Deutschen Haus, New York University.

Die Suche
Das andere Lehrwerk für Deutsch als Fremdsprache

Band 1: Materialien

Textbuch 1	3-468-47600-0
Arbeitsbuch 1	3-468-47601-9
Lehrerhandreichungen 1	3-468-47602-7
2 Audiocassetten 1A	
(Textbuch: Hörspiel und Nachsprechübungen)	3-468-47603-5
Audiocassette 1B	
(Textbuch: Hörtexte der Landeskundeteile;	
Arbeitsbuch: phonetische Übungen)	3-468-47604-3
Folien 1	3-468-47606-X
Glossar Deutsch-Englisch	3-468-47610-8
Glossar Deutsch-Französisch	3-468-47611-6
Glossar Deutsch-Italienisch	3-468-47613-2

Umwelthinweis: gedruckt auf chlorfrei gebleichtem Papier

Druck:	5.	4.	3.	2.	1.	Letzte Zahlen
Jahr:	98	97	96	95	94	maßgeblich

© 1994 Langenscheidt KG, Berlin und München
Das Werk und seine Teile sind urheberrechtlich geschützt.
Jede Verwertung in anderen als den gesetzlich zugelassenen Fällen
bedarf deshalb der vorherigen schriftlichen Einwilligung des Verlages.

Druck: Druckhaus Langenscheidt, Berlin
Printed in Germany · ISBN 3-468-47601-9

Inhalt

Index zu Wortschatz, 3
und Themenbereichen

Index zur Grammatik   4

Kapitel 0   5
Kapitel 1 12
Kapitel 2 17
Kapitel 3 25
Kapitel 4 33
Kapitel 5 40
Kapitel 6 50
Kapitel 7 59
Kapitel 8 67
Kapitel 9 73
Kapitel 10 80
Kapitel 11 87
Kapitel 12 94
Kapitel 13 100
Kapitel 14 107
Kapitel 15 114
Kapitel 16 121
Kapitel 17 128
Kapitel 18 136
Kapitel 19 143
Kapitel 20 150
Kapitel 21 156
Kapitel 22 162
Kapitel 23 169
Kapitel 24 177
Kapitel 25 183
Kapitel 26 189
Kapitel 27 196
Kapitel 28 203
Kapitel 29 209

Phonetik 216

Lösungsschlüssel 230

Quellenverzeichnis . . 255

»Auf der Suche« 256

Index zum Wortschatz

Wortschatz / Kapitel

Wortbildung:
komponierte Nomen 0, 6, 13, 14
Adjektive mit un- 1
Adjektive auf -isch 2
Verben auf -ieren 4
Länder/Nationalitäten 8
feminine Nomen auf -in 8
Verben mit Präfixen 9
Adjektive auf -los 10
Adjektive auf -voll 10
Nomen von Verben 11
Nomen von Infinitiven 12
Adjektive auf -lich 14, 23
Nomen auf -keit 14
Nomen von Adjektiven 16
Pronomen: einander ... 20
Nomen: Haupt-/Neben- 20
Diminutive 21
komponierte Adjektive 22
Adjektive auf -haft 22
Adjektive als Nomen 22
Teile/Brüche 23
Adjektive auf -lang 23
Adverbien auf -s 23
Pronominaladverbien 24
Nomen von Namen 24
Pronomen mit irgend- 27

Wortschatz / Kapitel

Themenbereiche:
Länder-Namen 0, 8
Zahlen 3, 4, 6, 15, 23
Uhrzeiten 3, 7, 8
Rechenoperationen 3
Menschen 5
Familie/Verwandte 5, 26
Zeit/Dauer 6
Alphabet 6
Abkürzungen 6
Farben 6
Restaurant, Café 6, 18
Tageszeiten 7
Anrede/Gruß im Brief 7
Wochentage 9
Tag/Nacht 9
Erde/Sonne 9, 13
Quantitäten messen 12
Speisen 12, 18
Wetter 13
Jahreszeiten/Monate 13
Körper/Körperteile 13
Stoffe: Leder/Wolle ... 14
Kleidung 14
Richtung/Orte 15
Wohnung/Möbel 15
Tiere 18, 26
Gebrauchsobjekte 19
Geld/Zahlungsmittel 21
Reisen 23
Hotel 25
Lebenslauf 26

Das bedeuten die Piktogramme am Rand der Seiten:

👁 Anschauen/Lesen   🔍 Suchen und prüfen

👄 Sprechen   👂 Zuhören   ✏ Ins Buch schreiben

📝 Auf ein separates Blatt Papier schreiben

Wichtige Information: Aufgaben, die nicht durch Piktogramme gekennzeichnet sind, können sowohl mündlich wie schriftlich bearbeitet werden.

Index zur Grammatik

Grammatik / Kapitel

Artikel:
der, das, die, ... 0, 2, 4
ein, eine, ... 2, 4
kein, keine, ... 4
mein, dein, ... 4, 5, 7
dieser, dieses, ... 8, 10
jeder, welcher ... 10
derselbe, ... 23

Pronomen:
ich, du, er ... 1, 2, 3, 5
das 4
Fragepronomen 7
man 11
der, das, die ... 16
Reflexivpronomen 20
davon, damit, ... 24
einer, ein(e)s, ... 25

Nomen:
Genus 0, 2, 17
Plural 5, 8, 17
Kasus 17, 18
Deklination 17, 22, 26, 27, 29
Nomen + Präp. 27

Adjektiv:
+ Präpositionen 18, 27
Deklination 22, 23, 24, 26, 29
Komparativ 23

Präpositionen:
Bedeutungen 7, 9, 14, 15, 22, 27
+ Akkusativ 9, 10, 14
+ Dativ 9, 14, 22
+ Akk./Dat. 10, 15, 22

Deklination:
Nominativ 2, 17
Akkusativ 5, 6, 7, 17
Dativ 10, 12, 13, 17
Genitiv 17, 18

Grammatik / Kapitel

Verb:
Infinitiv 2
Präsens 2, 3, 5, 17
Imperativ 6, 14, 17
Präteritum 9, 19, 29
Verben + Präfix 7, 9, 10, 17
Perfekt 11, 17
Modalverben 12, 14, 16
Rektion 13, 17
Verben + Präp. 18, 27
reflexive Verben 20
Partizip Präsens 23
Plusquamperfekt 25, 29
Futur 28, 29

Konnektoren:
wie, was, warum ... 2, 8, 20
und/oder/denn ... 3, 17, 29
daß, ob 10, 17, 20, 29
wenn 13, 17, 20, 25, 29
oder/sondern 14, 17, 29
weil 17, 20, 29
zu + Inf. 21, 23, 28, 29
seit, bis 22
obgleich/obwohl/als 25, 28, 29

Syntax:
Satz-Frage 1, 3
Aussage-Satz 1, 3, 29
Subjekt 3
W-Frage 2
Imperativ-Satz 2, 5
indirekte Frage 5, 8, 20, 29
Akkusativ-Objekt 5
Nebensatz 10, 13, 20, 21, 23, 26, 28, 29
zweiteilige Verben 7, 11, 12, 16
Satzarten 12, 17
Dativ-Objekt 13
Relativsatz 15, 19, 28, 29
Satzverbindungen 18, 27
präpositionales Objekt 29

Wortschatz

| Langue | Sprache | Language | Lengua | Язык | Lingua | 言語 | Sprog | W 1 |

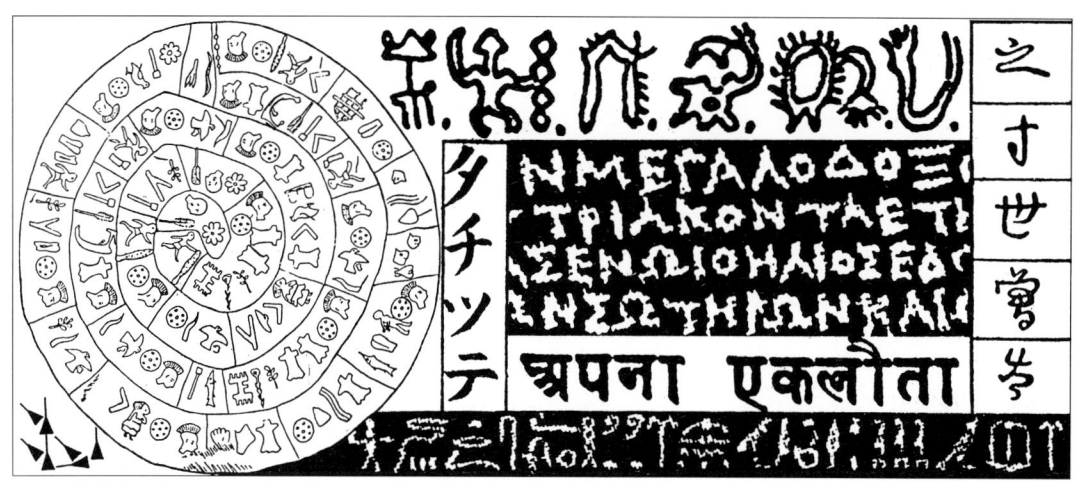

the street	gefährlich	el pueblo	la macchina	Kamera	trinken
~~das Wort~~	la voiture	schwimmen	Tennis	der Bus	Fußball
nervös	schlafen	la leçon	la muchacha	kiittämättömän	Sport
la couture	~~sleep~~	dreißig	le métro	~~System~~	Auto
ijs	l' idea	Psyche	il biglietto	normal	the word	die Straße

✎ a) Was ist

'international'   deutsch   englisch   spanisch   französisch   _____ ?

System   _das Wort_   _sleep_   _____   _____   _____

_____   _____   _____   _____   _____   _____

✎ b) Was ist charakteristisch für Deutsch?

Unterstreichen Sie:

das Wort
die Straße

_____

✎ c) Kennen Sie andere deutsche Wörter?

Deutsch	Was ist charakteristisch?
Bier	Bier
heißen	heißen
_____	_____

W 2 Orientierung: Wo?

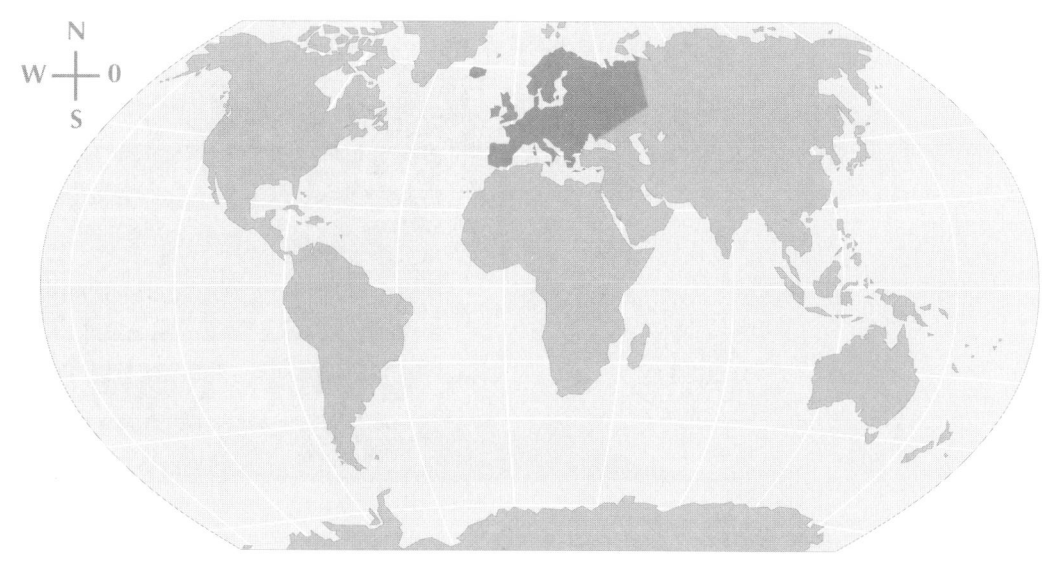

die Arktis
im Norden

Amerika
im Westen

Asien
im Osten

Afrika
im Süden

Die Kontinente:
Europa
Amerika
Afrika
(die Arktis)
die Antarktis
Asien
Australien

Länder:
Japan
Rußland
Kanada
Mexiko
Ägypten
Argentinien
der Iran
die Ukraine
die USA
Kenia
Indien
China
Marokko
Korea
.....

a) Wo ist ..... ?
    Wo ist Japan? → Japan ist in Asien.
    Wo ist .....? → .....
    ..... → .....

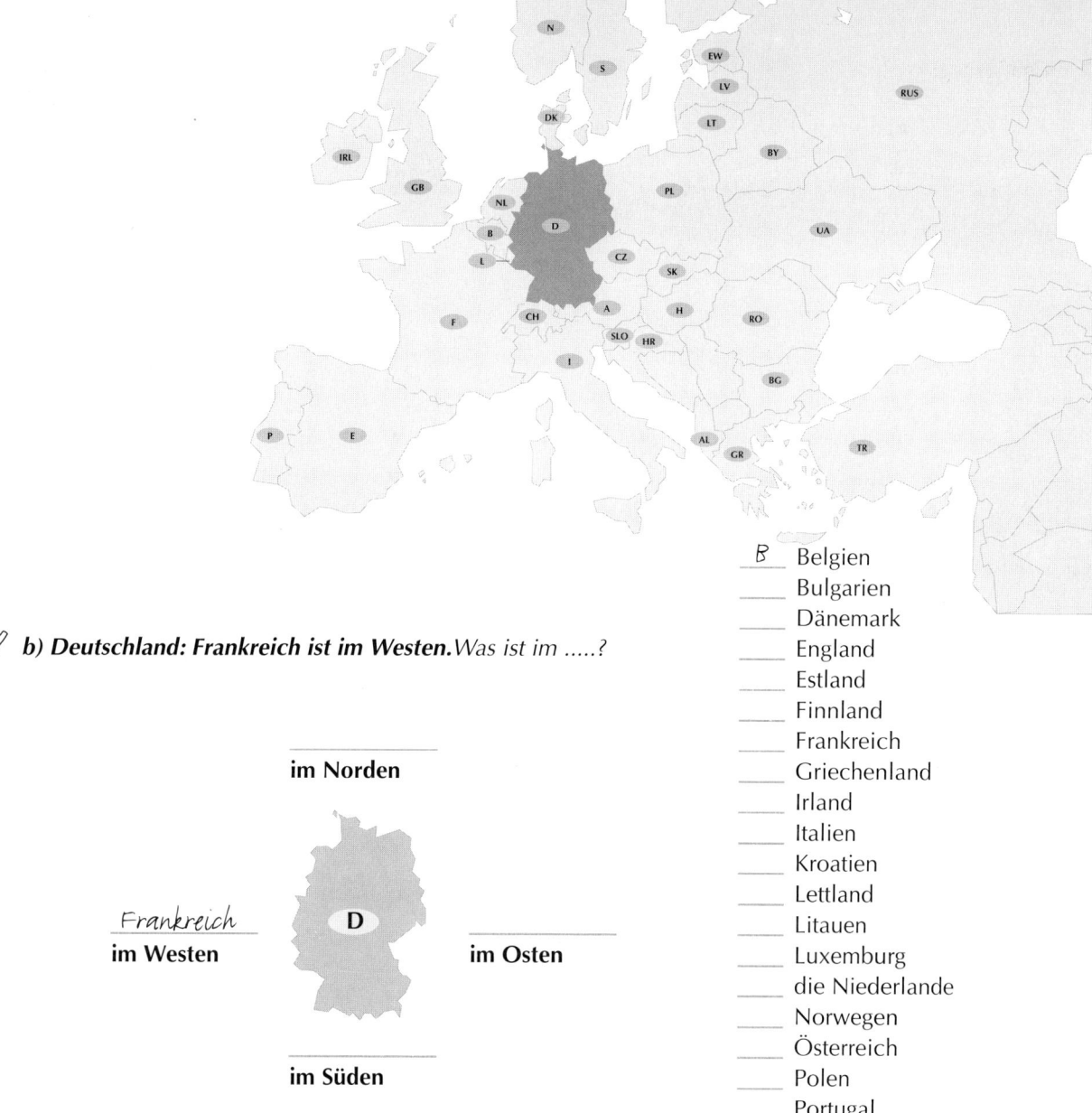

b) **Deutschland: Frankreich ist im Westen.** Was ist im .....?

im Norden

Frankreich   D   im Osten
im Westen

im Süden

im Norden

im Westen   Ihr Land   im Osten

im Süden

__B__ Belgien
____ Bulgarien
____ Dänemark
____ England
____ Estland
____ Finnland
____ Frankreich
____ Griechenland
____ Irland
____ Italien
____ Kroatien
____ Lettland
____ Litauen
____ Luxemburg
____ die Niederlande
____ Norwegen
____ Österreich
____ Polen
____ Portugal
____ Rumänien
____ Rußland
____ Slowenien
____ Spanien
____ Schweden
____ die Schweiz
____ die Tschechische Republik
____ die Türkei
____ die Ukraine
____ Ungarn .....

c) Wo ist .....

der Marienplatz?

Der Marienplatz ist **in** München.

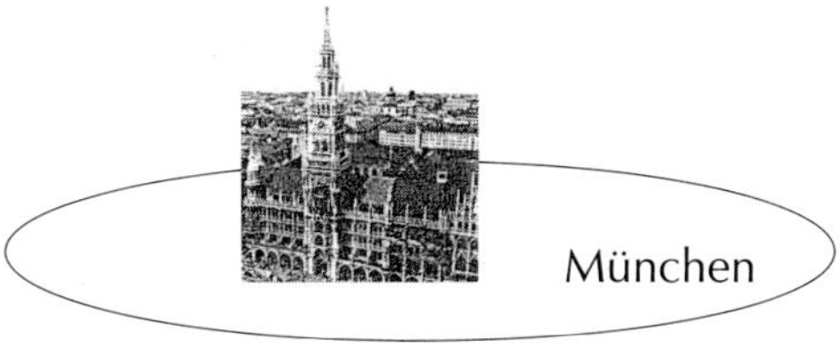

München

Wo ist München?

München ist **in** Bayern.

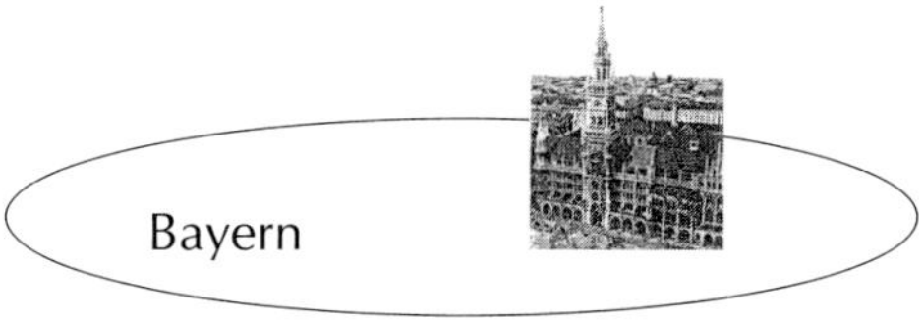

Bayern

Wo _____ ?

Bayern ist _____ .

Süddeutschland

Wo _____ ?

_____ ist _____ .

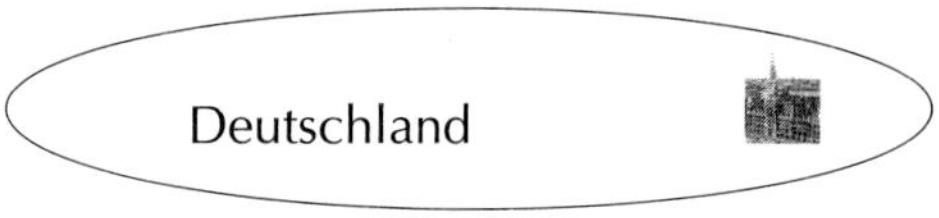

Deutschland

d) **Süden + Deutschland → Süddeutschland.** Konstruieren Sie genauso:

Deutschland	Frankreich	Europa	Afrika
Norddeutschland	_____	_____	_____
West_____	_____	_____	_____
Ost_____	_____	_____	_____
Süd_____	_____	_____	_____

Personen

Das ist das **Goethe-Institut** in München.

a) Wer ist Goethe?

Das ist Goethe.   **Wer** ist das?

Das ist 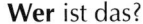 _____ _____ _____ _____

Karl Marx	John Kennedy	Steffi Graf
Ludwig van Beethoven	Rosa Luxemburg	
Romy Schneider	Albert Einstein	

b) Was paßt?

Albert Einstein
Romy Schneider
Indira Ghandi
Rosa Luxemburg
Ludwig van Beethoven
Johann Wolfgang von Goethe

populär   aktuell   nicht aktuell
ein Mythos   ein Symbol   ein Idol

Beispiel:
Albert Einstein ist populär.
Albert Einstein ist ein Idol.

1. Romy Schneider ist populär
2. Rosa Luxemburg ist aktuell
3. Ludwig van Beethoven ist populär
4. _____
5. _____
6. _____

0
Grammatik

G 1 Nomen: Das Genus – der Artikel

a) Sprachen

Englisch:	the street	
Französisch:	le métro	la voiture
Deutsch:	der Bus	das Wort	die Straße

Regel ▷			
Genus:	**Maskulinum**	**Neutrum**	**Femininum**
Artikel:	der	das	die

Beispiel: der Sport   das Taxi   die Musik

✎ andere Nomen: _der_ _____ _____ _____

b) Deutsch: Personen

der Mann   **das** Baby   **die** Frau
der Chef   **das** Kind   **die** Chefin

✎ Schreiben Sie die Artikel.

der Chef   **die** Chefin   _die_ Sekretärin   ____ Präsident   ____ Minister   _die_ Professorin

____ Diva   ____ Direktor   _die_ Autorin   ____ Mutter   ____ Vater   ____ Lehrer

Sprechen und Schreiben
Wo ist Hamburg? Hamburg ist in Norddeutschland.

| Bonn | **die** Donau | München | Köln | **der** Rhein | Bremen |
| Leipzig | das Saarland | Dresden | Aachen | Thüringen | ..... |

Beispiel: Wo ist Bonn?   Bonn ist in Westdeutschland.
Wo ist .....?   ..... ist in .....

1 Wortschatz

W 1 Adjektive

a) Negation (≠): Ergänzen Sie:

müde	≠	**nicht** müde	nervös	≠	**nicht** nervös
aktiv	≠	*nicht aktiv*	positiv	≠	*nicht positiv*
interessant	≠	*nicht interessant*	elegant	≠	*nicht elegant*

sportlich	≠	**nicht** sportlich	= **un**sportlich
musikalisch	≠	*nicht musikalisch*	= **un**musikalisch
kritisch	≠	*nicht kritisch*	= **un**kritisch
sympathisch	≠	*nicht sympathisch*	= **un**sympathisch
ruhig	≠	*nicht ruhig*	= **un**ruhig

b) Oppositionen (⟷): Was paßt?

nervös	⟷	ruhig	(= nicht nervös)
müde	⟷	*negativ*	(= nicht müde)
positiv	⟷	*passiv*	(= nicht positiv)
aktiv	⟷	*dynamisch*	(= nicht aktiv)

ruhig
negativ
passiv
dynamisch

W 2 Was paßt hier nicht? (☐ ☐ ☒ ☐ ☐)

Beispiel:
- Dollar
- Mark
- ✗ **Berlin**
- Rubel

Was paßt zu ✗ ?
✗ **Berlin**

Rom

Moskau

a)
- müde
- unsportlich
- passiv
- dynamisch

Was paßt zu ✗ ?
✗ _____

_____

_____

b)
- Sprache
- Mann
- Text
- Wort

Was paßt zu ✗ ?
✗ _____

_____

_____

Grammatik
Wortarten G 1

Was sind Verben, Pronomen, Nomen, Adjektive?

> Schlafen Sie? Ich bin müde. Das ist Schlock.
> Sind Sie müde? Ich bin nervös. Sie sind Kollegen.

Verben	Pronomen	Nomen	Adjektive
schlafen	Sie	Schlock	nervös

Andere Beispiele:

diskutieren			

Personalpronomen G 2

a) „Sie" und „ich"?
Beispiel:

Gröger sagt: „Sind **Sie** müde?" **Sie** = Schlock
Schlock sagt: „Nein, **ich** bin nicht müde". **ich** = Schlock

Schlock sagt: „Sind **Sie** nervös?" **Sie** = Gröger
Gröger sagt: „Ja, **ich** bin nervös." **ich** = Gröger

b) „Sie" und „sie". Wer ist wer?
„Herr Gröger, Schlafen **Sie**?" **Sie** = Gröger
„Herr Gröger und Herr Schlock, sind **Sie** nervös?" **Sie** = Gröger
Das sind Gröger und Schlock. Was sind **sie**? **sie** = _____
Sie sind Agenten. **Sie** = _____

c) Ergänzen Sie:
Sind **Gröger und Schlock** nervös? Ja, _____ sind nervös.
Schlafen _____? Nein, _____ schlafen nicht.
„Sind Sie müde?" „Ja, _____ bin müde."

1

G 3 Syntax. Positionsregel 1: Wo ist das Verb?

Das ist das Modell:

Position:	1	2	...
Frage:	Sind	Sie	müde ?
Aussage:	Ich	bin	nicht müde .

Frage: Sind Sie müde ?

Aussage: Ich bin nicht müde .

✎ Konstruieren Sie:

○ **Schlafen** Sie ?
● Nein, *ich* _____ nicht .

○ _____ _____ Student ?
● Ja, ich bin Student .

○ **Ist** _____ in Deutschland ?
● Ja, Leipzig _____ _____ .

○ _____ der Roman interessant ?
● Nein, der _____ _____ nicht interessant .

○ _____ _____ _____ ?
● _____ _____ _____ .

Regel ▷	*Frage:*	**Verb in Position 1**
	Aussage:	**Verb in Position 2**

1

Sprechen und Schreiben
Was sind Gröger und Schlock? S 1

a) Hypothesen. Sie sind:

- Polizisten
- Studenten
- Agenten
- Gangster
- Professoren
- Spione
- Detektive
- Diplomaten
- Minister
- Fotomodelle
- Journalisten
- _____

b) Argumente. Warum? / Warum nicht?

| seriös | diskret | aggressiv | kompetent | korrekt | komisch |
| elegant | dynamisch | sportlich | charmant | intellektuell |

Beispiel: ● Sind sie Polizisten?   ● Nein. Sie sind nicht **seriös**.
                                            Ja.   Sie sind **sportlich**.

● Sind sie .....?   ● Ja/Nein. Sie .....

Hypnose S 2

a) Sie „hypnotisieren". Arbeiten Sie mit einem Partner / einer Partnerin.

● **Sie:**   ● **Der Partner / die Partnerin wiederholt:**
Sie sind ruhig.   Ich bin ruhig.
Sie sind müde.   Ich bin müde.
Sie schlafen.   Ich schlafe.
Sie sind in Berlin.   Ich bin in Berlin.
Sie .....   Ich .....

b) Funktioniert die Hypnose? Fragen Sie:

● **Sie:**   ● **Der Partner / die Partnerin:**
                       Variante: „Ja"
Sind Sie ruhig?   Ja, ich bin ruhig.
Sind Sie müde?   Ja, ich bin müde.
Schlafen Sie?   Ja, ...
....

                       Variante: „Nein"
                       Nein, ich bin nicht ruhig.
                       Nein, ich bin nicht müde.
                       Nein, ...
                       .....

c) Die Realität. Schreiben Sie:
Wo sind Sie?   _____
Sind Sie müde?   _____
....

S 3 Ist Tarzan musikalisch?

a) Wer sind Sie? *Wähle Sie eine Person.*

- Tarzan
- Karl Marx
- Miles Davis
- Charly Chaplin
- Marlene Dietrich
- Maria Callas
- Marilyn Monroe
- Jeanne d'Arc

b) Was sind Sie? *Wählen Sie 2 Informationen:*

- sportlich
- revolutionär
- intelligent
- komisch
- autoritär
- musikalisch
- charmant
- exotisch
- melancholisch
- arrogant
- aggressiv
- sexy

c) Suche: Wer ist wer? *Arbeiten Sie mit einem Partner / einer Partnerin:*

- ● Sie fragen:
- ● Ein Partner / eine Partnerin antwortet:

● Sind Sie musikalisch?
● **Ja**, ich bin musikalisch.
● Sind Sie sportlich?
● **Nein**, ich bin nicht sportlich.
● Sind Sie ...?
● Ja/Nein, ich .....
● .....
● .....

● Sie sind .....
● Ja/Nein, ich bin (nicht) .....

Phonetik und Orthographie K 1 ➤ S. 216

Wortschatz

Wortbildung: Nomen ⟶ Adjektive auf -isch. W 1

a) Ergänzen Sie bitte:

der Idiot	idiotisch	die Energie	energisch
das _____	alphabetisch	die Utopie	_____
die _____	medizinisch	die _____	psychologisch
die Politik	politisch	der Optimist	optimistisch
die Logik	_____	der _____	egoistisch
die Technik	_____	der Realist	_____
die _____	grammatisch	der Idealist	_____

b) der – das – die? Nomen auf -ie: _die_   Nomen auf -ist: _____   Nomen auf -ik: _____

Was paßt? W 2

eine Frage/Antwort ist: eine Person ist: eine Situation ist:

korrekt   _____   _____
_____   _____   _____

> müde   sonderbar   exotisch   arrogant   kompliziert   chaotisch
> dynamisch   aggressiv   normal   korrekt   gefährlich   passiv

Meinungen: „Ich finde .....“ W 3

Mozart-Opern *(Pl.)*
Whisky
Computer *(Pl.)*
die Natur
Walzer tanzen
Sex
Sportautos *(Pl.)*
Jazz

Mozart-Opern sind wunderbar.
Whisky ist .....
.....

Ich finde Mozart-Opern uninteressant. Ich finde .....
.....

2 Grammatik

G 1 Die Artikel

Was ist das? Das ist **eine** Frau. **Die** Frau lächelt.

Die Artikel: ein – eine / der – das – die

| Sg. (Singular) | | | | | Pl. (Plural) | | |
Maskulinum		Neutrum		Femininum			
ein	d**er**	ein	da**s**	ein**e**	di**e**	–	di**e**
Mann		Kind		Frau		Männer	Kinder	Frauen
Bus		Foto		Frage		Busse	Fotos	Fragen

a) Nomen und Artikel: Formulieren Sie Sätze:

	Singular			Plural	Klassifizierung	Individualisierung
	M	N	F			
Text	X				Das ist **ein** Text.	**Der** Text ist kompliziert.
Touristen				X	Das sind Touristen.	**Die** Touristen suchen eine Straße.
Land		X			Das ist _Land_	_____
Straßen				X	Das sind _Straßen_	_____
Auto		X			_____	_____
Stadt			X		_____	_____
Bus	X				_____	_____
Männer				X	_____	_____
Kind		X			_____	_____
Wörter				X	_____	_____

𝔇𝔦𝔢 𝔚𝔢𝔩𝔱.

𝔇𝔢𝔯 ℌ𝔦𝔪𝔪𝔢𝔩.

𝔇𝔞𝔰 𝔚𝔞𝔰𝔰𝔢𝔯.

𝔇𝔦𝔢 𝔈𝔯𝔡𝔢.

2

b) Lernen Sie Karten spielen!

Die Symbole sind: ♣ Kreuz ♠ Pik ♥ Herz ♦ Karo

Hier sind drei Spielkarten. Was paßt: **ein – eine / der – das – die**?

Das ist **ein** König.   Das ist **der** Herz-König.   Das ist _____ Dame. Das ist _____ Kreuz-Dame.   Hier ist _____ As. Das ist **das** Pik-As.

● Hier sind die drei Karten. Wählen Sie _eine_ Karte!
  Sehen Sie _____ Karte an!
  Ist es _____ Karo-As? ● Nein.
● Ist es _____ König? ● Nein.
● Also ist es _____ Dame! ● Ja, _____
● Es ist _____ Kreuz-Dame! ● Ja, _____
● Ich bin intelligent, finden Sie nicht?

Personalpronomen   G 2

a) Was paßt nicht (☐ ☐ ✗ ☐)?

　　☐ wer　☐ warum　☐ wo　☐ wir　☐ was

Was paßt zu ✗ ?

　✗ ___wir___ : _____ _____

b) Finden Sie andere Beispiele:

Singular	**Plural**
sie:	**sie:**
die Dame	Gröger und Schlock
die Energie	die Karten
.....	Touristen
.....	.....

c) Mathematik der Personalpronomen:

ich + Sie = wir
Sie + Sie = _____
sie + sie = _____
ich + sie = _____

```
       wir
   sie
       Sie
```

G 3 Das Verb

Die Grundform: der Infinitiv

Das steht im Text:
„Warten, warten, immer warten. Das ist idiotisch."

	Verb	
deutsch:	wart**en**	*Infinitiv*
französisch:	attend**re**	
italienisch:	aspett**are**	
englisch:	**to** wait	

warten (26) 1. *v/i.* attendre (bis .. *subj.*); auf j-n ~ attendre q.; 2. soigner, garder; ⊕ entretenir.

¹**warten** (-*e*-) 1. *v/i.* aspettare tendere; (*bleiben*) restare; j lassen far aspettare qd.; mit ~liste *f* waiting list.

warten I. *v/i.* wait; ~ auf w (*erwarten*) await, *fig.* j-n bevorstehen) a. be in store fo

👁 **Die Personalformen:**
1. Sehen **Sie** die Frau! **Sie** telephoniert. **Sie** ist charmant. Warum lächelt **sie**?
2. Schlafen **Sie**? – Nein, **ich** schlafe nicht, **ich** lese.
3. Die Touristen sind müde, **sie** suchen ein Hotel.
4. Sind **Sie** müde? – Ja, **ich** bin müde. **Ich** warte nicht.
5. **Wir** sind Touristen. **Wir** suchen eine Adresse. **Wir** finden sie nicht.

✏ **a) Satz 1.–5.: Schreiben Sie die Personalformen:**

ich	sie *(Sg.)*	wir	sie *(Pl.)*	Sie
				seh**en**

✏ **b) Was ist charakteristisch?** *Unterstreichen Sie.*

✏ **c) Ergänzen Sie die Personalformen.** *Das sind die Infinitive:*

sein (bin...)   lächel**n**   seh**en**   find**en**   sag**en**   such**en**

● Wer *sind* Sie? Was _____ Sie hier?
● Ich _____ ein Foto.
● Sie _____ ein Foto? Das _____ ich sonderbar.
● Warum *lächeln* Sie?
● Ich _____ das Foto.
● Bitte, wo _____ das Foto?
● Das _____ ich nicht.
● Sie _____ ein Biest!

Verben: Präsens (I)

Infinitiv:	sein	suchen	finden	lächeln
ich	bin	such-e	find-e	lächel-e
du				
er/ es/ sie	ist	such-t	find-e-t	lächel-t
wir	sind	such-en	find-en	lächel-n
ihr				
sie/Sie	sind	such-en	find-en	lächel-n

identisch: sagen warten
hören
fragen
entschuldigen
telefonieren

Syntax: Die Infinitiv-Gruppe   G 4

Das steht im Text: Warten, warten, immer warten.

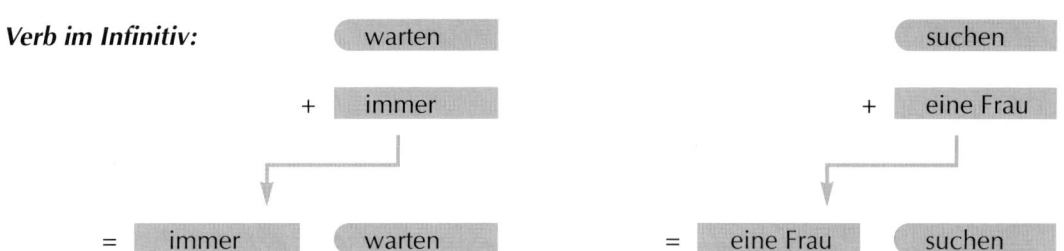

Immer warten, das ist idiotisch.   **Eine Frau suchen,** das findet Schlock interessant.

Formen Sie die Infinitiv-Gruppen:

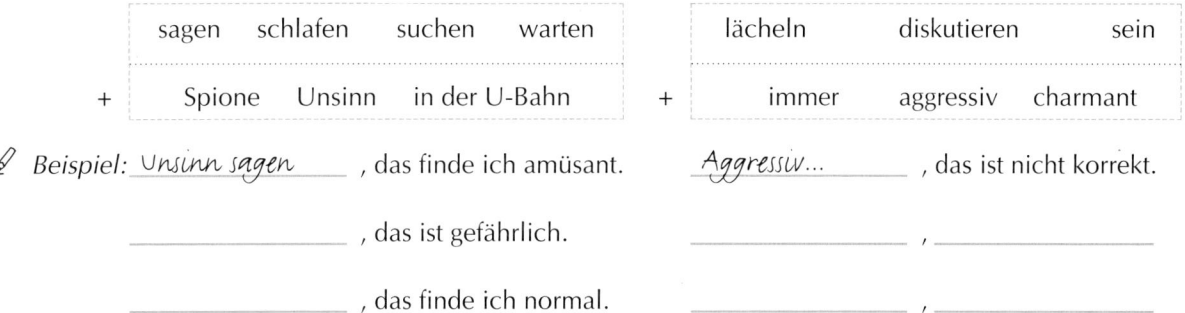

Beispiel: Unsinn sagen , das finde ich amüsant.   Aggressiv... , das ist nicht korrekt.

_____ , das ist gefährlich.   _____ , _____

_____ , das finde ich normal.   _____ , _____

G 5 Syntax: Bitten, Aufforderungen, Befehle

Das finden Sie im Text: **Entschuldigen Sie** bitte, Gröger.
Das finden Sie im Buch: **Lesen Sie** bitte den Text!
Das sagt ein Polizist: **Parken Sie** hier nicht!

a) Die Verb-Position: Was fällt auf?

b) Schreiben Sie bitte:

Infinitivgruppe	Bitte
bitte die Texte lesen:	Lesen Sie bitte die Texte!
das Foto suchen:	
hier warten:	
nicht lächeln:	
bitte eine Partnerin fragen:	

Bitte: Verb-Position

Position	1	2	...	...
Bitte:	Entschuldigen	Sie	bitte,	Gröger.

Regel ▷ Bitten, Aufforderungen, Befehle: Verb in Position 1

c) Hier sind 5 Piktogramme:

	Was bedeuten sie?	Was machen Sie?
👁	Lesen Sie bitte.	Ich lese / wir lesen die Texte.
✏		
👄		
👂		
🔍		

Syntax: Fragen G 6

a) Was paßt zusammen? *Machen Sie Minidialoge:*

Fragen:	Antworten:
1. Was ist?	a) Nein.
2. Finden Sie das Buch interessant?	b) Das ist gefährlich.
3. Wo ist das Foto?	c) Nichts, warum?
4. Warum schlafen Sie?	d) Unmusikalisch.
5. Wie finden Sie Richard Wagner?	e) Ich bin müde.
6. Ist Herr Krause hier?	f) Hier.
7. Warum warten Sie nicht?	g) Ja, natürlich.

b) W-Fragen. *Suchen Sie die Fragen zu den Antworten:*

Wer ist das?		Das ist **Frau Tauber.**
Wo _____ die Männer?		Sie warten **in der U-Bahn.**
Was _____ ?		Ich lese **ein Buch.**
Wie _____ ?		Ich finde das Buch **interessant.**
Warum _____ nervös?		**Die Situation** ist **gefährlich.**

W-Fragen: Verb–Position

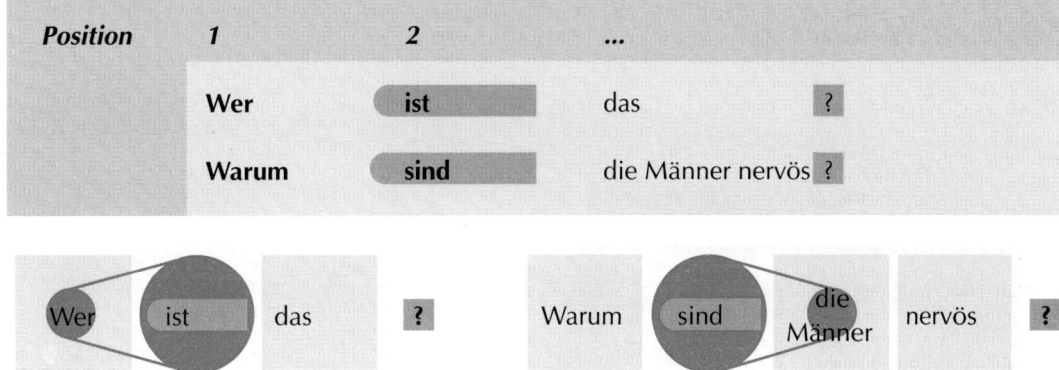

Regel ▷ W-Fragen (Wer, was, wie, wo ...): Verb in Position 2

c) Infinitiv-Gruppe und Frage. *Formulieren Sie die Fragen:*

immer nervös sein	Wer ist .....?
das Foto finden	Wer .....?
die Person sympathisch finden	Wer .....?
in der U-Bahn warten	Wer .....?
nicht gefährlich sein	Was .....?
in Norddeutschland sein	Was .....?

Phonetik und Orthographie K 2 ➤ S. 217

2
Sprechen und Schreiben

S 1 Hypothesen

a) **Wählen Sie einen Partner / eine Partnerin.** Notieren Sie bitte:

Wie findet er/sie:	Was denken Sie?	
– boxen	Er findet boxen gefährlich.	gefährlich
– Fußball	.....	wunderbar
– flirten	.....	interessant
– Romane lesen	.....	normal
– Wein trinken	.....	uninteressant
– Atom-Energie	.....	sonderbar
– Politik	.....	amüsant
– Rock-Musik	.....	komisch
– Insekten	.....	.....
– Tango tanzen.....	.....	.....

b) **Testen Sie Ihre Hypothese!**

Sie:
- Finden Sie Tango tanzen wunderbar?
- .....

Ihr Partner / Ihre Partnerin:
- Ja, ich finde Tango tanzen wunderbar. / Nein, ...
- .....

S 2 Eine Postkarte

Arbeiten Sie mit einem Partner / einer Partnerin. Lesen Sie den Text:

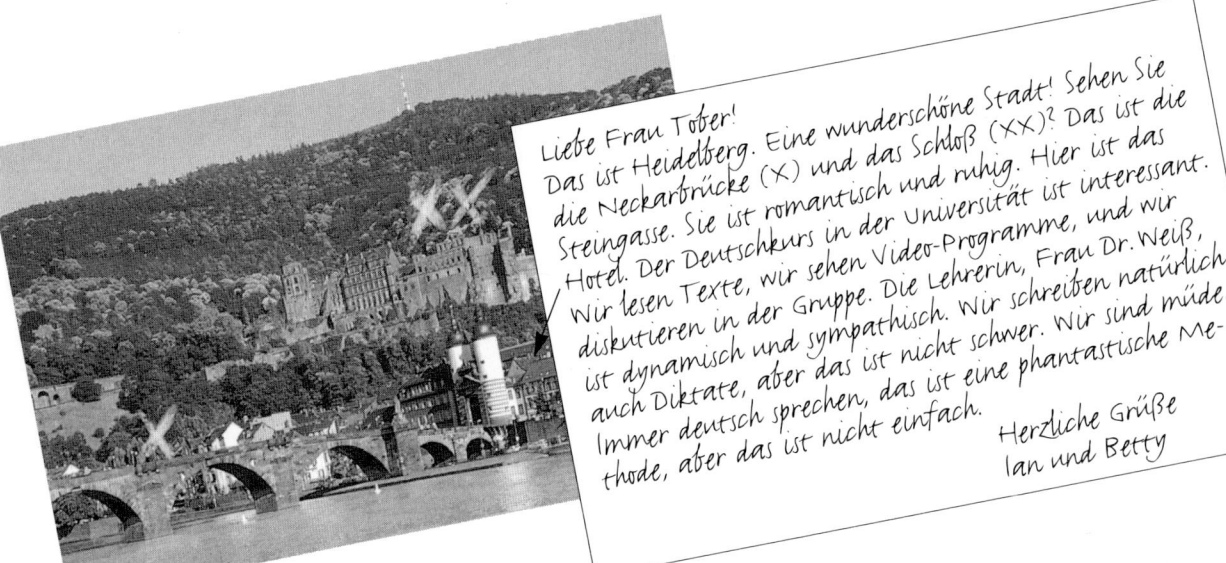

Liebe Frau Tober!
Das ist Heidelberg. Eine wunderschöne Stadt! Sehen Sie die Neckarbrücke (X) und das Schloß (XX)? Das ist die Steingasse. Sie ist romantisch und ruhig. Hier ist das Hotel. Der Deutschkurs in der Universität ist interessant. Wir lesen Texte, wir sehen Video-Programme, und wir diskutieren in der Gruppe. Die Lehrerin, Frau Dr. Weiß, ist dynamisch und sympathisch. Wir schreiben natürlich auch Diktate, aber das ist nicht schwer. Wir sind müde. Immer deutsch sprechen, das ist eine phantastische Methode, aber das ist nicht einfach.
Herzliche Grüße
Ian und Betty

Sie fragen:
- Wer schreibt die Karte?
- Wer ist der Adressat?
- Wo .....? Wie .....? Warum ....?

Der Partner / die Partnerin antwortet:
- .....
- .....
- .....

Wortschatz

Zahlen W 1

a) Zählen Sie:

....	sieben
....	zwölf
..	zwei
....	vier
.	eins
....	acht
....	zehn
...	drei
.....	fünf
......	sechs
....	elf
....	neun

b) Schreiben Sie:

1 eins
2 zwei
3 drei
4 vier
5 fünf
6 sechs
7 sieben
8 acht
9 neun
10 zehn
11 elf
12 zwölf

c) Die Uhrzeit:

Es ist ...
ein Uhr
zwei Uhr
... Uhr

5⁰⁰ = Es ist fünf Uhr.
8⁰⁰ = Es ist acht Uhr.
11⁰⁰ = Es ist elf Uhr.
9⁰⁰ = Es ist neun Uhr.

d) Rechnen Sie bitte:

drei	**plus (+)**	zwei	**gleich (+)**	fünf
sechs	**plus**	_____	**gleich**	acht
sieben	**plus**	vier	**gleich**	_____
fünf	**plus**	_____	**gleich**	elf
zehn	**minus (–)**	_____	**gleich**	neun
zwölf	**minus**	zehn	**gleich**	_____
drei	**mal (×)**	zwei	**gleich**	_____
zwei	**mal**	_____	**gleich**	zwölf

Extreme W 2

Spielen Sie mit Extremen!

⋰ unsympathisch ⟷ nett ⁙
⋰ sehr unsympathisch ⟷ sehr nett ⁙
• sehr sehr unsympathisch ⟷ sehr sehr nett ⁙

dumm ⟷ intelligent	ruhig ⟷ nervös	langsam ⟷ schnell
• eins = *sehr sehr dumm*	⋰ drei = _____	⁙ fünf = _____
vier = _____	sechs = _____	eins = _____

freundlich ⟷ aggressiv	dunkel ⟷ hell	falsch ⟷ richtig
fünf = _____	zwei = _____	drei = _____

3

W 3 Wortfeld: „die Zeit"

Welche Wörter passen?

```
        immer
                    \
    warten   —   Zeit   —   _____
                          |
                        _____
```

W 4 Kommandos, Bitten und Reaktionen

Ergänzen Sie die Sätze 1–9:

> Wunderbar!   Das ist das Foto.   Ich sehe sie nicht.   Sie ist nicht hier.
> Ich schlafe nicht.   Das ist keine Frau.   Warten Sie!   Steigen Sie ein!   **Sie da!**

1. He!	_Sie da!_	Was suchen Sie hier?
2. Ach was!	_____	Sehen Sie das nicht?
3. Bitte!	_____	Ich komme auch.
4. Schnell!	_____	Ich habe keine Zeit.
5. Unsinn!	_____	Das ist doch ein Mann.
6. Moment!	_____	Wo ist sie?
7. Es geht los!	_____	Ich finde gefährliche Situationen interessant.
8. Natürlich!	_____	Das ist immer so.
9. Da!	_____	Wie finden Sie es?

W 5 Konnektoren: und – oder – aber

Sie ist blond,	**und**	(sie ist) elegant.
Steigt sie ein,	**oder**	(steigt sie) aus?
Sie ist wunderbar,	**aber**	(sie ist) gefährlich.

Ergänzen Sie:

Zaza ist blond, ⬡ _____. (dunkel sein)

Hören Sie die Kassette, ⬡ _____! (die Texte lesen)

Ich finde das interessant, ⬡ _____. (keine Zeit haben)

Kommen Sie, ⬡ _____? (warten)

Der Zug wartet, ⬡ sie _____. (nicht einsteigen)

26

Personen beschreiben   W 6

Z. ist jung
schlank
groß

F. ist alt
schlank
klein

K. ist alt
dick
groß

a) Welches sind die Oppositionen?

1) jung ⟷ _____

2) _____ ⟷ klein

3) _____ ⟷ _____

b) Welche Identitäten?   Welche Unterschiede?

Z. und F. sind _____, aber Z. ist _____, und F. ist _____.

Z. und K. sind _____, aber Z. ist _____, und K. ist _____.

F. und K. sind _____, aber F. ist _____, und K. ist _____.

Assoziationen   W 7

Notieren Sie Assoziationen: New York   _____   _____   _____

groß

groß: New York ...   dunkel: _____   alt: _____

gefährlich: _____   schnell: _____   dick: _____

wunderbar: _____   klein: _____   ruhig: _____

3
Grammatik

G 1 Personalpronomen: 3. Person Singular und Plural

Ein Zug kommt. Das ist **der Zug** nach Berlin. **Er** wartet 12 Minuten.

Das steht im Text: Da kommt **der Zug.** **Er** wartet nicht.

Ich suche **ein Foto.** Wo ist **es**?
Was macht **Zaza**? Steigt **sie** ein?
Gröger und Schlock warten nicht. **Sie** haben keine Zeit.

Die Pronomen: er/es/sie – sie repräsentieren Nomen.

a) Finden Sie Beispiele:

	Singular Maskulinum	Neutrum	Femininum	Plural
	der (ein)	das (ein)	die (eine)	die (–)
Personen:	Präsident			
andere Nomen:	Zug			Fotos
Pronomen:	er	es	sie	sie

b) „Genus-Signale". Unterstreichen Sie:
Beispiel: Femininum: di<u>e</u> – si<u>e</u>

c) Personalpronomen: Singular – Plural. Ergänzen Sie:

	Personalpronomen: 1. Person	„Sie-Form"	3. Person
Singular	_____	_____	er/____/____
Plural	wir	Sie	_____

Das Verb: Konjugation Präsens (2)

G 2

Infinitiv:	haben	kommen	schlafen
ich	hab-e	komm-e	schlaf-e
du			
er/es/sie	ha~~b~~-t	komm-t	schläf-t
wir	hab-en	komm-en	schlaf-en
ihr			
sie/Sie	hab-en	komm-en	schlaf-en
identisch:		(ein)steigen machen	fahren

a) Ich – wir – Sie – er/es/sie – sie. *Ergänzen Sie die Pronomen:*

Schmidt erzählt:
Wir warten in der U-Bahn, der Kollege Müller und ____. ____ sage: „Müller, schlafen ____ nicht!" Aber ____ ist müde. ____ findet Warten nicht interessant. ____ finde das auch nicht interessant, aber ____ schlafe nicht. Schlafen ist hier gefährlich. ____ suchen eine Person: ____ ist groß und blond und ____ lächelt immer. Hier, ____ haben ein Foto. Aber ____ ist klein und dunkel: Ist das ein Mann oder ist das eine Frau? Was denken ____? Da kommen zwei Personen: ein Mann und eine Frau. ____ lächeln beide, aber ____ ist blond, und ____ ist groß. Was mache ____? ____ frage Müller, aber ____ antwortet nicht. ____ schläft. Haben ____ eine Idee?

b) Welche Pronomen passen? *Kreuzen Sie an:*

ich	er	es	sie	wir	sie	Sie	Verbform:
X							suche
							fährt
							steigen ein
							findet
							hören

Syntax: Das Subjekt

G 3

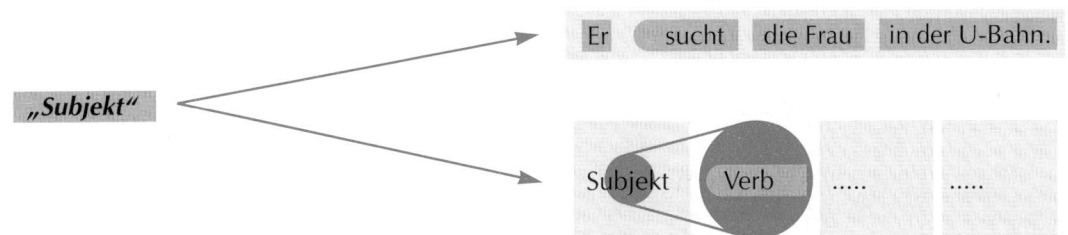

3

Satz:	Frage: →	Subjekt:
Eine Frau kommt. Da kommen **zwei Männer**. Wann kommen **Sie**?	**Wer** kommt?	eine Frau zwei Männer Sie
Da kommt **der Zug**. Kommt da **ein Auto**? **Eine gefährliche Krise** kommt.	**Was** kommt?	der Zug ein Auto eine gefährliche Krise

> *Die Frage:* **Wer** + Verb identifiziert das Subjekt = „Person".
> **Was** + Verb identifiziert das Subjekt = „Nicht-Person".

a) Wer/Was ist das Subjekt?

	Wer/Was	Subjekt:
Da kommt das Taxi.	... kommt da?	*das Taxi*
Wir steigen ein.	... steigt ein?	
Es fährt sehr schnell.	... fährt sehr schnell?	
Das ist gefährlich,	... ist gefährlich?	
aber wir haben keine Zeit.	... hat keine Zeit?	

> **Subjekt und Verb:**
>
> **Ich** hab **e** keine Zeit.   Hab **en Sie** Zeit?   **Wir** hab **en** immer Zeit.

Regel ▷ Das Subjekt determiniert die Personalform.

b) Modifizieren Sie das Subjekt.

Sie steig**en** ein.	Sie → ich:	*Ich steige ein.*
1. Wir machen schnell.	wir → sie:	
2. Das Auto ist kaputt.	das Auto → die Züge:	
3. Wartet er hier?	er → Sie:	
4. Natürlich schläft sie.	sie → ich:	

c) Unterstreichen Sie das Subjekt.

1. Ich bin müde.
2. Wie reagieren die Männer?
3. Lesen Sie den Text.
4. Da kommt sie.
5. Kommen Sie auch?
6. Warum sind sie hier?
7. Die Frau dort ist dunkel.
8. Der Zug wartet fünf Minuten.
9. Natürlich steigen sie ein.
10. Wir suchen ein Hotel.
11. Japan findet er wunderbar.
12. Sehen Sie die Frau dort?

d) Wo ist das Subjekt? Notieren Sie.

Position 1	2	3	.....	Subjekt Position	Satztyp	
Ich	bin	müde.		1	Aussage	.
Da	kommt	sie.		___	Aussage	.
Warum	sind	sie	hier?	___	W-Frage	?
Kommen	Sie	auch?		___	Satz-Frage	?

e) Welche Sätze passen? Notieren Sie.

Ich bin müde.

Sprechen und Schreiben
„Es geht los!" S 1

(das) Kino:
der Film

(die) Schule:
der Kurs, der Unterricht,
die Pause

(die) Firma:
die Arbeit, die Konferenz,
die Pause

Schreiben Sie Dialoge:
Beispiel: **Kino**

● Kommen Sie mit?   ● Warum?   ● Es geht los!   ● Was .....

3

S 2 Rätsel: Wer/was ist er, es, sie?

Welche Nomen passen (nicht)? Notieren Sie.

er = ein Computer? der Chef? ein Kollege? ein Park? ein Platz?
Information 1:
Hier, kommen Sie, das ist **er**. **Er** ist nicht sehr groß, aber **er** hat Charme, finden Sie nicht?
Information 2:
Er ist im Zentrum, und das ist natürlich praktisch. Ich mache Sport hier, oder ich lese. **Er** ist so grün und ruhig, das finde ich wunderbar.

Was paßt nicht?
ein Computer

Was paßt?

sie = eine Psychologin? eine Maschine? die Mutter? eine Sekretärin? eine Rose?
Information 1:
Dort, sehen Sie, das ist **sie**. Haben Sie ein Problem? **Sie** versteht es. **Sie** hat immer Zeit.
Information 2:
Suchen Sie Informationen? Fragen Sie **sie**! Sind Sie nervös? **Sie** ist immer ruhig. Sind Sie müde? **Sie** macht Kaffee, **sie** schreibt Texte, und **sie** macht die Organisation. Ich finde **sie** nicht sehr sympathisch, aber **sie** ist kompetent.

Was paßt nicht?

Was paßt?

es = ein Land? ein Appartement? ein Foto? ein Baby? ein Prinzip?
Information 1:
Ich finde, **es** ist sehr klein, aber das ist natürlich subjektiv. **Es** hat eine Sprache, aber ich verstehe sie nicht.
Information 2:
„Das ist normal", sagt die Mutter, „das sind keine Wörter." **Es** ist so unruhig! Ist das nicht gefährlich? Warum schläft **es** nicht? Ist **es** nicht müde? Da, **es** lächelt! Wunderbar! **Es** hat blaue Augen.

Was paßt nicht?

Was paßt?

sie *(Pl.)* = Kollegen? Computer? Chefs? Appartements? Parks? Sekretärinnen? Psychologinnen? Babys? Mütter? Maschinen?
Information 1:
Sie sind nicht sympathisch, **sie** sind nicht unsympathisch, aber **sie** sind kompetent.
Information 2:
Sie warten immer, und **sie** schlafen nicht, aber **sie** sind nicht nervös. **Sie** sind groß, oder **sie** sind klein, aber **sie** sind immer schnell!
Information 3:
Sie haben keine Emotionen, **sie** haben keine Reaktionen, und **sie** lächeln nicht. Aber **sie** sind intelligent. Sind **sie** wunderbar, oder sind **sie** gefährlich? Die Antwort haben **sie** nicht.

Was paßt nicht?

Was paßt nicht?

Was paßt?

Phonetik und Orthographie K 3 ➤ S. 218

4

Wortschatz
Verben W 1

Oppositionen ⟷ : *Notieren Sie.*

gehen	suchen	da sein	einsteigen	fragen
kommen	_____	_____	_____	_____

Wortbildung. „Internationale" Nomen und Verben W 2

a) Ergänzen Sie:

Nomen:	Verb:	Nomen:	Verb:
die Kontrolle	kontroll**ieren**	das _____	telefonieren
das Interesse	_____	der _____	transportieren
das _____	argumentieren	die Phantasie	_____
die Inform**ation**	informieren	die Organis**ation**	_____

Andere Sprachen:	**Französisch:**	contrôle	contrôler	...
	Englisch:	interest	to interest	...
	...			

b) Suchen Sie andere Beispiele:

der Export   exportieren   der Alarm   .....

Die kleinen Wörter: „doch ... denn ..." Wenig Information – aber viel Emotion! W 3

Welche Emotionen (a–d) passen? Ergänzen Sie:

> a) Sehen Sie das nicht? Das ist evident. b) Ich verstehe das nicht. Ich finde das sonderbar.
> c) Bitte! Ich bitte Sie.   d) Ich finde das nicht normal/legal/korrekt.

	Bedeutung	+	Emotion
1. ○ Warten Sie hier!			
● Warum **denn**?	= Warum?	+	*Ich verstehe das nicht.*
2. ○ Hier ist meine Karte.			
● Das ist **doch** keine Fahrkarte!	= Das ist keine Fahrkarte.		_____
3. ○ Schnell, wir fahren los!			
● Warten Sie **doch**!	= Warten Sie!		_____
4. ○ Oh, entschuldigen Sie!			
● Was suchen Sie **denn** hier?	= Was suchen Sie hier?		_____
5. ○ Verstehen Sie das?			
● Natürlich, das ist **doch** klar.	= Natürlich, das ist klar.		_____

W 4 „Das" ist praktisch.

Er findet seine Fahrkarte nicht. → Das ist typisch.

Ergänzen Sie:

| Sie haben keine Fahrkarte? | Wer ist das? | Ich bin so nervös. | …… |

Sie haben keine Fahrkarte? Das kostet 60 Mark.
_____ Das finde ich auch.
_____ Das sage ich nicht.
_____ Das ist nicht hier.
_____ Das ist ganz falsch.

W 5 Die Zahlen von 1 bis 999

a) Ergänzen Sie:

0 null	10	**zehn**			
1 eins	11	**elf**			
2 zwei	12	**zwölf**	20 _zwanzig_	zwan**zig**
3 drei	13 = 3(+)10	**dreizehn**	30 _dreißig_	sieb**zig**
4 vier	14 = 4(+)10	_____	40 _____	achtzig
5 fünf	15 = 5(+)10	_____	50 _____	neunzig
6 se**chs**	16 = 6(+)10	se**ch**zehn	60 _____	vierzig
7 sieb**en**	17 = 7(+)10	sie**b**zehn	70 _____	**hundert**
8 acht	18 = 8(+)10	_____	80 _____	se**ch**zig
9 neun	19 = 9(+)10	_____	90 _____	fünfzig
			100 _____	dreißig

b) Mathematik. Rechnen Sie bitte:

20 + 1 = ein**und**zwanzig = _21_
___ + 7 = sieben**und**vierzig = ___
___ + (30 + 6) = hundertsechs**und**dreißig = ___
___ + (___ + 2) = dreihundertzwei = ___

c) Notieren Sie die Zahlen:

dreiundachtzig = ___
fünfundzwanzig = ___
zweihundertzwölf = ___
achtundneunzig = ___

d) Schreiben Sie die Zahlen in Worten:

53 = _dreiundfünfzig_
66 = _____
145 = _____
199 = _____

781 = _____
999 = _____
807 = _____

Soziale Formen: „Schlock!" „Warten Sie, Gröger!" W 6

a) *Wie finden Sie das? Tragen Sie ein.*

„Sie da!"
„Gröger!"
„Mein Herr!"
„Herr Gröger!"
„Mama!"
„Frau Tauber!"
„Meine Damen und Herren!"
„Hallo, Gisela!"
„Hallo!"

Der Sprecher hat viel Respekt.
Er ist **höflich**

Der Kontakt ist **unpersönlich** ←→ Der Kontakt ist **persönlich**

Sie da!

Er ist **unhöflich**
Der Sprecher hat wenig Respekt.

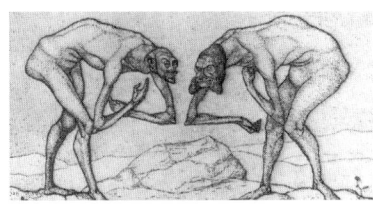

Paul Klee, Zwei Männer, einander in höherer Stellung vermutend, begegnen sich, 1903, 5.1; Radierung; 11,2 x 19,1 cm; Kunstmuseum Bern, Paul Klee-Stiftung, Bern, Inv.Nr. G4

b) *Höflich oder unhöflich oder ...? Wie ist die Anrede?*

freundlich	autoritär	He, einsteigen, aber schnell!
höflich		Einsteigen bitte! Es geht los.
korrekt		Sie da! Steigen Sie ein, oder steigen Sie nicht ein?
unhöflich		Bitte, steigen Sie ein. Es geht los!
autoritär		Steigen Sie schnell ein, meine Damen und Herren, wir fahren los.

c) *Warum so unhöflich? Schreiben Sie die höfliche Version:*

Version 1: unhöflich
- Wo ist die Kantstraße?
- Was?
- Die Kantstraße!
- Keine Zeit.
- Idiot!

Version 2: höflich
- Entschuldigen Sie bitte.
-
-
-
-

4

Grammatik:

G 1 Die Negation (I)

a) Welche Antwort paßt?

1. Hören Sie etwas?   d
2. Kommen sie?
3. Ich finde das gefährlich.
4. Ist sie das?
5. Haben Sie eine Fahrkarte?

a) Nein.
b) Nein, ich habe keine.
c) Nein, das ist sie nicht.
d) Nein, ich höre nichts.
e) Das ist doch ungefährlich.

b) Negationen. Ergänzen Sie bitte:

ja	gefährlich	etwas	kommen	eine Karte	sein
≠					
nein	_____	_____	_____	_____	_____

c) Drei Karten. Lesen Sie den Dialog:

- Hier sind drei Karten. Raten Sie.
- Ist das eine Dame?
- Nein, das ist keine Dame.
- Ist das ein König?
- Nein, das ist kein König.

- Ist das ein As?
- Nein, das ist kein As.
- Sind das Spielkarten?
- Nein, das sind natürlich keine Spielkarten, das sind Scheckkarten.

d) Ergänzen Sie das Schema.

Artikel:	Maskulinum	Neutrum	Femininum	Plural
negiert	kein	_____	_____	_____
unbestimmt	ein	_____	_____	_____
	König	As	Dame	Karten
bestimmt	der	das	die	die

e) Die Artikel. Was fällt auf?

f) Suchen Sie andere Beispiele: (der) Zug: ein Zug   kein Zug
(die) Studenten: _____ _____

g) Antworten Sie bitte:

- Hat er ein Auto?   Ja, er hat _____   Nein, er _____
- Ist das eine Dame?   Ja, das _____   Nein, _____
- Sind das Polizisten?   Ja, _____   Nein, _____
- Haben Sie Zeit?   Ja, _____   Nein, _____
- Ist das Whisky?   Ja, _____   Nein, _____
- Sind sie Journalisten? Ja, _____   Nein, _____

Die Negation (II): „Nicht" oder „kein"?   G 2

			Negation			**Negation**
ein	Zug	≠	**kein** Zug	kommen	≠	**nicht** kommen
ein	Foto		**kein** Foto	müde sein		**nicht** müde sein
eine	Idee		**keine** Idee	schnell gehen		**nicht** schnell gehen
–	Arbeit		**keine** Arbeit	Herr Meier sein		**nicht** Herr Meier sein
–	Bücher (Pl.)		**keine** Bücher	hier warten		**nicht** hier warten

a) Bilden Sie Sätze.

Das ist **kein** Zug.   Wir kommen **nicht**.
Machen Sie **kein** _____ !   Sind Sie ... _____ ?
Warum _____ ?   Gehen Sie _____ !
_____

b) Bilden Sie weitere Sätze:

> kein Geld haben   nicht in Berlin sein   die Grammatik nicht verstehen
> nicht immer höflich sein   die Adresse nicht finden   keine Uniform haben

Beispiel: Er hat kein Geld. .....
1. _____
2. _____
3. _____
4. _____
5. _____

c) Im Kaufhaus. Ein Käufer – ein Verkäufer. Ergänzen Sie den Dialog:

● Entschuldigen Sie, akzeptieren Sie Traveller-Schecks?
● Nein, wir _____ .
  Haben Sie keine Kreditkarte?
● Nein, ich _____ .
  Nehmen Sie Pesetas?
● Nein, wir nehmen _____ Devisen.
● Auch _____ Dollars?
● Nein, auch _____ .
● Warum _____ ?
● Wir sind _____ Bank!
  Haben Sie _____ D-Mark?
● Doch, aber ich finde sie _____ .

37

G 3 Possessivartikel

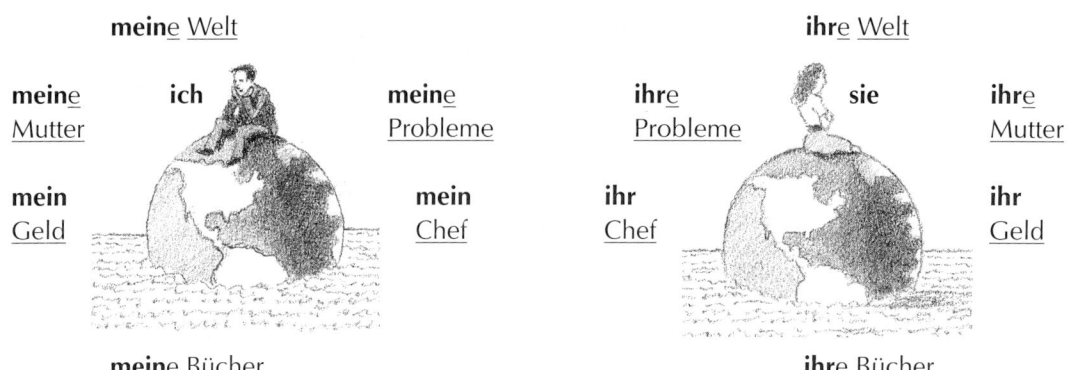

meine Welt   **ihre** Welt

meine Mutter   ich   **meine** Probleme   **ihre** Probleme   sie   **ihre** Mutter

mein Geld   **mein** Chef   **ihr** Chef   **ihr** Geld

meine Bücher   **ihre** Bücher

Personal-pronomen:	Possessiv-artikel:	M	N	F	Pl.
		Chef	Geld	Mutter	Bücher
ich	mein-				
du					
er/es	sein-				
sie	ihr-	–	–	e	e	*Nominativ*
wir		Text	Buch	Karte	Fotos
ihr		Zug	Taxi	Adresse	Bonbons
sie/Sie	ihr-/Ihr-	.....	.....	.....	.....

a) Was paßt? *Ergänzen Sie.*

mein_e_ Karte   Ihr__ Adresse   sein__ Text   mein__ Zug   ihr__ Bonbons
ihr__ Mutter   sein__ Buch   ihr__ Mann   sein__ Frau   ihr__ Geld

b) Der Mann – die Dame – ein Foto. *Ergänzen Sie die Possessivpronomen.*

Ein Passant: „Entschuldigen Sie bitte, ich glaube, das ist _____ Foto."
Der Mann: „Oh, vielen Dank. Ja, das ist _____ Foto."
Die Dame: „Wie bitte? _____ Foto? Warum _____ Foto? Das ist _____ Foto, das sehen Sie doch! Die Frau hier, das bin ich."
Der Passant: „Das ist richtig. Sie sind die Frau, aber ist es _____ Foto?"
Der Mann: „_____ Frage finde ich intelligent. Sie ist die Frau, das ist richtig, aber es ist nicht _____ Foto."
Die Dame: „Und warum nicht?"
Der Mann: „Ich mache das Foto, also ist das _____ Foto."
Die Dame: „Ich bin die Frau auf dem Foto, also ist das _____ Foto."

Was denken Sie? Ist es _____ Foto oder ist es _____ Foto?

4

Sprechen und Schreiben
Zollkontrolle   S 1

✏️ *Ergänzen Sie den Dialog:*

- ○ Guten Tag, Ihre Papiere bitte.
- ● Hier, bitte, meine Papiere.
- ○ _____
- ● Nein, ich habe keine Zigaretten.
- ○ _____
- ● Nein, ich habe keine Devisen.
- ○ _____
- ● Ja, natürlich ist das mein Wagen.

- ○ _____
- ● Nein, das ist mein Chef.
- ○ Ach so, ich verstehe. _____
- ● Ja, natürlich. Hier sind die Pässe.
- ○ Danke... Alles in Ordnung. Hier, bitte, _____
- ● Vielen Dank.
- ○ Gute Fahrt.

Der „Nein-Sager"   S 2

Die U-Bahn. Instruktionen:
- Die Instruktionen **lesen**.
- **Eine Station** suchen.
- **Eine Fahrkarte** kaufen.
- Die Fahrkarte **entwerten**.
- **Warten**.
- **Einsteigen**.
- Haben Sie **ein Problem**?
- Die Instruktionen **noch einmal** lesen.

Schreiben Sie die Antworten:
Ich **lese** die Instruktionen **nicht**!
_____
_____
_____
_____
_____
_____
_____

Eine Firma und ihre Organisation   S 3

```
                      der Chef
                         |
             ———————— das Personal ————————
             |              |                |
       die Chefsekretärin   |          der Chauffeur
             |         die Arbeiter
       die Sekretärin
```

1. Der Chef präsentiert seine Firma: „Das ist meine Firma. Ich bin ....."
2. Die Chefsekretärin präsentiert ihre Firma: „Das ist ....."
3. Der Chauffeur: „Ich bin ....."

Phonetik und Orthographie K 4 ▶ S. 219

5 Wortschatz

W 1 Menschen

a) Junge (der) oder Mädchen (das)? *Was paßt?*

● Ist es ein _____?
● Nein, es ist ein _____!
● Wunderbar! Und wie heißt es?
● Mandy!
● Mandy! Das ist doch kein _____ name!

b) der – das – die: *was paßt?*

Adam	Eva		Menschen
____	____	____	*die*

Mann	Frau		Menschen
Junge		Mädchen	Kinder
Vater	Mutter		Eltern
Sohn	Tochter	Kind	Kinder
Bruder	Schwester		Geschwister

W 2 Die Familie – drei Generationen

a) Ergänzen Sie:

Großeltern: *Großvater* — *Großmutter*   _____ — _____

Eltern: _____   _____

Kinder: *Sohn*   _____ Geschwister *Schwester*

Der Sohn erklärt das Schema: „Das sind **meine** Großeltern. Das ist ..."
Die Mutter erklärt das Schema: „Das ist **mein** Mann. Das ist ..."

b) „Eva" und „Adam" wie „Frau" und „Mann". *Ergänzen Sie analog.*

Mann	↔	Vater	wie	Junge	↔	*Sohn*
Eltern	↔	Mutter	wie	Kinder	↔	_____
Frau	↔	Mann	wie	Mädchen	↔	_____
Sohn	↔	Mutter	wie	_____	↔	Vater

5

Gegensätze: noch ⟷ schon W 3

✎ **a) Ergänzen Sie:** noch ein Junge sein ⟷ schon *ein Mann* sein
   noch klein sein ⟷ schon _____ sein
   noch jung sein ⟷ schon _____ sein

✎ **b) Was finden Sie?**

| Mann (ä -er) | Junge (-n) | (der) Teenager (-) | Kind (-er) | Baby (-s) |
| Frau (-en) | Mädchen (-) | klein | groß | alt | jung |

1. Er ist zehn Jahre alt: Er ist noch ein Kind.
2. Sie ist siebzehn: _____
3. Er ist neunzehn: _____
4. Sie ist neun: _____
5. Es ist acht Monate alt: _____
6. Beide sind fünfundfünfzig: _____
7. Sie ist sechsunddreißig: _____

Die kleinen Wörter: „einfach – denn – doch – mal" W 4

                        Bedeutung   +   Emotion

Sie ist **einfach** weg.   Sie ist weg.   +   Das ist sonderbar.
                                                Ich habe keine Erklärung.

✎ **a) Welche „Emotionen" (a–e) passen?**
   1. „Warum lachen Sie **denn**?"   c
   2. „Moment **mal**, meine Herren."   a) Bitte!
   3. „Wir fragen **einfach**."   b) Das ist ganz klar.
   4. „Das hat **doch** keinen Sinn."   c) Wir wollen das wissen.
   5. „Wo lauft ihr **denn** hin?"   d) Ich finde das ganz normal.
   6. „Das macht **doch** nichts."   e) Ich sehe da kein Problem.
   7. „Kommt ihr **mal** her?"

✎ **b) Welche Antworten passen?**
   1. Finden Sie das **denn** nicht gefährlich?   a) Nein, das ist natürlich falsch.
   2. Was wollen Sie **denn** hier?   b) Nein, wir warten.
   3. Haben Sie **denn** kein Geld?   c) Das sehen Sie doch!
   4. Was ist das **denn**?   d) Warum wollen Sie das wissen?
   5. Ist das **denn** richtig?   e) Nein, das ist doch normal!
   6. Wollt ihr **denn** nicht nach Hause gehen?   f) Doch, aber keine D-Mark!

5

W 5 Der/das/die eine + der/das/die andere = beide

Das **eine** (Kind) lacht, **das andere** (Kind) singt – **beide** (Kinder) laufen hin und her.

a) Was paßt?

die andere	das eine	beide	der eine	der andere	die eine

1. _____ Kind
2. _____ Frauen
3. _____ Student
4. _____ Quittung
5. _____ Mann
6. _____ Eltern
7. _____ Polizisten
8. _____ Fotos
9. _____ Tochter

b) Vergleichen Sie die Personen:
Die eine ...... Die andere ...... Beide ......

W 6 Hin und her

a) Hin, her, wohin, woher? Ergänzen Sie:

Kommt mal **her**! Ich gehe **hin**.
Wo lauft ihr **hin**? **Wohin** lauft ihr?
Wo kommt ihr **her**? **Woher** kommt ihr?

Sprecherperspektive:

_____ _____ ?   Wo...hin?
her _____ ?   _____ ?

1. Kommt doch mal _____.
2. Ich fahre nach Berlin. Fährst du auch da _____?
3. Er geht nervös _____ und _____.
4. Sie ist schon weg. Wo ist sie denn _____?
5. Wo kommst du denn _____?
6. Da ist ein Polizist; ich gehe _____ und frage.
7. _____ haben Sie dieses Foto?
8. _____ laufen die Kinder?

b) Woher? Wohin? Wo? *Formulieren Sie die Fragen:*
Beispiel: Sie laufen **nach Hause**. **Wohin** laufen sie?

1. Wir gehen **in ein Konzert**. _____
2. Er arbeitet **in München**. _____
3. Der Satz ist **aus Kapitel drei**. _____
4. Ich warte immer **hier**. _____
5. Sie kommt **aus Berlin**. _____
6. Sie fahren **nach Rom**. _____

Verben: kennen – wissen   W 7

- Kennen Sie das Kind?
- Ja, aber ich weiß nicht, wie es heißt.
- Kennen Sie die Eltern?
- Nicht gut, aber ich weiß, wo der Vater arbeitet. Ich kenne seine Firma.
- Wissen Sie, wo die Familie wohnt?
- Nein, das weiß ich nicht.

a) Notieren Sie:

Wen/was (nicht) kennen:
1. *das Kind kennen*
2. _____
3. _____

(Nicht) wissen, wo/wie ..... :
4. *nicht wissen, wie .....*
5. _____
6. _____
7. ..., **das** weiß ich nicht,
 = *nicht wissen, ...*

b) Was paßt?

	(nicht) wissen	(nicht) kennen	**c) Formulieren Sie Sätze:**
Paris		X	Kennen Sie Paris?
das Buch			Ich _____
was in Deutschland passiert			Wir _____
die Frau			_____
die Frau, die Sie suchen			_____
Deutschland			_____
wie das funktioniert			_____
warum sie nicht hier ist			_____
es (das Buch von R. M.)			_____
das (wer der Autor ist)			_____
das Wort „Regenbogen"			_____
was das Wort bedeutet			_____

5 Grammatik

G 1 Singular und Plural

Paar *das*; -(e)s, **1** (Pl *Paare*) zwei Menschen, die einander lieben, miteinander verwandt sind od. zusammen arbeiten < ein ungleiches, unzertrennliches P. >: *Dieses P. gewann letztes Jahr den Eiskunstlauf* || -K: ***Braut-, Ehe-, Eltern-, Geschwister-, Liebes-, Tanz-, Zwillings-*** **2** (Pl *Paar*) zwei Dinge, die zusammengehören < ein Paar Schuhe, Würstchen >

a) Ergänzen Sie:

Singular:		Plural: die...	Plural-Signal:	Singular:	Plural die...	Plural-Signal:
die	Karte	Karten	-n	der Sohn	Söhne	ö -e
das	Kind	Kinder	-er	das Mädchen	_____	—
___	___	Fotos	___	der Polizist	_____	___
die	Frau	_____	___	___ ___	Männer	___
___	___	Mütter	___	der ___	Momente	___
das	Biest	_____	___	___ ___	Quittungen	___
___	___	Brüder	___	___ ___	Töchter	___
___	___	Sprachen	___	___ ___	Texte	___

b) Was fällt bei den Pluralsignalen auf?

c) Identische Pluralformen. Notieren Sie Plurale.

Singular	Plural	Singular	Plural	Singular	Plural
die Karte	die Karten	der Polizist	die _____	der Sohn	die Söhne
die Kontrolle	die _____	der Optimist	die _____	der Zug	die _____
die Schule	die _____	die Diskussion	die _____	der Plan	die _____
die Frage	die _____	die Information	die _____		
		die Erklärung	die _____	der Text	die _____
der Junge	die _____	die Antwort	die _____	das Element	die _____
		der Student	die _____	der Film	die _____

Das Verb im Präsens: Konjugation (3) G 2

a) Tragen Sie die Personalendungen ein.   Endungen:

Infinitiv	reservieren	kennen	wohnen	suchen	machen	sagen	-en	
ich	**reserviere**		wohn__		mach__		-e	ich
du		**kennst**		such__		sag__	__	du
er/es/sie	reservier__		**wohnt**		mach__		__	er/es/sie
wir		kenn__		**suchen**		sag__	__	wir
ihr	reservier__		wohn__		**macht**		__	ihr
sie/Sie		kenn__		such__		**sagen**	__	sie/Sie

b) Tragen Sie die Pronomen ein.

Endungen:	-e	-st	-t	-en
Welche Person(en):	___	___	es ___	___
			___	___

c) Verben mit Vokalvariation im Präsens. Ergänzen Sie die Vokale.
Modell:

Vokal: Infinitiv:	a → ä schlafen	au → äu laufen	e → i sprechen	e → ie sehen
ich	schlafe	laufe	spr_e_che	s__he
du	schläfst	läufst	spr_i_chst	s__hst
er/es/sie	schläft	l__ft	spr__cht	s__ht
wir	schlafen	l__fen	spr_e_chen	s__hen
ihr	schlaft	l__ft	spr__cht	s__ht
sie/Sie	schlafen	l__fen	spr__chen	s__hen
genauso:	fahren		geben	lesen

d) Wie ist das in Ihrer Sprache?

Deutsch	Italienisch	Französisch	Holländisch	Englisch	Dänisch
ich gebe	io do	je donne	ik geef	I give	jeg giver
du gibst	tu dai	tu donnes	jij geeft	you give	du giver
er gibt	egli dà	il donne	hij geeft	he gives	han giver
wir geben	noi diamo	nous donnons	wij geven	we give	vi giver
ihr gebt	voi date	vous donnez	jullie geven	you give	I giver
sie geben	essi danno	ils donnent	zij geven	they give	de giver

Das Verb: Indikativ Präsens

	Vokal-Variation: ohne...	mit...		Varianten:			Endung
Infinitiv	suchen	geben	haben	finden	heißen	lächeln	-en
ich	suche	gebe	habe			lächel-e	-e
du	suchst	gibst	hast	find-e-st	heiß-st		-st
er/es/sie	sucht	gibt	hat	find-e-t			-t
wir	suchen	geben	haben			lächel-n	-en
ihr	sucht	gebt	habt	find-e-t			-t
sie/Sie	suchen	geben	haben			lächel-n	-en
				arbeiten kosten	passen lesen	klingeln	

	andere Formen	besondere Verben	
	sein	**wissen**	**wollen**
ich	bin	weiß	will
du	bist	weißt	willst
er/es/sie	ist	weiß	will
wir	sind	wissen	wollen
ihr	seid	wißt	wollt
sie/Sie	sind	wissen	wollen

G 3 Personalformen

👁 **a) Lesen Sie den Text.**

Wir sind wütend! Wir warten schon eine Stunde hier. Warum sind Sie nicht da? Warum kommen Sie nicht? Was machen Sie so lange? Wir telefonieren, aber Sie antworten nicht, wir schreiben, aber Sie lesen die Briefe nicht. Warum? Finden Sie sie nicht interessant? Haben Sie andere Projekte? Wissen Sie denn, was Sie wollen? Wir gehen jetzt, wir haben keine Zeit mehr.

👄 **b) Modifizieren Sie Sprecher:** wir ⟶ ich
            und Adressat: Sie ⟶ du oder ⟶ ihr

Beispiel: **Wir** sind wütend! ⟶ **Ich** bin wütend!

👄 **c) Erzählen Sie die Situation.**
Beispiel: **Sie** wartet. **Er** ist nicht da. **Sie** ist wütend. .....

Syntax: Der Satz und die Satzglieder

G 4

Satzglied: Akkusativ-Objekt

		Gröger und Schlock	sehen	Kinder.
		Subjekt	*Verb*	*Akkusativ-Objekt*
Wen	sehen sie?	Gröger und Schlock	sehen	Kinder.
Wen	suchst du?	Ich	suche	den Kontrolleur. meine Kollegen. sie (die Kinder).
Was	suchst du?	Ich	suche	ein Foto. Informationen. sie (die Adresse).

Die Frage:	**Wen**+Verb+Subjekt	identifiziert	das Akkusativ-Objekt = **Person**
	Was+Verb+Subjekt	identifiziert	das Akkusativ-Objekt = „**Nicht-Person**"

a) Das Akkusativ-Objekt. Unterstreichen Sie. **b) Wie fragen Sie? Wen? Was?** **c) Formulieren Sie die Frage.**

Satz	Wen?	Was?	Frage
Ich habe hier <u>ein Foto</u>.		x	*Was habe ich hier?*
Wir fragen die Polizisten.			
Sie kennt sie.			
Natürlich wissen wir das.			
Das sagen wir nicht.			
Er sieht einen Kontrolleur.			
Kinder machen mich nervös.			
Sie liebt Kinder.			
Kinder finde ich nett.			

G 5 Die Deklination: Nominativ und Akkusativ

a) Notieren Sie:

	Subjekt Wer?/Was?	Objekt Wen?/Was?
1. Warum fragt er sie nicht?	er	sie
2. Sie wartet immer hier.		
3. Ich rufe die Kinder.		
4. Da kommt ein Kontrolleur!		
5. Die Kinder machen mich nervös.		
6. Das verstehe ich nicht.		
7. Sie suchen ihn.		
8. Fragen Sie doch einen Kontrolleur.		
9. Das ist richtig.		

b) Was paßt zusammen? *Schreiben Sie.*

Subjekt Nominativ	er				
Objekt Akkusativ	ihn	mich			

c) Was fällt auf?

G 6 Syntax: Direkte Fragesätze und indirekte Fragesätze

a) Die Verbposition: *Was fällt auf?*   *Formulieren Sie die direkte Frage.*

indirekte Frage: *direkte Frage:*

Sagen Sie bitte,   wo Sie   **wohnen** .   Wo wohnen Sie?
Wir wissen nicht, wer das **ist** .   ?
Fragen Sie doch,   wie er   **heißt** .   ?
Wißt ihr,   was er hier **macht** ?   ?

b) Bilden Sie indirekte Fragesätze:

direkte Frage: *indirekte Frage:*

„Wo **ist** sie hin?"   Ich weiß nicht,   wo sie hin **ist** .
„Wie funktioniert das?"   Wissen Sie,   ?
„Warum wartest du?"   Ich verstehe nicht, _____ .
„Wohin fährt diese U-Bahn?"
„Wen sucht ihr?"
„Woher haben Sie das Foto?"
„Was will er hier?"

Schreiben und Sprechen
Schüler und Lehrer

a) Schreiben Sie einen Text über das Bild.

Der Lehrer ist wunderbar.   Er...   Aber...

der Lehrer:	immer lachen freundlich sein fragen, wer Goethe ist Kinder verstehen nicht wütend sein seine Zeitung lesen .....
die Kinder:	hin und her laufen die Antwort kennen, aber nicht sagen, was wir wissen nicht antworten spielen wollen die Schule nicht interessant finden machen, was wir wollen .....

b) Das sagt der Lehrer:

Die Kinder machen mich ganz nervös. Sie... Also ich...

c) Arbeiten Sie mit 2 Partnern: *zwei Kinder und der Lehrer diskutieren.*

Der Lehrer fragt die Kinder:
Warum lauft ihr immer hin und her?
..... ? ..... ?

Die Kinder antworten:
Immer ruhig sein, das macht nervös.
....

Die Kinder fragen den Lehrer:
Warum lachen Sie immer?
..... ? ..... ?

Der Lehrer antwortet:
Ihr macht mich nervös, also lache ich.
....

Phonetik und Orthographie K 5 ➤ S. 220

6 Wortschatz

W 1 Die Ordinalzahlen.

Heute ist der fünfte März!

	der/das/die	der/das/die	
Prinzip: Grundzahl + **-te**	1. = **erste** 2. = zwei**te** 3. = dri**tte** 4. = vier**te** ..... 19. = neunzehn**te**	20. = zwanzig**ste** 21. = einundzwanzig**ste** .... 99 = neunundneunzig**ste** 100 = hundert**ste**	Prinzip: Grundzahl + **-ste**

Schreiben Sie das Datum in Worten:
Heute ist der 5.3.: *der fünfte dritte.*
28.2. _____   24.12. _____
31.8. _____   12.9. _____

W 2 Das Alphabet: Z wie Zaza

A B C D E F G H I J K L M N O P Q R S T U V W X Y Z
Ä Ö Ü ß

a) Das Alphabet hat 26 Buchstaben. *Zählen Sie weiter:*
   A ist der **erste** Buchstabe.
   B ist der **zweite** Buchstabe.
   ......
   Z ist der **sechsundzwanzigste** Buchstabe.

b) Finden Sie Beispiele: „**Z** wie Zaza",   „**W** wie ..."   .....

c) Deutsche Abkürzungen.
Was bedeutet ... ?

VW Fa. Dr. Nr. DM Str. m BRD z. B. Ing. Pf D
PS Fr. ev. kath. kg qm Hr. km cm usw. U-Bahn

VW bedeutet „Volkswagen"   _____ = Nummer   _____ = Doktor
_km_____ = Kilometer   _____ = Pfennig   _____ = Deutschland
_____ = Untergrund-Bahn   _____ = Zentimeter   _____ = Straße
_____ = Meter   _____ = Kilogramm   _____ = Ingenieur
_____ = und so weiter (etc.) _____ = D-Mark   _____ = Herr
_____ = katholisch   _____ = Postskript   _____ = Frau
_____ = Quadratmeter   _____ = evangelisch   _____ = Firma
_____ = Bundesrepublik Deutschland   _____ = zum Beispiel

Spielen Sie „Scrabble". W 3

Wie viele Wörter finden Sie?

| G | U | E | M | I | E | E | C | S | S | L | T | L | H | R | A | L |

| S | | | | |

_____

_____

_____

Die Zeit W 4

a) Wie lange dauert ... ? Ergänzen Sie.

die Sekunde   die Minute   die Stunde   der Tag
die Woche   der Monat   das Jahr   das Jahrhundert

Eine Minute hat sechzig Sekunden.   *Ein ...* _____ hat vierundzwanzig Stunden.

_____ hat zwölf Monate.   _____ hat sieben Tage.

_____ hat vier Wochen.   Hundert Jahre sind _____ .

b) Was dauert...?

Zahl: = ein(e) ...

1. dreitausendsechshundert Sekunden?   *3600* _____

2. fünfhundertfünfundzwanzigtausendsechshundert Minuten?   _____ *ein Jahr*

3. sechsunddreißigtausendfünfhundertfünfundzwanzig Tage?   _____ _____

c) Finden Sie andere Aufgaben: Wieviel hat .....?   Was dauert .....?

Ausrufe W 5

Was paßt? Notieren Sie.

1. Also los!   *e*   a) Ich glaube, ich verstehe Sie nicht richtig.
2. So?   ___   b) Das ist doch Unsinn!
3. Endlich!   ___   c) Was passiert hier? Was haben Sie denn?
4. Wie bitte?   ___   d) Ist das richtig? Sind Sie sicher?
5. Ach was!   ___   e) Warten wir nicht! Machen wir etwas!
6. Was ist los?   ___   f) Da kommt der Zug! Das Warten ist zu Ende!

6

W 6 Adverbien

✍ *Ergänzen Sie:*

1. Er telefoniert immer. Was will er? Da klingelt das Telefon _____!
2. Arbeitet er? Ich weiß es nicht. _____ schläft er.
3. Hier ist eine U-Bahnstation. Hier gibt es _____ einen Plan.
4. Kommst du _____? Du weißt doch, ich habe keine Zeit.

> vielleicht
> schon wieder
> sicher
> endlich

W 7 Farben: Nicht alles ist schwarz !

✍ **a) Eine Ampel.**

Die Ampel ist **gelb**. Das heißt: Vorsicht!
Die Ampel ist **rot**. Das heißt: Warten!
Die Ampel ist **grün**. Das heißt: Fahren!

Notieren Sie die Farben.
_____
_____
_____

✍ **b) Mischen Sie Farben.**

schwarz + weiß = grau   rot + _____ = orange   Alle Farben = _____
_____ + blau = violett   blau + gelb = _____

✍ **c) Welches Land – welche Farbe?** *Ergänzen Sie die Farben.*

Irland   *grün, weiß, orange*
Frankreich   _____
Spanien   _____
Deutschland   _____
Polen   _____
Österreich   _____

schwarz		rot
rot	blau / weiß / rot	weiß
gold		rot

	weiß	rot
grün / weiß / orange		gelb
	rot	rot

✍ **d) Was bedeutet das wohl?** *Notieren Sie.*

1. schwarz fahren : Er fährt schwarz.
2. rot sehen : Er sieht rot.
3. schwarz sehen : Er sieht schwarz.
4. grün : Er ist für die Grünen.
5. blau sein : Er ist blau.
6. rosa sehen : Er sieht alles rosa.

a) Er will die Natur schützen.
b) Er fährt ohne Fahrkarte.
c) Er trinkt sehr viel Alkohol.
d) Er ist pessimistisch.
e) Er ist sehr wütend.
f) Er ist immer optimistisch.

✍ **e) Notieren Sie:** *Was ist ...*

rot	blau	grün	gelb	schwarz	weiß
eine Rose					

Wortbildung: Die Busfahrkarte. W 8

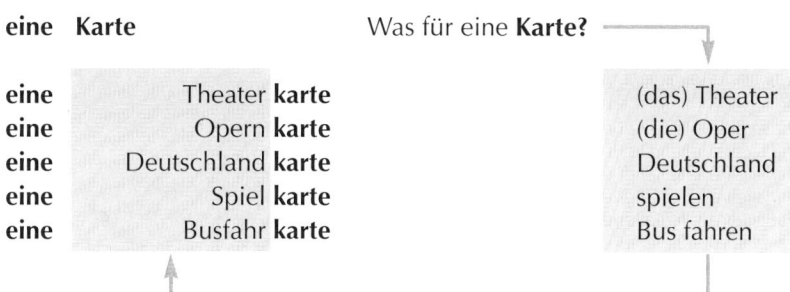

a) Finden Sie das neue Nomen oder die Elemente:

Was für ein/eine ...?

(die) Kontrolle	(die) Fahrkarte	*eine Fahrkartenkontrolle*
(das) Auto	(die) Polizei	*ein _____ auto*
(das) Foto	(der) Star	*ein _____ foto*
(das) Schild	(die) Tür	
(die) Tür	(das) Haus	
(der) Bote	(die) Post	
(der) Vater	„groß" (=alt)	
(der) Sinn	un (=nicht)	
das _____	deutsch	(das) Deutschland
_____	„aus" = („draußen")	das Ausland
_____	hören	der Hörapparat
_____	(die) Straße	die Straßenbahn
_____	(das) Foto	der Fotoapparat
_____	(der) Text	das Textbuch

b) **Kennen Sie schon andere komponierte Nomen?** *Welche Elemente gibt es?*

6
Grammatik

G 1 Der Imperativ

> Inge!   Herr Gröger!   Wir haben keine Zeit.
> Inge und Klaus!   Meine Damen und Herren.   Das ist mein Brief!

a) Was paßt? *Ergänzen Sie.*

Herr Gröger!	Warten Sie hier!
_____	Steigen Sie bitte ein.
_____	Gehen wir!
_____	Kommt mal her!
_____	Komm bitte mal her.
_____	Öffne ihn nicht!

b) Ergänzen Sie die Indikativ-Form: *Vergleichen Sie* **Indikativ** *und* **Imperativ**. *Was fällt auf?*

Indikativ:	du _____	wir _____	ihr _____	Sie _____
Imperativ:	Such(e)!	Suchen wir!	Sucht!	Suchen Sie!

c) Formulieren Sie Imperative.

                               Adressat:

schnell nach Hause kommen	**Sie**	*Kommen Sie schnell nach Hause!*
die Tür öffnen	**wir**	_____
bitte den Text lesen	**ihr**	_____
drei Sätze schreiben	**du**	_____
bitte antworten	**du**	_____
nicht weglaufen	**ihr**	_____

G 2 Kasus: der Akkusativ

a) Notieren Sie das Verb und das Akkusativ-Objekt:

                                         Wen/Was ...

1. Sehen Sie das Haus da drüben?	*das Haus sehen*
2. (Das ist die Frau.) Kennen Sie sie?	_____
3. Sie finden ein Schild mit Namen.	_____
4. Er öffnet die Tür.	_____
5. Wir suchen einen Park.	_____
6. Haben Sie keine Fahrkarten?	_____
7. Öffnen wir den Brief!	_____
8. Die Kinder machen ihn wütend.	_____
9. Rufen wir die Kinder.	_____
10. Fragen wir sie.	_____
11. Wo ist es? Ich finde es nicht.	_____
12. Ich habe eine Idee.	_____

b) Tragen Sie die Akkusativ-Formen ein *(Übung G 2a)* **und ergänzen Sie die Nominativformen.**

Satz:	1	2	3	4	5	6
Akk.	*das* Haus	*sie*	____ Schild	____ Tür	____ Park	____ Fahrkarte
Nom.	*das* Haus		____ Schild	____ Tür	____ Park	____ Fahrkarte

Satz:	7	8	9	10	11	12
Akk.	____ Brief	____	____ Kinder	____	____	____ Idee
Nom.	____ Brief	____	____ Kinder	____	____	____ Idee

c) Ergänzen Sie die Akkusativ-Formen:

	Singular Maskulinum	Neutrum	Femininum	Plural
Nom.	ein der er	ein das es	eine die sie	(keine) die sie
Akk.	____ ____ ____	____ ____ ____	____ ____ ____	(____) ____ ____

👁 **d) Was fällt auf? Wo gibt es Kasussignale?**

✎ **e) Machen Sie die Subjekte zu Objekten.**

Subjekt	Akkusativ-Objekt	Verb
Die Tür ist zu.	Öffnen Sie bitte **die Tür**!	öffnen
Da ist **ein Brief**.	*Ich lese ...*	lesen
Hier ist **der Text**.	_____	einfach finden
Da kommt **er**.	_____	fragen
Sie heißt Klara.	_____	gut kennen
Sie sprechen sehr schnell.	_____	nicht verstehen
Zeit ist Geld.	_____	(kein-) haben
Sind hier **keine** Polizisten?	_____	sehen
Es ist ganz einfach.	_____	schwer finden
Der Park ist im Zentrum.	_____	suchen
Das ist **der Beweis**.	_____	haben

✎ **f) Diese anderen Akkusativ-Formen finden Sie im Text.** *Analysieren Sie:*

	Akkusativ M N F Pl.	Akkusativ-Signal wie:
keine Zaza sehen	☐ ☐ X ☐	*eine*
keinen Sinn haben	☐ ☐ ☐ ☐	____
dieses Haus sehen	☐ ☐ ☐ ☐	____
ihren Namen finden	☐ ☐ ☐ ☐	____
dieses Z sehen	☐ ☐ ☐ ☐	____

6

Deklination 1: Nominativ und Akkusativ.

Bestimmter und unbestimmter Artikel; Personalpronomen

	Singular:	**M**		**N**		**F**		**Plural:**	
Nom.		der	ein	das	ein	die	eine	die	keine
Akk.		den	einen	das	ein	die	eine	die	keine
Nom.	ich du	er		es		sie		sie/Sie	wir ihr
Akk.	mich dich	ihn		es		sie		sie/Sie	uns euch

👁 g) Wo sind Nominativ und Akkusativ nicht identisch?

G 3 Artikel und Pronomen im Satz

✏ a) Ergänzen Sie bitte: Unbestimmter Artikel? Bestimmter Artikel? Kein Artikel? Pronomen?

Lesetechniken!

<u>Ein Text</u> ist nicht einfach.
Sie wollen <u>ihn</u> verstehen. Haben Sie _____ Technik?
Das ist meine Technik:
Ich frage <u>mich</u>: Warum lese ich _____ Text? Suche ich _____
Informationen? Will ich _____ Problem verstehen? Will ich
wissen, was passiert? Suche ich _____ literarische Qualität?
Wer schreibt _____ Text? Woher kommt _____ ? Kenne ich
_____ Kontext?
Gibt es _____ Bild? Gibt es _____ Illustrationen? Finde ich hier
_____ Informationen?
Gibt es _____ Titel? Was bedeutet _____ ? Verstehe ich _____
Thema? Kenne ich _____ ?
Was sagt _____ Text? Habe ich schon _____ Idee?
Gibt es _____ Wörter, die ich nicht kenne? Verstehe ich _____
Sinn? Ja?
Aber da ist noch _____ Wort, das ich gar nicht verstehe.
... Das ist doch k_____ Problem, ich habe doch _____
Wörterbuch!

Genus und Plural:

der Text(-e)
die Technik(-en)
die Information(-en)
das Problem(-e)
die Qualität
der Kontext(-e)
das Bild(-er)
die Illustration(-en)
der Titel(–)
das Thema(Themen)
das Wort (Wörter)
der Sinn
das Wörterbuch
(-bücher)

6

Sprechen und Schreiben
Im Café S 1

Getränke			Warme Getränke		Rot	
Biere			Kännchen Bohnenkaffee	6,00	Beaujolais (Frankreich)	5,20
Helles vom Faß	0,5l	4,30	Kännchen Bohnenkaffee entcoffeiniert	6,00	Kalterer See D.O.C. (Südtirol)	5,20
Helles vom Faß	0,25l	2,30	Tasse Bohnenkaffee	3,00	**Sekt - Champagner**	
Pils vom Faß	0,3l	4,30	Tasse Bohnenkaffee entcoffeiniert	3,00	Cabinet, trocken	26,00
Heller Bock (Flasche)		5.00	Espresso	3,00	Piccolo	8,50
Säfte			Cappuccino	3,00	Fürst von Metternich	35,00
Apfelsaft klar		2,40	Kännchen Tee	3,60		
Orangensaft		3,50	Kännchen Trinkschokolade	6,00		
Tomatensaft		3,50	**Wein**			
Limonaden und Wasser			**Weiss**			
Zitronen-Limonade klar		2,50	Edelzwicker A.C. (Elsaß)	5,20		
Cola		2,50	Endinger Vulkanfelsen (Baden)	5,20		
Tafelwasser		2,30				
Soda Schweppes		3,80				

| der Orangensaft | die Tasse Kaffee | das Bier | das Glas Wein | die Cola |
| der Tee | der Kognak | die Flasche Wein | die Schokolade | die Limonade |

a) Ergänzen Sie den Dialog:

Der Ober:
● Guten Tag, meine Damen und Herren. Was wünschen Sie, bitte?

Die Gäste:
1: ● Für **mich** ein**en** Kognak, bitte.
2: ● Ich nehme _____
3: ● Ein**en** _____, bitte.
4: ● _____

● Und was trinken die Kinder?
K: ● Wir wollen _____

● Gut, also: einen Kognak, _____

● Bitte, für **wen** ist der Kognak?
1: ● Für mich, bitte.
   ● Ist der _____ für **Sie**?
2: ● Nein, der _____ ist für _____
   ● _____?

b) Arbeiten Sie in Gruppen, spielen Sie die Szene.

57

6

S 2 Ein Rendezvous

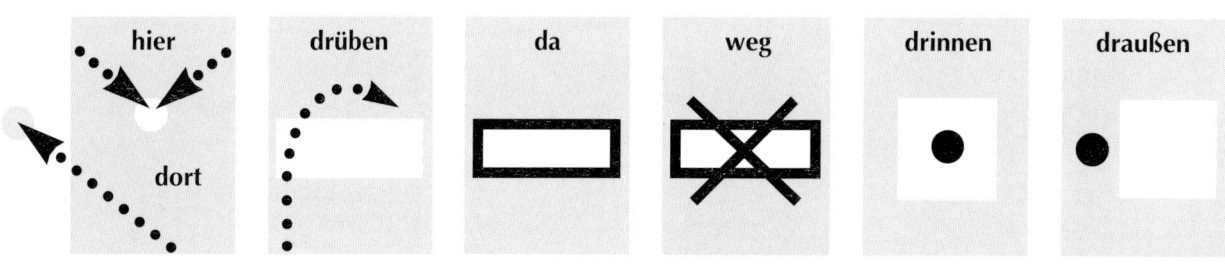

hier — dort — drüben — da — weg — drinnen — draußen

a) **Ergänzen Sie:** hier-dort-da-weg-drüben-draußen-drinnen

Berlin, 3.8.89

Liebe Claudia!
Das ist meine Straße: _____ ist Westberlin.
_____ ist die Mauer. _____ ist Ostberlin.
_____ ist das Café, wo ich auf Dich warte.
Es hat eine Terrasse, aber es gibt
_____ immer so viele Menschen.
Also warte ich _____. _____ ist es ruhig.
Komm schnell!   Dein Boris!

Berlin, 1.6.1990

Liebe Claudia!
Jetzt bin ich wieder _____. Das Café
ist noch _____, aber die Mauer
ist _____. Und Du? Warum bist
Du nicht _____? Ich suche Dich _____,
ich suche Dich _____, aber ich finde
Dich nicht. Willst Du mich nicht
mehr sehen?   Boris

b) **Wo ist Claudia vielleicht? Was macht sie? Warum ist sie nicht da?** Sammeln Sie Ideen.

c) **Claudia antwortet.** Schreiben Sie ihre Karte.

Phonetik und Orthographie K 6 ➤ S. 221

Wortschatz
Anrede und Gruß im Brief

W 1

Anrede:

Liebe Helga, lieber Franz,

Liebe Frau Kuhlmann, lieber Herr Kuhlmann,

Liebe Frau Kuhlmann,

Sehr geehrter Herr Kuhlmann,

Sehr geehrte Damen und Herren,

Gruß:

Mit freundlichen Grüßen   B. Maler

Mit freundlichen Grüßen   B. Maler

Mit freundlichen Grüßen
B. Maler

Mit herzlichen Grüßen
Beate Maler

Herzlich
Euer Bernd

a) Ordnen Sie:
   Anrede persönlich: _____   **Gruß** persönlich: _____

   formell: _____   formell: _____

b) Sie schreiben an ...:

	Welche Anrede?	Welcher Gruß?
1. Ihre Freundin		
2. ein Reisebüro		
3. Ihre Kollegen		
4. Ihre Chefin		

7

W 2 Reaktionen und Kommentare

Reaktionen: „Wie bitte?"   „Sicher ist sicher!"   „Schon wieder?!"   „Viel Glück!"
„Alles läuft prima!"   „Keine Angst!"   „Hin und zurück!"

a) Welche Reaktionen passen?

- „Vorsicht! Sie machen das kaputt!" ● „Keine Angst!"
- „Warum nehmen Sie die Pistole?" ● _____
- „Wir gehen ins Casino." ● _____
- „Heute abend bin ich bei Erika." ● _____
- „Was für eine Fahrkarte wollen Sie?" ● _____
- „Wie sind die Resultate?" ● _____

b) Formulieren Sie Kommentare:

„Ich weiß doch, wie das funktioniert!"
.....
.....
.....
.....
.....

W 3 Der Tag

a) Notieren Sie:

Es ist Tag.
Es ist _____

hell? oder dunkel?

Es ist _____
Es ist Nacht.

der Mittag
der Vormittag — der Nachmittag
der Morgen — der Abend
die Nacht — die Nacht
die Mitternacht

b) Uhrzeit und Tageszeit. Ergänzen Sie:

Es ist:
6.00 = sechs Uhr (Am Morgen = morgen<u>s</u>)
9.00 = neun Uhr (vormittag<u>s</u>)
12.00 = zwölf Uhr (_____)
15.00 = drei Uhr (_____)
21.00 = neun Uhr (_____)
01.00 = ein Uhr (_____)

Es ist:
4.00 = ...
11.00 = ...
13.00 = ...
18.00 = ...
20.00 = ...
00.00 = ...

c) Was machen Sie um ... Uhr? Ergänzen Sie.

Um 3 Uhr nachts schlafe ich.
Um 3 Uhr nachmittags _____
Um 7 Uhr _____
Um 7 Uhr _____
Um 11 Uhr _____
Um 11 Uhr _____

7

Informationen über Ort, Richtung, Zeit, andere Umstände: die Präpositionen. W 4

1. Der Brief kommt **aus NY**.
2. Sie nehmen den Zug **nach Warschau**.
3. Das Geld finden Sie **bei Professor S.**
4. **Um zwölf** sind sie wieder da.
5. Er wartet **bis 10 Uhr bei Harry**.
6. **Ohne Paß** kommen sie nicht **durch die Kontrolle**.
7. Sie warten **in Warschau** auf den Zug **nach Berlin**.
8. Fünfzig **für uns**, fünfzig **für den Joker**.

a) Ergänzen Sie die Präpositionen:

Fragen über ...:	den Ort	die Richtung	die Zeit	andere Angaben
W-Frage:	Wo?	Woher? Wohin?	Wann? Wie lange?	Wie? Für wen?
Präpositionen:	_____	_____ _____	_____ _____	_____ _____

b) Formulieren Sie Fragen und Antworten:

Fragen : ● Woher kommt der Brief? ● Wohin fährt .....? ● Für wen .....?
Antworten: ● Er kommt aus New York. ● ..... ● .....

c) Was paßt zusammen?

1. **bei Familie K.**   c
2. in Hamburg
3. ohne Geld
4. um 7 Uhr
5. bis morgen
6. durch den Park
7. für mich
8. nach Deutschland
9. bei Löwenbräu
10. für seine Kinder
11. zu Familie K.
12. nach Hause
13. in Deutschland
14. zu Klaus

a) laufen
b) schlafen
c) **wohnen**
d) fahren
e) arbeiten
f) hier sein
g) sein
h) einen Brief haben
i) Schokolade kaufen
j) kommen
k) einen Job suchen
l) aussteigen
m) glücklich sein
n) warten

Eine Frau ohne Mann ist wie ein Fisch ohne Fahrrad

d) Formulieren Sie Sätze.

Beispiel: **bei Familie K. wohnen**: Er wohnt jetzt bei Familie K. ...

e) Das findet er wunderbar. Welche Präpositionen passen?

_um_ 11 Uhr Champagner trinken
_____ den Suez-Kanal fahren
_____ BMW Generaldirektor sein
_____ Moskau Kaviar essen

_____ Kollegen im Büro arbeiten
_____ seine Freundin Rosen kaufen
_____ Mittag schlafen
_____ Katmandu fahren

7 Grammatik

G 1 Possessivartikel

seine Welt — ihre Welt

mein	dein	sein	sein	ihr	unser	euer	ihr	Ihr
ich	du	er	es	sie	wir	ihr	sie	Sie

a) Formulieren Sie Beispiele zu allen Possessivartikeln:

Das ist **Herr Kant**. Das ist **seine** Firma.
„Wohnt **ihr** hier? Ist das **eure** Wohnung"
...

die Firma Wohnung Karte Schule
Zeitung Schwester Tochter
Mutter Fahrkarte Chefin ...

Nominativ und Akkusativ:
unbestimmter Artikel – Negativartikel – Possessivartikel

Sing.	M			N			F			Pl.		
Nom.	ein	kein	mein	ein	kein	mein	eine	keine	meine	–	keine	meine
Akk.	einen	keinen	meinen	ein	kein	mein	eine	keine	meine	–	keine	meine

wie „mein": dein- , sein- , ihr- , unser- , euer-

b) Ergänzen Sie das Schema und formulieren Sie Beispiele:

Personal-Pronomen	Possessiv-Artikel	M	N	F	Pl.	
ich	mein-	___	___	___	-e	*Nominativ*
du	dein-					
er/es	sein-	___	___	___	___	*Akkusativ*
sie	ihr-					
wir	unser-	Paß	Geld	Tasche	Fotos	
ihr	eu(e)r-	Zug	Buch	Mutter	Eltern	
sie/Sie	ihr-/Ihr-	...	...	...	...	

Beispiel: Er sucht seinen Paß.
.....

c) Was paßt zusammen? *Notieren Sie.*

1. das Kind
2. der Vater
3. die Mutter
4. die Eltern

a) ihr Vater
b) ihre Mutter
c) sein Vater
d) seine Mutter
e) ihr Kind
f) ihre Eltern
g) sein Kind
h) seine Eltern

d) Lesen Sie die Beschreibung und ergänzen Sie den „Familien-Stammbaum".

Das ist Kurt Meisen. Das ist seine Frau Herta.
Sie haben eine Tochter: Erika. Das ist ihr Mann, Klaus Stiller.
Seine Mutter heißt Mathilde Stiller; sein Vater, Theo Stiller, ist tot. Erika und Klaus haben zwei Kinder.
Hier, das sind ihre Kinder: Manfred, ihr Sohn, ist 17 Jahre alt; das ist seine Freundin Elke. Claudia, ihre Tochter, ist 21 Jahre. Sie ist verheiratet. Ihr Mann heißt Michael Thaler.

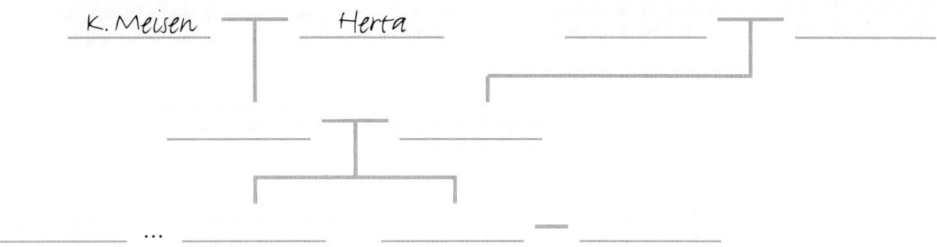

Elke erklärt: „Das ist mein Freund Manfred. Das ist seine Familie: ....."
Manfred erklärt: „Das ist .....

e) Kurt Meisen ist Millionär. *Formulieren Sie die Kommentare:*

1. Kurt Meisen:
„Ich habe keine Probleme! Sehen Sie, das ist mein Haus. Es hat 20 Zimmer. Meine Frau ...

> das Haus(ä -er)   die Frau(-en)   die Fabrik(-en)
> das Bankkonto(-kont-en)   ...

2. Der arme Freund:
„Du hast Glück. Dein Haus ist so groß, ...
3. Der Konkurrent:
„Sein Haus ist vielleicht groß, aber ...
4. Der Revolutionär:
„Kameraden! Alle Kapitalisten sind gleich! Ihre Häuser sind groß, aber eure ...

G 2 Verben mit Präfixen

Es gibt sehr viele Verben mit Präfix in der deutschen Sprache.
Die Präfixe modifizieren die Verb-Bedeutung.

Präfix	Grundverb	Ein Präfix + viele Verben		Viele Präfixe + ein Verb	
ab	schreiben		fragen	ab-	
be	zahlen		geben	an-	
er	klären		gehen	auf-	geben
ab	holen	aus-	laufen	aus-	
her	kommen		machen	er-	
ein	steigen		rechnen	mit-	
ver	stehen		rufen	weg-	
weg	laufen		sehen	...	
zurück	fahren		...	...	
...	...			...	

Das Präfix ist „trennbar"   oder   **„untrennbar"**.

            Präfix — Verb   Präfix verb

Beispiel: **ab-**   schreiben   **be**schreiben
                 ein-   kaufen   **ver**kaufen

G 3 Verben mit trennbaren Präfixen

Präfixverb im Infinitiv: **einsteigen**
Präfixverb im Satz: Gröger und Schlock **steigen** schnell **ein**.

a) Das sind die Notizen von Gröger und Schlock: *Unterstreichen Sie die Präfixverben.*

Zebras Plan für Zaza:
1. den Joker sehen
2. den Paß abholen
3. Warsch.: den Freund treffen
4. nach „X" fahren
5. den Zug nach Berlin nehmen

Zebra: Der Plan für Zaza
I bei Harry das Paket abholen
II den Zug nach W. nehmen
III durch die Kontrolle kommen
IV das Paket abgeben
V zurückfahren

b) Formulieren Sie die Informationen als Sätze:

1. Sie sieht den Joker.
2. _____
3. _____
4. _____
5. _____

I Sie holt bei Harry das Paket ab.
II _____
III _____
IV _____
V _____

7

Das Verb mit trennbarem Präfix im Satz.

Verb-Position:	1	2	...	Endposition	
Infinitiv-Gruppe:				ein-	steigen
Satz-Typen					
Aussage:	Sie	**steigt**	schnell	ein	.
W-Frage:	Wo	**steigt**	sie	ein	?
Satz-Frage:	**Steigt**	sie		ein	?
Bitte:	**Steigen**	Sie	bitte	ein	!

Aussage:

c) Bilden Sie Sätze:

Infinitiv-Gruppe: den Brief schnell <u>auf</u>machen

Aussage: Er macht _____
W-Frage: Warum _____
Satz-Frage: _____
Bitte: _____

d) Ein Deutsch-Examen. *Formulieren Sie:*

1. einen Text <u>an</u>hören
2. das Buch auf Seite 22 <u>auf</u>machen
3. zuerst das Bild <u>an</u>sehen
4. dann den Text <u>durch</u>lesen
5. das Buch wieder <u>zu</u>machen
6. das Thema erklären
7. einen Kommentar schreiben
8. den Kommentar beim Lehrer <u>ab</u>geben
9. auf das Resultat warten

Das sagt der Lehrer:
1. „Hören Sie den Text an."
2. _____
3. _____
4. _____
5. _____
6. ...

Was machen Sie?
1. Wir hören ...
2. _____
3. _____
4. _____
5. _____
6. ...

7
Schreiben und Sprechen

S 1 Wie ist ihr Tagesrhythmus?

✎ **a) Wählen Sie eine Person und notieren Sie, was sie über ihren Tagesrhythmus sagt.**

Tageszeit:	ihr/sein Rhythmus:
In der Nacht/nachts	ist sie/er kreativ. ...
Am Morgen/morgens	.....
Am Vormittag/vormittags	.....
Am Nachmittag/nachmittags	.....
Am Abend/abends	.....

> müde/aktiv sein
> ruhig/nervös sein
> schnell arbeiten
> langsam lernen
> (keine) Ideen haben
> alles rosa/schwarz sehen
> .....

b) Mischen Sie die Zettel und lesen Sie die „Portraits" vor: *Wer ist die Person?*

🗣 **c) Beschreiben Sie Ihren Tagesrhythmus.**

S 2 Dieses Telegramm bringt der Postbote.

> PROBLEME IN ISTANBUL – STOP – PASS UND FAHRKARTE WEG – STOP – AUTO KAPUTT – STOP – KONSULAT ZU – STOP – ZOLLKONTROLLE? – STOP – WENIG GELD – STOP – SCHWARZFAHREN? SEHR GEFÄHRLICH – STOP – AUTOSTOPP WIEN – STOP – WIEN ZUG FRANKFURT – STOP – FRANKFURT TELEFONIEREN – STOP – ABHOLEN? – ENDE – PETER UND MONIKA

Verstehen Sie alles?

🗣 **a) Beschreiben Sie, was passiert:**
    Peter und Monika sind .....
    Sie .....

✎ **b) Schreiben Sie das Telegramm als Brief:**
    Lieber/Liebe .....
    Wir sind .....   Wir haben .....

Phonetik und Orthographie K 7 ➤ S. 222

8

Wortschatz

Wortnetz: Das Geschäft   W 1

✎ Ergänzen Sie:

```
Firma  _____
       \   |   /
        — Geschäft — Büro
       /   |   \
_____     _____
```

Adjektive: Gegensätze   W 2

✎ **a) Lesen Sie die Sätze und tragen Sie ein:**   —   ⟷   +

„Redensarten":
1. Was **neu** ist, ist immer interessant.
2. Qualität ist immer **teuer**.
3. Er ist **arm**, aber glücklich.
4. Wer **jung** ist, will nicht **lang** warten.
5. **Reich** sein macht nicht glücklich!
6. Wer **alt** ist, findet die Zeit **kurz**.
7. Wer **langsam** fährt, kommt auch an.
8. Wer viel Geld hat, findet alles **billig**.
9. Suchen Sie weiter! Das Ziel ist **nah**.
10. Wer **schnell** fährt, kommt nicht **weit**.

—		+
langsam	die Geschwindigkeit	_schnell_
_____	die Distanz	_weit_
_____	der Preis	_____
_____	das Alter (Menschen)	_____
_____	die Dauer (Zeit)	_____
_____	das Alter (Objekte)	_____
_____	Geld (haben)	_____

b) Formulieren Sie andere „Redensarten".

„Ich habe etwas/nichts gegen ... ."   W 3

🗣 *Arbeiten Sie mit einem Partner/einer Partnerin. Machen Sie Minidialoge.*

- ○ Ich habe etwas gegen .....
- ● Warum denn?
- ○ Ich finde .....
- ● Ich habe nichts gegen .....
  Ich finde .....

> Rock-Musik   Deutsche
>   Kinder   Grammatikübungen
>   Tabak   Intellektuelle
>   Kontrolleure   Geld
>   Leute, die immer lachen   .....

67

8

W 4 Wortbildung: Femininformen auf -in

der	Pl.	die	Pl.	der	Pl.	die	Pl.
Direkt**or**	-en	Direkt**orin**	-nen	Pazif**ist**	-en	Pazif**istin**	-nen
Freund	-e	Freund**in**	-nen	Verkäuf**er**	–	Verkäuf**erin**	-nen
Stud**ent**	-en					Arbeit**erin**	

a) Ergänzen Sie die Tabelle.

b) Bilden Sie nach dem gleichen Modell die Formen von:
   1. Präsident   2. Juristin   3. Minister   4. Fahrer   5. Professor   6. Käufer

W 5 Wortbildung: Land – Einwohner – Sprache – Nationalität

Modell	das Land:	Einwohner: der/ein ...	Pl.	die/eine ...	Pl.	Sprache/ Nationalität:
1.	das Ausland	Auslän**der**	–	Auslän**derin**	-nen	„ausländ**isch**"
	Italien	Italien**er**	–	Italien**erin**	-nen	italien**isch**
2.	Spanien	Span**ier**	–	Span**ierin**	-nen	span**isch**
3.	Amerika	Amerik**aner**	–	Amerik**anerin**	-nen	amerik**anisch**
4.	Griechenland	Griech**e**	-n	Griech**in**	-nen	griech**isch**
Aber:	England	Engländ**er**	–	Engländ**erin**	-nen	engl**isch**
	Europa	Europä**er**	–	Europä**erin**	-nen	europä**isch**
	Frankreich	Franzos**e**	-n	Französ**in**	-nen	französ**isch**
	China	Chines**e**	-n	Chines**in**	-nen	chines**isch**
	Deutschland	der Deutsch**e** / ein Deutsch**er**	-n	die Deutsch**e** / eine Deutsch**e**	-n	deutsch

Bilden Sie nach Modell ... die Formen von:
   Modell 1 : Niederlande, Österreich
   Modell 2 : Argentinien, Kanada
   Modell 3 : Mexiko, Afrika, Brasilien
   Modell 4 : die Türkei, Rußland, Schweden

   Beispiel : Mexiko, der Mexikaner, ...
   .....
   Ihr Land : _____

Demonstrativartikel: dieser, dieses, diese W 6

a) Bedeutungen:

1. Wir zeigen/differenzieren etwas.

▪ Auto   ▪ U-Bahn   ▪ Kaffee   ▪ Taxi
            ✗ Kaffee   ▪

„Welches Wort paßt nicht in **diese** Reihe?"
„**Dieses** Wort paßt nicht."

2. Wir kommentieren etwas.

„Sehen Sie **dieses** Z?"
„**Diesen** Brief lese ich nicht!"
„Ich habe etwas gegen **diese** Leute."
„Kennst du **diese** Frau?"

Impliziter Kommentar (z. B.):
(„Es ist sonderbar.")
(„Er ist sehr unhöflich.")
(„Sie sind gefährlich.")
(„Sie ist ein Biest.")

b) Formulieren Sie die „impliziten Kommentare":

1. „**Diesen** Mann will ich nicht wiedersehen!" *Ich finde ihn sehr unhöflich.*
2. „**Diese** Geschäfte interessieren mich nicht!"
3. „Immer **diese** Diskussionen über Geld!"
4. „Ich kenne **diese** Leute nicht."
5. „**Diese** Ausländer!"
6. „**Dieser** Herbert!"

Die Uhrzeit W 7

a) Lesen Sie die Zeitangaben und ergänzen Sie: vor   nach

```
          12
Viertel  9    3  Viertel
           6
          halb
```

12.00 = **zwölf Uhr**
12.05 = fünf Minuten nach **zwölf**
12.15 = Viertel nach **zwölf**
12.20 = zwanzig Minuten nach **zwölf**
12.21 = neun Minuten vor **halb eins**
12.30 = **halb eins**
12.39 = neun Minuten nach **halb eins**
12.40 = zwanzig Minuten vor **eins**
12.45 = Viertel vor **eins**
12.50 = zehn Minuten vor **eins**
13.00 = **ein Uhr** (nachmittags)

b) Schreiben Sie die Uhrzeit in Zahlen:

1. viertel vor zehn   = 09.45 oder 21.45
2. halb acht   = _____ oder _____
3. zwanzig vor sieben   = _____
4. fünf nach halb drei   = _____
5. elf vor elf   = _____
6. sieben vor halbzehn   = _____

8
Grammatik

G 1 Personalpronomen und Possessivartikel

a) Welche Wörter sind Personalpronomen, welche sind Possessivartikel, welche sind beides?

er	sie	**mich**	sein	ihn	dich	ihr	unser	**ich**
euer	du	es	uns	**mein**	euch	dein	wir	

Personal- Pronomen	Nom.	ich	_du_	___	___	___	___	___
	Akk.	mich	___	___	___	___	___	___
Possessivartikel		mein	___	___	___	___	___	___

b) Formulieren Sie Beispielsätze:

Personalpronomen: Nom.	Personalpronomen: Akk.	Possessivartikel
Ich weiß es nicht.	Warum fragst du **mich**?	Das ist **meine** Sache.
…..	…..	…..

c) Ein „Kinderdialog". Ergänzen Sie Personalpronomen und Possessivartikel:

| Personalpronomen: | du/dich | wir/uns | ihr/euch | sie/sie |
| Possessivartikel: | mein- | dein- | sein- | unser- | euer- | ihr- |

●●● Das ist **unser** Spielplatz!
●●● _____ Spielplatz! _____ seid wohl verrückt.
●●● _____ spielen immer hier. Geht weg oder _____ rufen _____ Eltern!
● Hört _____ das? Sie wollen _____ Eltern rufen. Ohne _____ Eltern haben _____ Angst.
●●● Dieser Spielplatz ist nur für _____ .
●●● Nur für _____ ? Warum denn?
●●● _____ wohnen hier. Da drüben ist _____ Haus.
● _____ Onkel wohnt auch hier!
● Ich kenne _____ Onkel aber nicht.
● Ich kenne _____ Eltern auch nicht.
● Natürlich nicht, _____ wohnst ja auch nicht hier. Wir kennen _____ nicht!
● Dieser Spielplatz ist für alle, nicht nur für _____ .
● Seid vorsichtig! _____ Vater ist Sportlehrer.
● _____ Vater ist Sportlehrer! Glaubst _____ denn, ich habe Angst? _____ Onkel ist Boxer. Gegen _____ Onkel hat _____ Vater keine Chance!
● Kommt, wir gehen. Das hat keinen Sinn. Die wollen _____ nur provozieren. Wir spielen zu Hause. Gebt _____ Ball zurück, dann gehen _____ .
●●● _____ Ball? Das ist doch _____ Ball! …..

Syntax: die indirekte Frage — G 2

a) Formulieren Sie die „direkten" und die „indirekten" Fragen:

Visumformular		*Direkte Frage:*	*Indirekte Frage:* Ich schreibe,
Land:	....	Woher **kommen** Sie?	, woher ich **komme**.
Name:	....	Wie _____	, _____
Wohnort:	....	Wo _____	, _____
Alter:	....	Wie alt _____	, _____
Reiseziel:	....	Wohin _____	, _____
Reisedauer:	....	Wie lange _____	, _____
Rückfahrt:	....	Wann _____	, _____
Motiv:	....	Warum _____	, _____
Devisen:	....	Wieviel _____	, _____

Verb-Position	**1**	**2**	**...**	**Endposition**
Infinitiv-Gruppe:			aus New York	**kommen**
Satz-Typen				
Aussage:	Ich	**komme**	aus New York	.
W-Frage:	Woher	**kommen**	Sie	?
Satz-Frage:	**Kommen**	Sie	aus New York	?
Bitte:	**Kommen**	Sie	bitte	!
Indirekte Frage:	Ich schreibe,	woher	ich	**komme** .

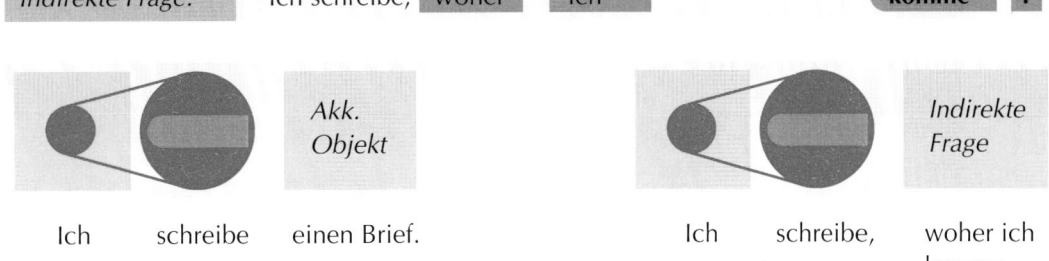

Ich   schreibe   einen Brief.   *Akk. Objekt*

Ich   schreibe,   woher ich komme.   *Indirekte Frage*

b) Das Verb im indirekten Fragesatz: *Was fällt auf?*

8
Sprechen und schreiben

S 1 Ein Zug – sein Tageslauf

A. KOENIGLICH BAYERISCHE STAATS-EISENBAHNEN.										6.		
Fahrdienst vom 15. Oktober 1858 an täglich:												
1) Von München nach Frankfurt. 70,22 Meilen. 3) Von Augsburg nach Lindau. 26,15 Meilen.												
Entfernung: Meilen	Stationen.	I. Eilzug	II. Postzüge	III.	IV. Güterzüge mit Personen-Beförderung	V.	VI.	Preise der Plätze				
								I. fl. | kr.		II. fl. | kr.		III. fl. | kr.
—	München Abg.	5 —	11 —	5 30	6 5	1 20						
8,27	Augsburg „	6 40	1 20	8 20	9 45	5 5		2 30		1 39		1 6
13,73	Donauwörth „	7 43	2 35	9 55	11 50	7 15		4 9		2 45		1 51
17,82	Nördlingen „	8 33	3 35	11 10	2 30	3 45		5 21		3 33		2 24
31,29	Nürnberg „	11 10	7 5	3 25	5 30	1 30	5 —	9 24		6 15		4 12
39,29	Bamberg „	1 50	9 — Ank.	6 —	6 45	3 35	8 — Ank.	11 48		7 51		5 15
52,75	Würzburg „	4 44	—	9 30	2 5	3 —		15 51		10 33		7 3
64,97	Aschaffenburg „	7 10	—	12 40	8 10	8 5		19 30		13 —		7 45
70,22	Frankfurt Ank.	8 13	—	1 50	9 56	9 50		20 6		13 15		7 45

G. Franz'sche Buchdruckerei.

 Der Zug von München nach Frankfurt. Beschreiben Sie seinen „Tageslauf":

> in ... abfahren/ankommen   warten   Personen, die einsteigen/aussteigen
> der Kontrolleur   die Lokomotive   ......

Am Morgen, um ...

S 2 „Im Bahnhof." Eine Geschichte.

a) Arbeiten Sie in Gruppen.
Finden Sie eine Geschichte für diese Szene:
Wer ist die Frau? Woher kommt sie? Was macht sie hier? Warum wartet sie? ...

b) Vergleichen Sie Ihre Versionen.

c) Schreiben Sie die Geschichte.

Phonetik und Orthographie K 8 ➤ S. 223

Wortschatz
Wortbildung: Verben mit Präfixen (trennbar)   W 1

| **ein**steigen | **weg**laufen | **auf**wachen | **mit**kommen | **aus**sehen | ... |

👁 Präfixe: ihre Bedeutung

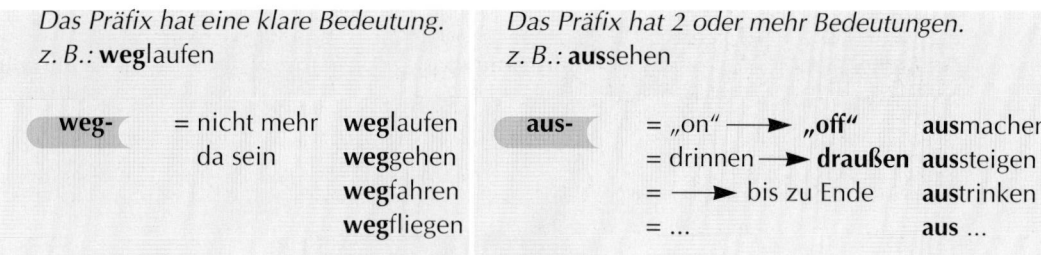

Das Präfix hat eine klare Bedeutung.
z. B.: **weg**laufen

| weg- | = nicht mehr da sein | **weg**laufen **weg**gehen **weg**fahren **weg**fliegen |

Das Präfix hat 2 oder mehr Bedeutungen.
z. B.: **aus**sehen

aus-	= „on" → „off"	**aus**machen
	= drinnen → draußen	**aus**steigen
	= → bis zu Ende	**aus**trinken
	= ...	aus ...

✎ a) Welches Verb paßt? Ergänzen Sie: zurück- : Bedeutung = ⬅

| zurückfahren | zurückkommen | zurückzahlen | zurückbringen |

1. Ich bin so unglücklich ohne dich! Wann _____ du endlich _zurück?_
2. Ich habe einen Bank-Kredit. Ich _____ den Kredit _____
3. Ich gehe in die Bibliothek. Ich _____ die Bücher _____
4. Ich finde es schön hier. Ich _____ nicht _____

✎ b) Welches Verb paßt? Ergänzen Sie: mit- : Bedeutung = „+"

| mitkommen | mitmachen | mitarbeiten | mitbringen |

1. Komm doch heute abend. _____ deinen Freund auch _mit._
2. Unser Projekt hat sicher Erfolg. Wollt ihr _____ ?
3. Diese Arbeit ist doch interessant. Warum willst du nicht _____ ?
4. Wir gehen ins Theater. _____ du _____ ?

✎ c) Welche Präfix-Verben passen? Notieren Sie und bilden Sie Sätze.

Präfix	Verben
an-	fahren
ab-	machen
auf-	schlafen
aus-	steigen
ein-	sehen
zu-	kreuzen
	hören
	rufen
	geben

Beispiel:

Frau P.   _anrufen_   Er ruft Frau P. an.
das Paket   _____   _____
wie Zaza   _____   _____
eine Antwort _____   _____
             _____   _____

9

W 2 Tag und Nacht

✎ **a) Die Sonne, der Mond, die Menschen.** Tragen Sie die Verben ein:

> Die Sonne, der Mond: **auf**gehen **unter**gehen scheinen
> Die Menschen: **ein**schlafen **auf**wachen schlafen wach sein

die Menschen: _____ die Sonne: _____ die Menschen: _____

_____ *aufgehen* _____

_____ *untergehen* _____

der Mond: *scheinen*

✎ **b) Beschreiben Sie:**
1. Es ist Morgen: *Die Sonne geht* _____ *Die Menschen* _____
2. Es ist Tag: _____ _____
3. Es ist Abend: _____ _____
4. Es ist Nacht: _____ _____

W 3 Bedeutungsvarianten

„Das ist nicht mein Bier."   Bedeutung: „Das ist nicht mein Bier."
oder
„Das ist nicht mein Problem."

✎ **Welche Bedeutungen haben diese Sätze vielleicht auch?**

1. „Warten Sie eine Sekunde."   a) Das geht sicher nicht gut.
2. „Ihr schlaft schon wieder."   b) Ich habe keine Lust mehr.
3. „Ich bin ganz kaputt."   c) Macht ihr mit?
4. „Ich steige aus."   d) Ihr seid so unkonzentriert.
5. „Es ist fünf vor zwölf."   e) Ich bin sehr müde.
6. „Ich finde sie so kalt."   f) Einen Moment bitte.
7. „Wollt ihr einsteigen?"   g) Sie lächelt nie.
8. „Ich sehe schwarz."   h) Wir haben keine Zeit mehr!

9. „Er hat keinen Pfennig mehr." _____
10. „Hier sind aber viele Ausländer!" _____
11. „Morgen ist auch ein Tag!"   _____
12. „Ich bin k.o."   _____

74

Die Wochentage W 4

23 Montag	24 Dienstag	25 Mittwoch	26 Donnerstag	27 Freitag	28 Samstag	29 Sonntag
7	7	7	7	7	7	
8	8	8 Geburtstag von	8	8	8	
9	9	9 Tante Erika	9	9	9	
10	10	10 anrufen!	10	10:30 Zahnarzt	10 Einkaufen	
11	11	11	11	11	11 Gartencenter!	
12	12	12	12	12	12	
13	13	13	13	13	13	
14	14	14	14	14	14	
15	15	15	15	15	15	
16	16 Klaus kommt	16	16	16	16	
17	17	17	17	17	17	
18 Elternabend in der Schule	18	18	18 Tennis mit Martin	18 Abendessen bei Ulrike + Martin	18	
		Kino mit Marion				

August   **35. Woche**

✏️ **a) Erklären Sie:** *Was ist am Montag ...?*

1. Am Montag _____

2. Am Dienstag _____

3. _____

4. _____

5. _____

6. _____

7. _____

✏️ **b) Tragen Sie ein:** *Welcher Tag ist heute, war gestern ...?*

−2	−1	0	+1	+2
vorgestern war ...	gestern war ...	**heute ist ...**	morgen ist ...	übermorgen ist ...

c) Wie ist Ihr Wochenrhythmus? *Notieren Sie:*

Was machen Sie immer am ... ?
Was macht ... immer am ... ?
Was passiert immer am ... ?

Beispiel:
Am Sonntag morgen mache ich immer Jogging.
Am Freitag ist mein Chef immer weg.
Am .....
Am .....

9
Grammatik

G 1 Das Verb – Präteritum

„Das war ein langer Tag. Ihr <u>hattet</u> Glück, ihr <u>hattet</u> Pech. Schlaft gut. ..."

→ Das kommt **nachher**.　　**Präsens**　　oder **Futur**

→ Das ist **jetzt**.　　　　　　**Präsens**

→ Das <u>war</u> vorher.　　　**Präteritum**　oder **Perfekt**　oder **Plusquamperfekt**

Präsens und Präteritum: sein/haben

Infinitiv:	sein		haben	
	Präsens	Präteritum	Präsens	Präteritum
ich	bin	war	habe	hatte
du	bist	war**st**	hast	hatte**st**
er/es/sie	ist	war	hat	hatte
wir	sind	war**en**	haben	hatte**n**
ihr	seid	war**t**	habt	hatte**t**
sie/Sie	sind	war**en**	haben	hatte**n**

✏ **a) Finden Sie Entschuldigungen oder Erklärungen.** *Formulieren Sie:*
　1. Warum seid ihr so unglücklich?　*Wir hatten Pech. Wir ...*
　2. Warum bist du so nervös?　_____
　3. Warum waren Sie nicht da?　_____
　4. Warum ist das Foto so dunkel?　_____

✏ **b) Finden Sie die Fragen:**
　1. _____ ?　Ich war bei Frau Wagner.
　2. _____ ?　Er war drei Monate dort.
　3. _____ ?　Sein Vater war reich.
　4. _____ ?　Ich hatte ein Examen.

Präpositionen mit Akkusativ G 2

auf aus bei durch für gegen in mit nach ohne um von bis ...

Regel ▷ : Präpositionen determinieren den Kasus von Artikeln/Nomen/Pronomen ...

Diese Präpositionen haben **immer den Akkusativ:** bis – durch – für – gegen – ohne – um ...

Beispiel: **mit Kasussignal** *(es gibt Artikel):* **ohne Kasussignal** *(es gibt keine Artikel):*
<u>durch</u> d**ie** Stadt gehen <u>bis</u> Berlin fahren
<u>für</u> mein**en** Freund kaufen <u>um</u> zehn Uhr ankommen
<u>ohne</u> sein**e** Eltern wegfahren <u>ohne</u> Fahrkarte reisen

bis	durch	für	um	ohne	gegen
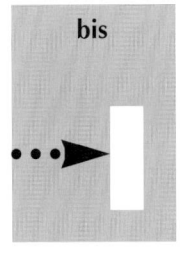	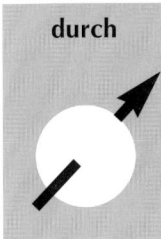	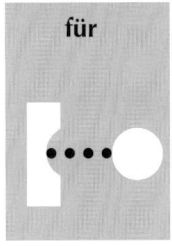			

✎ Ergänzen Sie die Präpositionen, Artikel, Nomen oder Pronomen:

durch
ohne
bis
für
um
gegen

1. „Kommst du mit Ursula?" „Nein, ich komme ___ohne sie___." (sie)
2. „Da kommt der Postbote. Sicher hat er einen Brief _____." (ich)
3. „Es ist so dunkel. Ich gehe nicht _____." (der Park)
4. „Warum bist du wütend?" „Ich habe etwas _____." (dieser Snob)
5. „Der Film beginnt _____." (halb acht)
6. „Ich arbeite immer _____." (fünf Uhr)
7. „_____ will sie nicht einschlafen." (ihre Puppe)
8. „Wir sind _____." (dieser Plan)

Präpositionen mit Dativ und/oder Akkusativ G 3

Diese Präpositionen haben **immer den Dativ:** aus – bei – mit – nach – von ...

Diese Präpositionen haben **den Dativ oder Akkusativ:** auf – in – vor – über – ...

Mehr über den Dativ: Kapitel 12 und Kapitel 13

Regel ▷ : Akkusativ oder Dativ: das ist ohne Konsequenzen bei **Namen,**
die keinen Artikel/kein Kasussignal haben!

Beispiel: <u>aus</u> **Amerika** kommen <u>bei</u> **Harry** warten <u>mit</u> **Gröger** diskutieren
<u>nach</u> **Warschau** fahren <u>über</u> **Zaza** sprechen <u>auf</u> **Schlock** warten

9

✏ **Ergänzen Sie die passenden Präpositionen und bilden Sie Sätze:**

| auf | aus | bei | in | mit | nach | über | von | vor |

Beispiel: **auf** Freunde warten : Ich warte hier **auf** Freunde.

1. _____ Polen kommen : _____

2. _____ Bonn arbeiten : _____

3. _____ Hamburg anrufen : _____

4. _____ IBM arbeiten : _____

5. _____ Politik sprechen : _____

6. _____ Greta Garbo träumen : _____

7. _____ Köln _____ Paris fahren : _____

8. _____ Madrid telegrafieren : _____

9. _____ Erika Walzer tanzen : _____

10. _____ zehn Uhr nicht aufwachen : _____

Sprechen und schreiben
S 1 Märchen

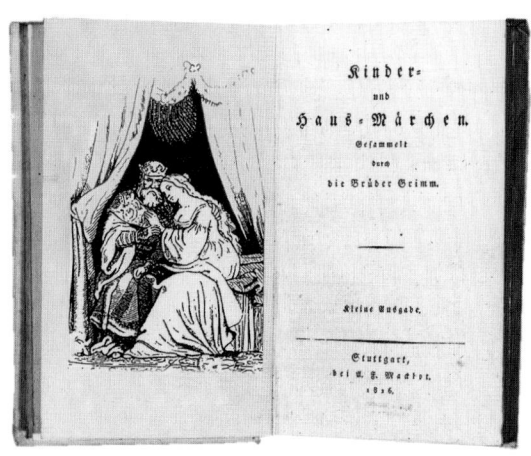

So beginnen Märchen:
„Es war einmal ein König. Er hatte eine Tochter, die sehr schön war. Aber ..."

eine Prinzessin   eine Königin   ein Prinz ...
eine Frau   Kinder   Geld   Land   ... haben
reich-arm   gut-böse   groß-klein   ... sein

Kennen Sie Märchen?
Schreiben Sie die ersten Sätze:
    Es war einmal .....

Tag und Nacht

S 2

„Ich liebe die Nacht."

„Ich liebe den Tag."

✎ **a) Was bedeutet „die Nacht"/„der Tag" für diese Personen?** *Ergänzen Sie die Wortnetze.*

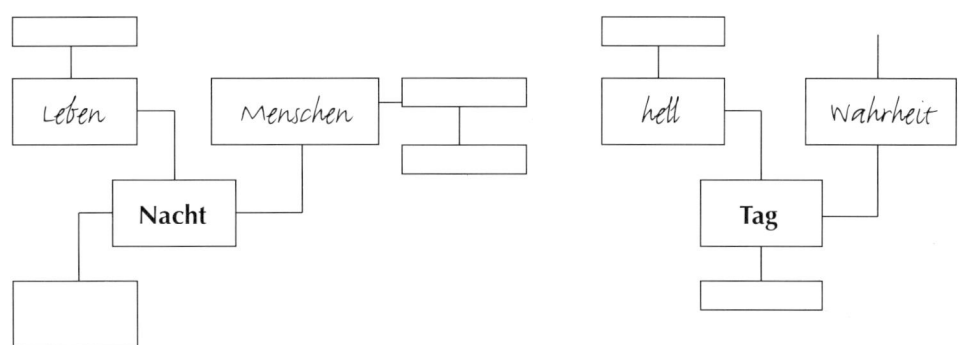

✎ **b) Welche Erklärungen geben die Personen vielleicht?** *Schreiben Sie.*

Ich liebe die Nacht:
Die Nacht ist .....
In der Nacht .....

Ich liebe den Tag:
Der Tag ist .....
Am Tag .....

Phonetik und Orthographie K 9 ➤ S. 224

10 Wortschatz

W 1 Verben: Fortbewegung

a) Welche Verben passen zu den Illustrationen? *Notieren Sie.*

Fortbewegungen:

| fallen | springen | gehen | fliegen | steigen | fahren |

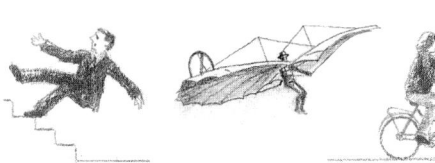   

fallen _____ _____ _____ _____ _____

b) Ergänzen Sie die Verben.

1. Alles wird teuer. Die Preise _steigen_.
2. Die Lufthansa-Maschine _____ nach Moskau.
3. Der DM-Kurs _____ oder _____.
4. Der Regen _____.
5. Die Temperatur _____ oder _____.
6. Die Kinder _____ ins Wasser.

c) „gehen" und „laufen": andere Bedeutungen. *Welche Antworten passen?*

1. Wie geht es Ihnen?
2. Geht diese Uhr richtig?
3. Geht das so?
4. Um was geht es hier?
5. Geht er wirklich nach Australien?
6. Warum laufen Sie so schnell?
7. Der Motor läuft aber ruhig!
8. Da läuft doch etwas aus dem Motor!
9. Weißt du, wo dieser Film läuft?
10. Wie ist das Examen gelaufen?

a) Nein, sie geht falsch. Sie ist kaputt.
b) Nein, das ist noch nicht wirklich perfekt!
c) Ja, er hat dort eine Arbeit gefunden.
d) Es geht um unser Geld!
e) Danke, gut.
f) Ich glaube, im City-Kino.
g) Alles ist problemlos gegangen.
h) Ja, das Auto ist ja auch ganz neu!
i) Der Film beginnt in fünf Minuten!
j) Ich glaube, das ist Öl!

W 2 Veränderungen: Es/Etwas/Jemand wird ... anders.

Ergänzen Sie:

| heiß ← warm → kalt   hell ↔ dunkel   voll ↔ leer | **werden** |

1. Die Sonne geht auf. Es _wird hell._
2. Das Auto fährt sehr schnell. Der Motor _____
3. Viele Menschen steigen ein. Der Zug _____
4. Die Touristen fahren ab. Das Hotel _____
5. Der Sommer beginnt. Es _____
6. Die Temperatur fällt. Es _____
7. Das Licht geht aus. Es _____

10

Wortbildung: Adjektive auf „-los" und „-voll" von Nomen   W 3

| Traum | + | -los | = | traumlos | : ohne Traum (schlafen) |
| Respekt | + | -voll | = | respektvoll | : viel/großen Respekt (haben) |

✎ **Bilden Sie genauso oder erklären Sie:**

1. (eine Familie) ohne Kinder = kinderlos
2. keinen Sinn (haben) = _____
3. ohne ein Wort (weggehen) = _____
4. keinen Respekt (zeigen) = _____
5. keinen Schlaf (finden) = _____
6. keine Ruhe (finden) = _____
7. _____ = arbeitslos *
8. _____ = bedeutungslos *
9. viel Humor (haben) = _____
10. große Bedeutung (haben) = _____s_____ *
11. viel Phantasie (haben) = _____
12. viel Effekt (haben) = _____

* Bei der Wortbildung gibt es oft –s– zwischen 2 Elementen.

Wortbildung: Trennbare und untrennbare Präfixe   W 4

1. ab-, an-, auf-, aus-, ein-, her-, hin-, los-, mit-, weg-, weiter-, zu-, zurück-, ...   *immer trennbar*   ▼**an**kommen : Er kommt **an**

2. über-, wieder-, ...   *trennbar oder untrennbar*   ▼**wieder**kommen : Er kommt **wieder**   ▼**wieder**holen : Er **wieder**holt

3. be-, ent-, er-, ge-, ver-, ...   *immer untrennbar*   ▼**ver**stehen : Er **ver**steht

✎ **Zu welcher Gruppe (1–2–3) gehören die Verben?** Notieren Sie und bilden Sie Sätze.

Beispiel: immer übertreiben   2   Ihr übertreibt immer.
1. morgen zurückkommen   Wir _____
2. ein Wort erklären
3. die Karte entwerten
4. spät aufwachen
5. müde aussehen
6. die Rechnung bezahlen
7. den Apparat anfassen
8. Beispiele vergleichen

10

W 5 Frequenz

a) Wie oft ...? *Ergänzen Sie die Sätze.*

immer: ✗ ✗ ✗ ✗ ✗   1. Sie träumt jede Nacht. Sie _____ .
oft: ✗ ✗ ✗   2. Ich kenne ihn gut. Ich sehe _____ .
manchmal: ✗ ✗   3. Er kommt nur ein oder zweimal im Jahr. Er _____ .
nie: 4. Hier bleibt es immer dunkel. Hier wird _____ hell.

b) „Was machen Sie ...?"

Beispiel: Briefe stehlen, das mache ich **nie**.

_____, das mache ich **nie**.
_____, das mache ich **nur manchmal**.
_____, das mache ich **nicht oft**.
_____, das mache ich **immer** am Sonntag.

Grammatik
G 1 Welcher – dieser – jeder

Regel ▷ Welcher / dieser / jeder : Kasus-Signale wie: der – da**s** – di**e** – di**e**

a) Dieser: *Tragen Sie die Kasus-Signale ein.*

	M	N	F	Pl.
Nom.	dieser	dies__	dies__	dies__
Akk.	dies__	dies__	dies__	dies__

b) Jeder: *Bilden Sie Sätze.*

Mann   Frau
Kind   Vater
Mutter   Mädchen
.....

Alle Menschen sind gleich!
1. **Jeder** Mensch will glücklich sein.
2. Jed_____
3. _____
4. _____

Was machen Sie regelmäßig?

Tag   Sonntag
Woche   Jahr

5. Ich esse jed**en** Tag _____
6. _____
7. _____

c) Welcher: *Formulieren Sie die Fragen zu den Antworten.*

1. _____? Ich nehme den Zug um 14 Uhr.
2. _____? Dieses Wort kenne ich nicht.
3. _____? Ich trinke gern Rotwein.
4. _____? Das Haus dort drüben.
5. _____? Deutsch und Englisch.

10

Präpositionen mit dem Akkusativ und dem Dativ: in – auf ... G 2

a) Wo stehen Akkusative? *Unterstreichen Sie.*

in <u>die Schule</u> gehen   auf der Straße liegen   auf dem Dach stehen   auf die Straße fallen
in dem Bahnhof halten   in die U-Bahn einsteigen   in der Schule lernen
auf das Dach steigen   in den Aufzug steigen   im (in dem) Aufzug sein

b) Informationen über Richtungen/Ziele und über Orte: *Notieren Sie Beispiele aus a):*

c) Tragen Sie die Artikel in die Tabelle ein: **Welche Verben passen?**

Nominativ		der	das	die
Akkusativ	in/auf			
Dativ	in/auf			

gehen, ...

	Aufzug	Dach	U-Bahn
	Bahnhof		Straße
			Schule

d) Wohin? *Ergänzen Sie die Präpositionen und Artikel.*

1. Montags gehen sie um 8 Uhr *in* _____ Schule.
2. Die Kinder laufen _____ _____ Park.
3. Das Taxi fährt _____ _____ Kantstraße.
4. Er steigt _____ _____ Bus.
5. Sie fliegen auf _____ Mond.
6. Er kommt _____ _____ Büro.

G 3 Syntax – Nebensätze mit „ob" und „daß"

Satz 1	Satz 2	Satz mit Nebensatz
Er fragt:	Ist das Geld für Zaza?	Er fragt, **ob** das Geld für Zaza ist.
Er glaubt:	Das Geld ist für Zaza.	Er glaubt, **daß** das Geld für Zaza ist.

Verb-Position	1	2	...	Endposition
Infinitiv-Gruppe:			für Zaza	**sein**
Satz-Typen				
Aussage:	Er glaubt: Das Geld	ist	für Zaza	.
Satz-Frage:	Er fragt:	Ist	das Geld	für Zaza ?
Nebensatz:	Er fragt ,	ob	das Geld	für Zaza ist .
	Er glaubt ,	daß	das Geld	für Zaza ist .

Formulieren Sie „daß-Sätze" und „ob-Sätze":

Das träumt Schlock: Er kennt hier jedes Haus. ⟶ Er träumt, **daß** er hier jedes Haus kennt.
Er weiß nicht: Ist das die Mafia? ⟶ Er weiß nicht, **ob** das die Mafia ist.

1. Die U-Bahn hält nicht.   Er träumt, _____

2. Zaza steht im Aufzug.   _____

3. Er will weglaufen.   _____

4. Er hat das Geld verloren.   _____

5. Ist er in Berlin oder New York?   Er weiß nicht, _____

6. Woher kommt das Geld?   _____

7. Ist das Zaza oder eine Puppe?   _____

8. Hat der Traum eine Bedeutung?   _____

Schreiben und Sprechen
Jedermann   S 1

„Jedermann" ist ein Schauspiel von Hugo von Hofmannsthal.
Herr Jedermann sitzt mit seiner Geliebten und mit Freunden am Tisch: Sie essen gut und trinken viel Wein.
Da kommt der Tod und bittet Jedermann, mit ihm zu gehen: es ist Zeit.
Die Freunde gehen schnell weg, und Herr Jedermann hat Angst. Er ist jetzt ganz allein.

a) Leben und Tod. Welche Wörter passen?

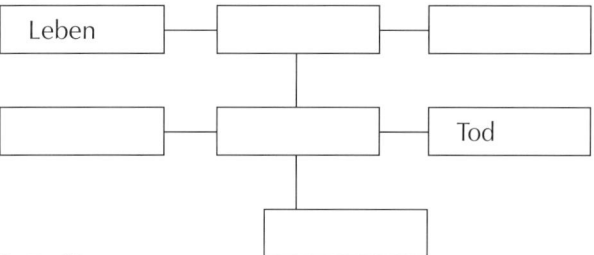

b) Formulieren Sie Sätze zum Thema „Leben" und „Tod".

Wann und wie oft?   S 2

„Was machen Sie immer, oft, manchmal, nie?" Was antworten diese Personen wohl?

... immer	Ich erzähle immer ...	Sonntags gehe ich ...	......
... oft	......	......	......
... manchmal	......	......	......
... nie	......	......	......

10

S 3 Schlafen und Träumen

Der gestohlene Mond
F. K. Waechter

a) Erzählen Sie die Geschichte.

b) Sie wachen am Morgen auf:
    Wissen Sie noch, was Sie geträumt haben?
    Haben Sie Träume, die oft wiederkommen?
    Notieren Sie Ihre Träume?
    Träumen Sie auf „deutsch"?

| immer? | oft? | manchmal? | nie? |

Phonetik und Orthographie K 10 ➤ S. 225

11

Wortschatz
Das Pronomen „man" — W 1

„Einem Mann wie Gröger kann **man** nicht alles erzählen."

„man" = Sprecher und/oder andere (Personen)

a) „Man": Welche Definition paßt?

1. „Wenn **man** ihn so sitzen sieht, denkt **man**: ... ." b
2. Das kann **man** nicht lesen.
3. **Man** will die Altstadt renovieren.
4. **Man** hat mich gefragt, was das bedeutet.
5. Wenn **man** gut arbeitet, hat man auch Erfolg.
6. Wie schreibt **man** das?
7. Bei uns begrüßt **man** die Damen zuerst.

a) andere Personen
b) „ich" und andere Leute
c) eine andere Person
d) die Leute hier
e) alle Menschen

b) Die guten Sitten: was macht man, was macht man nicht? *Formulieren Sie.*

1. beim Essen sprechen
2. seinen Chef duzen
3. in der Schule spielen
4. in ein Buch schreiben
5. Briefe von anderen Leuten lesen
......
......

Beim Essen spricht man nicht.

Kommunikationsmodell — W 2

Welche Verben passen?

Sender: senden ➔ ➔ empfangen **Empfänger:**

sprechen

fühlen

fühlen
schreiben
lesen
hören
sehen   sagen
rufen
zeigen
sprechen

11

W 3 Wortbildung: Nomen und Verben

	die Handlung: Verb	
die Person: Nomen	**arbeiten**	die Sache: Nomen
der/die Arbeiter/-in		**die Arbeit**

* oft: [ä] [ü] ← [a] [u]

a) Welches sind die Verben oder Nomen? *Ergänzen Sie:*

der/die	Schläfer/-in*	schlafen	der Schlaf
der/die	Träumer/-in	träumen	der _____
der/die	__äu_____	kaufen	der *Kauf*_____
_____	_____ä_____	anfangen	der _____
_____	_____	_____	der Beginn
_____	_____	_____	die Erzählung
_____	_____	_____	die Sendung
_____	__äu_____	_____	der Lauf
_____	__ä_____	_____	der Tanz
_____	_____	_____	die Sprache
_____	_____	_____	das Spiel
_____	__a_____	_____	die Fahrt
_____	_____	_____	die Erfindung
der/die	Bewohner/-in	_____	die Wohnung

b) Bilden Sie Nomen auf -ung:

entschuldigen die _____   bezahlen die _____

beschreiben die _____   erwarten die _____

Grammatik
Das Verb im Perfekt

G 1

Perfektformen und Infinitiv: Notieren Sie die Infinitive und die Perfektform zu den Verben (Satz 1–10).

Infinitiv		Partizip	+	Hilfsverb
erfinden	1. Das hat er erfunden.	erfunden		haben
aufwachen	2. Wir sind spät aufgewacht.	aufgewacht		sein
_____	3. Sie hat schlecht geträumt.	_____		_____
_____	4. Habt ihr Angst gehabt?	_____		_____
_____	5. Was hast du gedacht?	_____		_____
_____	6. Sie sind in Köln angekommen.	_____		_____
_____	7. Wo haben Sie das gefunden?	_____		_____
_____	8. Wir haben lange diskutiert.	_____		_____
_____	9. Er hat wieder so viel geredet.	_____		_____
_____	10. Sie sind nach Warschau gefahren.	_____		_____

Das Partizip

G 2

a) Die Partizipformen: Analysieren Sie die Formen und ergänzen Sie.

Infinitiv	Partizip	→	ge- / –	Verbstamm = Infinitiv / ≠ Infinitiv	Endung -(e)t / -en
finden	gefunden	→	ge-	fund ≠	-en
erklären	erklärt	→	–	_____ _____	_____
haben	gehabt	→	_____	_____ _____	_____
ankommen	angekommen	→	an- _____	_____ _____	_____

b) Unterstreichen Sie die charakteristischen Formen bei den Partizipien von 1 bis 20.

Infinitiv	Partizip	+	Hilfsverb	Infinitiv	Partizip	+	Hilfsverb
1. träumen	ge<u>träum</u>t		haben	11. stehlen	gestohlen		haben
2. werden	ge<u>word</u>en		sein	12. antworten	geantwortet		haben
3. aufwachen	aufgewacht		sein	13. weglaufen	weggelaufen		sein
4. bezahlen	bezahlt		haben	14. verstehen	verstanden		haben
5. einschlafen	eingeschlafen		sein	15. mitbringen	mitgebracht		haben
6. erzählen	erzählt		haben	16. gehen	gegangen		sein
7. denken	gedacht		haben	17. lächeln	gelächelt		haben
8. kaufen	gekauft		haben	18. arbeiten	gearbeitet		haben
9. kopieren	kopiert		haben	19. bleiben	geblieben		sein
10. sein	gewesen		sein	20. wissen	gewußt		haben

Das Partizip Perfekt:

Verben:	ge- –	Stamm: = Infinitiv Stamm: ≠ Infinitiv	Endung: -(e)t Endung: -en
1. -ieren	–	=	-t
2. Präfix untrennbar	–		
3. Präfix trennbar	( ) ge-	= oder ≠	-(e)t oder -en
4. ohne Präfix	ge-		

c) Die Partizipformen: Suchen Sie aus den Verben (1–20) Beispiele.

	Infinitiv:		Partizip:	Infinitiv:		Partizip:
Verben wie (1):	kopieren	→	kopiert			
Verben wie (2):	erzählen	→	_____	_____	→	_____
Verben wie (3):	_____	→	_____	_____	→	_____
Verben wie (4):	_____	→	_____	_____	→	_____

G 3 Die Hilfsverben: sein – haben

Verben	Fortbewegung: laufen, gehen, ... Veränderung: werden, ...	sein, bleiben		alle anderen Verben	
	Partizip	+	sein	Partizip	+	haben
Beispiel:	gegangen		sein	gemacht		haben
	geworden		sein	gegeben		haben

a) Welche Verben bedeuten „Fortbewegungen/Veränderungen"? Kreuzen Sie an.

- warten
- schreiben
- lesen
- herkommen
- untergehen
- einsteigen
- abfahren
- geben

- laufen
- werden
- sehen
- aufgehen
- spielen
- denken
- fliegen
- hören

b) Partizip und Hilfsverb. Ergänzen Sie:

Infinitiv	Partizip	+ Hilfsverb	Infinitiv	Partizip	+ Hilfsverb
1. fragen	_ge_ fragt	haben	9. losgehen	____ gangen	____
2. aussehen	____ sehen	____	10. kritisieren	____	____
3. einsteigen	____ stiegen	____	11. vergehen	____ gangen	____
4. wohnen	____ wohnt	____	12. erwarten	____ wartet	____
5. verlieren	____ loren	____	13. rennen	____ rannt	____
6. rufen	____ rufen	____	14. ankreuzen	____ kreuzt	____
7. anrufen	____	____	15. aufgehen	____	____
8. klingeln	____ klingelt	____	16. öffnen	____ öffnet	____

Das Perfekt

| | Hilfsverb | | | Partizip | | | | |
	haben	sein		Verbstamm = Infinitiv			Verbstamm ≠ Infinitiv	
ich	habe	bin			kopier	-t		
du	hast	bist		ge-	wart-e	-t	ge- gang	-en
er/es/sie	hat	ist	oder	auf- ge-	wach	-t	ein- ge- stieg	-en
wir	haben	sind			erklär	-t	verlor	-en
ihr	habt	seid						
sie/Sie	haben	sind		ge-	komm	-en	ge- dach	-t

Syntax: das Perfekt im Satz   G 4

Verb-Position	1	2	...	Endposition	
Infinitiv-Gruppe:				die Tür geöffnet	**haben**
Satz-Typen					
Aussage:	Er	hat		die Tür geöffnet	.
W-Frage:	Warum	hat	er	die Tür geöffnet	?
Satz-Frage:	**Hat**	er		die Tür geöffnet	?
Bitte:					
Nebensatz:	Er sagt,	daß	er	die Tür geöffnet	hat .

G 5 Bei Sigmund Freund

Ergänzen Sie die Perfektformen.

(1) sein, (2) anrufen, (3) fragen, (4) träumen, (5) erklären, (6) antworten, (7) gehen, (8) wohnen, (9) klingeln, (10) erwarten, (11) erzählen, (12) einsteigen, (13) fahren, (14) werden, (15) warten, (16) sehen, (17) aussehen, (18) fragen, (19) aufwachen, (20) lächeln, (21) stehlen, (22) rufen, (23) verstehen, (24) sein

Im Sommer (1) _____ ich in Wien _____ . Ich (2) _____ Sigmund Freud _____ : ● „Kann ich kommen" (3) _____ ich ihn _____ .

● „Warum?"

● „Ich (4) _____ etwas _____ . Das interessiert Sie sicher," (5) _____ ich _____ .

● „Gut, kommen Sie!" (6) _____ er _____ .

Also (7) _____ ich in die Bergstraße _____ . Dort (8) _____ Sigmund Freud _____ . Ich (9) _____ an der Tür _____ . Er (10) _____ mich schon _____ . Auf seiner Couch (11) _____ ich alles _____ .

● „Ich (12) _____ in Berlin in den Zug _____ . Der Zug (13) _____ die ganze Nacht _____ . Dann (14) _____ es hell _____ . Zwei Männer (15) _____ auf mich _____ . Plötzlich (16) _____ ich diese Frau _____ . Sie (17) _____ wie eine Puppe _____ ."

● „Und dann?" (18) _____ Freud _____ .

● „Dann (19) _____ ich _____ ."

Da (20) _____ Freud nicht mehr _____ .

● „Sie (21) _____ mir meine Zeit _____ ," (22) _____ er _____ .

Ich (23) _____ nicht _____ , warum er so wütend (24) _____ _____ .

Sprechen und Schreiben.
Vor der Abreise   S 1

Sie fahren für 4 Wochen weg. Was machen Sie vor der Abfahrt?

a) Lesen Sie die Checkliste und ergänzen Sie sie.

Haben Sie ...?
1. die Pässe abgeholt
2. das Hotel reserviert
3. den Koffer gepackt
4. die Fahrkarte gekauft
5. ein Taxi bestellt
6. Geld gewechselt (DM → $)
7. die Adresse notiert
8. Ihre Freunde angerufen
9. alle Rechnungen bezahlt
10. das Auto in die Garage gestellt
11. _____

b) Spielen Sie mit einem Partner/einer Partnerin:

Sie haben 5 Dinge gemacht. Welche? Kreuzen Sie an.
Ihr Partner hat auch 5 Dinge gemacht, aber Sie wissen nicht, welche er gemacht hat – und er weiß nicht, was Sie gemacht haben! Ihr Flugzeug geht um 12 Uhr. Jetzt ist es 10 Uhr.

c) Spielen Sie den Dialog:

● „Hast du .....?"
● „Ja, natürlich habe ich ....." / „Nein, ich habe gedacht, du ....." / „Hast du denn .....?"
● „....."

Haben Sie heute geträumt?   S 2

Phonetik und Orthographie K 11 ➤ S. 226

12
Wortschatz

W 1 Ein Frühstückstisch

1 der Kaffee	6 das Wasser	11 die Wurst (ü -e)	16 das Brot (-e)
2 der Tee	7 der Joghurt	12 der Schinken	17 das Brötchen (-)
3 der Orangensaft	8 die Butter	13 der Honig	18 das Müsli
4 die Milch	9 das Ei (-er)	14 die Marmelade (-n)	19 der Zucker
5 die Schokolade	10 der Käse	15 die Grapefruit (-s)	20 das Salz

a) Quantitäten: *Ergänzen Sie die Tabelle.*

	das Kännchen	die Tasse	das Glas	das Stück	die Scheibe	das Gramm/Kilo	etwas
1, 2, 3, ... ein paar	1 Kännchen 2 Kännchen	1 Tasse 2 Tassen	1 Glas 2 Glas	1 Stück 2 Stück	1 Scheibe 2 Scheiben	1 Gramm 2 Gramm	etwas
2 Brötchen 1 Ei	Tee	Kaffee	Wasser	Zucker	Wurst		

b) Kalorien! Kalorienreich oder kalorienarm frühstücken? *Notieren Sie.*

kalorienreich: Schokolade, 3 Semmeln, _____
kalorienarm: _____
Ihr Frühstück von heute morgen: _____

Wortbildung: Nomen aus Infinitiven W 2

a) Bilden Sie Nomen aus den Verben.

Hier ist **(das)** Rauchen verboten.

Verb:		Nomen:
rauchen	das	**R**auchen
lachen		_____
wissen		_____
leben		_____
warten		_____

b) Was ist erlaubt, was ist verboten? *Erklären Sie die Schilder:*

parken   essen   schwimmen   rauchen   fotografieren   spielen   halten

Hier ist **(das) H**alten **verboten.**

_____
_____
_____

Aussagen können viele Bedeutungen haben. W 3

Kritik oder Kompliment? *Formulieren Sie.*

	Kritik:	Kompliment:
„Das Brot hier schmeckt anders."	Es schmeckt schlecht.	Es schmeckt prima.
1. „Es ist schon acht Uhr!"	Du bist schon wieder …	……
2. „Heute warst du wirklich sehr nett."	……	……
3. „Du kommst aber früh!"	……	……
4. „Er spricht nicht viel."	……	……
5. „Das ist also deine Freundin!"	……	……
6. „Hier gibt es aber viele Deutsche!"	……	……

12

W 4 „Die goldene Mitte": Zu viel – genug – zu wenig

- „Du bist **zu** schwer!"
- „Du bist **nicht** leicht **genug**!"

- „Du bist **zu** leicht!"
- „Du bist **nicht** schwer **genug**!"

Wer denkt was? *Ergänzen Sie.*

| zu ... | alt-jung früh-spät hell-dunkel leicht-schwer schnell-langsam |
| (nicht) ... genug | teuer-billig heiß-kalt viel-wenig nah-weit kurz-lang laut-leise |

Situation:

1. Klaus ist 17. Er will Motorrad fahren.

2. Sie und er wollen eine Woche wegfahren. Sie will 3 Koffer mitnehmen.

3. Das Hotelzimmer kostet 300 DM pro Nacht.

4. Sie kennt ihn eine Stunde. Sie will ihn küssen.

5. ......

Kommentare und Reaktionen:

a) Das denkt Klaus: Ich bin doch alt genug!
b) Das denkt sein Vater: ......

a) Das denkt er: ......
b) Das denkt sie: ......

a) Der Hotelier: ......
b) Der Gast: ......

a) Sie: ......
b) Er: ......

a) ......
b) ......

LIEBESLIED
Weil nun die Nacht kommt,
bleib ich bei dir.
Was ich dir sein kann,
gebe ich dir!

Frage mich niemals:
Woher und wohin –
nimm meine Liebe,
nimm mich ganz hin!

Sei eine Nacht lang
zärtlich zu mir.
Denn eine Nacht nur
bleib ich bei dir.
  (Wolfgang Borchert)

Kurzbiographie:
  W. Borchert
  1921 in Hamburg geboren
  1941 Soldat
  1942 verwundet
  1941–1944 mehrmals verhaftet
  1947 gestorben

  Gedichte
  Hörspiele
  Theaterstücke (u. a. „Draußen vor der Tür")
  Kurzgeschichten

Grammatik
Kasus: der Dativ

a) Subjekt und „Adressat": *Notieren Sie.*

Subjekt:	Wer? Was?	... macht / gibt / ist ...	wem etwas?	„Adressat":
Das Brot	Das Brot in Berlin **schmeckt** mir nicht.			mir
Sie	**Geben** Sie mir eine Tasse Kaffee.			_____
_____	Ich **habe** Ihnen das Ei **gekocht**.			_____
_____	Das Essen **schmeckt** ihm nicht. Es **ist** ihm zu salzig.			_____
_____	Der Lehrer **hat** ihnen die Regel genau **erklärt**.			_____
_____	Sie wartet auf den Bericht. Ich **schreibe** ihr jetzt.			_____
_____	Schlock ist zufrieden: Gröger **bringt** ihm alles.			_____
_____	Ich fahre in die Stadt. Ich **kaufe** dir das Buch.			_____
_____	Ihr lügt! Wir **glauben** euch nicht.			_____
_____	Das Kind ist zu klein. **Erzählen** Sie ihm das nicht.			_____
_____	Das **macht** uns keinen **Spaß** mehr. Wir gehen jetzt.			_____

b) Personalpronomen im Dativ: *Ergänzen Sie die Dativformen.*

Nom.	ich	du	er	es	sie	wir	ihr	sie/Sie
Akk.	mich	dich	ihn	es	sie	uns	euch	sie/Sie
Dat.	____	____	____	____	____	____	____	____ / ____

Ihnen uns
 mir euch
 ihm dir
 ihr ihm
   ihnen

c) Indiskretion. *Ergänzen Sie:*

ich → du   ● Ich gebe es **dir.**

du → sie   ● Du bringst es _____.

sie → er   ● Sie zeigt es _____.

er → sie (Pl)   ● Er schreibt es _____.

sie → ihr   ● Sie sagen es _____.

ihr → ich   ● Ihr erklärt es _____.

ich → ihr   ● Ich glaube _____ nicht.

G 2 Syntax: Modalverben und andere zweiteilige Verb-Gruppen im Satz

„Wir wollen es noch einmal versuchen."

Verb-Position	1	2	...	Endposition
Infinitiv-Gruppe:			es noch einmal	versuchen wollen
Satz-Typen				
Aussage:	Sie	**wollen**	es noch einmal	versuchen .
W-Frage:	Warum	**wollen** sie	es noch einmal	versuchen ?
Satz-Frage:		**Wollen** sie	es noch einmal	versuchen ?
Nebensatz:	Er sagt, daß	sie	es noch einmal	versuchen wollen .

a) Die Verb-Gruppe hat oft 2 Teile: *Notieren Sie andere Beispiele.*

Verb	+ Modalverb	Partizip	+ Hilfsverb	Präfix	+ Verb
versuchen	wollen	gekommen	sein	_____	_____
_____	_____			_____	_____

b) Sätze mit zweiteiligen Verb-Gruppen: *Erkennen Sie die Satztypen?*

Aussage?	W-Frage?	Satz-Frage?	Bitte?	Nebensatz?	Infinitiv?
			Infinitiv-Gruppe	oder	_____
			_____	oder	_____
			_____	oder	_____

c) Bilden Sie aus jeder Infinitiv-Gruppe die 4 Satztypen:

Infinitiv-Gruppe:	nach Berlin fahren wollen:	weglaufen:	gut geschlafen haben:
1. Aussage:	Wir wollen ...	......	......
2. W-Frage:	Wann/Warum wollt ...	......	......
3. Satz-Frage:	Willst du ...	......	......
4. Nebensatz:	Frag sie doch, ob ...	......	......

Sprechen und schreiben
Das Leben im Perfekt: Lebensläufe

S 1

Das Leben:	gehört	angefangen	beendet	getrunken	getanzt
gewartet	gelacht	verstanden	gewußt	mitgemacht	gelebt
gewartet	geworden	gekannt	weggegangen	gehabt	geschrieben
gewartet	gemacht	gespielt	verloren	gewonnen	gesehen
gewartet	gefunden	gearbeitet	gelernt	geboren	studiert
...	gewartet	geliebt	bezahlt	gedacht	gewesen
gelebt	gestorben	geträumt	gelesen	erfunden	gefahren ...

✎ a) Schreiben Sie für jede Person einen Lebenslauf mit 5 Partizipien.

b) Erzählen/schreiben Sie dann die Lebensgeschichte dieser Personen.

Sein Leben:

Ihr Leben:

Phonetik und Orthographie K 12 ➤ S. 227

13
Wortschatz

W 1 Das Jahr – die Monate – die Jahreszeiten

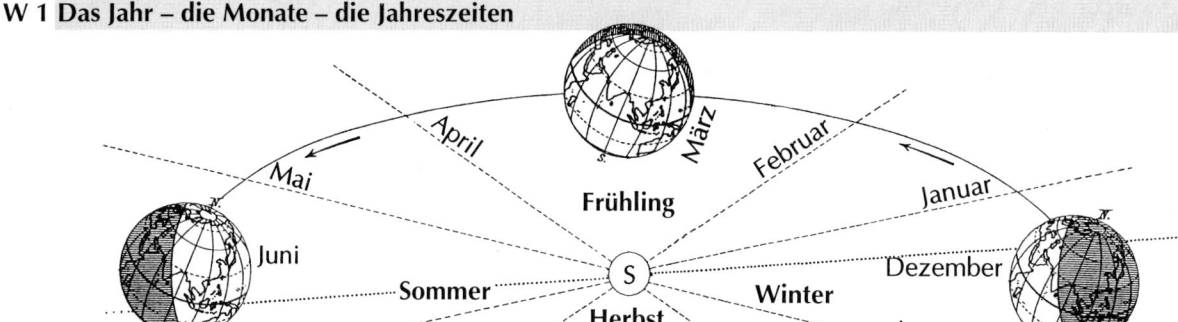

✎ **a) Wie lange dauern bei Ihnen die Jahreszeiten? Wie ist das Wetter?** *Notieren Sie.*

		Winter	Frühling	Sommer	Herbst
🌧	regnen	**Dauer:** Er dauert von ...... bis	......	......	......
❄	schneien	**Wetter:** Es ...... oft/manchmal/...	......	......	......
☀	Sonne	Es gibt ...			
🌀	Wind				
☁	Wolken				
≡	Nebel				
🌡	warm/kalt				

💬 **b) Welche Jahreszeit finden Sie schön? Warum?**
   Meine Lieblingsjahreszeit: Ich finde ......

✎ **c) Herbstwetter, Sommerregen ...:** *Bilden Sie neue Nomen und erklären Sie ihre Bedeutung.*

(der) Herbst	der _____ himmel	= ......
(der) Winter	der _____ mantel	= ......
(der) Sommer	der _____ regen	= ......
(der) Frühling -s	der _____ nebel	= ......
(die) Sonne -n	das *Herbst* wetter	= Es ist sehr ...
(der) Schnee	die _____ mode	= ......
(der) Regen	die _____ wolke	= ......
(der) Nebel	der _____ monat	= ......
... .	... .	

Der Körper – die Körperteile W 2

> die Nase (-n) der Bauch (ä -e) der Kopf (ö -e) das Auge (-n)
> die Hand (ä -e) der Fuß (ü -e) der Mund (ü -er) das Ohr (-en)
> das Gesicht (-er) der Arm (-e) das Bein (-e)

a) Lesen Sie die 10 Sätze.   **b) Notieren Sie die Körperteile.**

1. Sie machen dem Schneemann eine **Nase**.
2. Er hat viel gegessen, sein **Bauch** ist voll.
3. Er hat alles vergessen, sein **Kopf** ist leer.
4. Wie blau ihre **Augen** sind!
5. Mit welcher **Hand** schreiben Sie?
6. Er geht jeden Tag zu **Fuß** ins Büro.
7. Sie hat den **Mund** nicht aufgemacht und kein Wort gesagt.
8. Er hat so große **Ohren**, er ist sicher musikalisch!
9. Ihr **Gesicht** ist sehr expressiv und zeigt alle ihre Gefühle.
10. Was die **Hände** für die **Arme** sind, sind die **Füße** für die **Beine**.

c) Was bedeuten wohl diese Ausdrücke? *Notieren Sie.*

1. bis über beide **Ohren** verliebt sein
2. mit beiden **Beinen** auf dem Boden stehen
3. sein **Gesicht** verlieren
4. den **Kopf** in den Wolken haben
5. von der **Hand** in den **Mund** leben
6. die **Nase** voll haben
7. nur an seinen **Bauch** denken
8. den **Mund** halten
9. einen langen **Arm** haben
10. die **Füße** unter den **Arm** nehmen

a) nie an „morgen" denken
b) nur an Essen und Trinken denken
c) jemanden sehr lieben
d) wichtige Personen kennen
e) ein Träumer sein
f) schweigen (nichts sagen)
g) realistisch sein
h) sein Prestige verlieren
i) keine Lust mehr haben
j) ganz schnell weglaufen

d) Etwas tut mir weh! *Ergänzen Sie.*

	Das heißt:	Erklärung:
Der Kopf tut mir weh	: ● Ich habe Kopfschmerzen.	● Du hast vielleicht zu viel getrunken!
Der Bauch _____	: ● Ich habe _____	● ......
Die Augen tun mir weh	: ● Ich habe _____	● ......
Die Ohren _____	: ● Ich habe _____	● ......

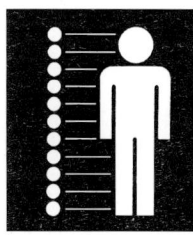

13

W 3 „Wer will, der kann": das Modalverb „können"

„Vati: E=mc^2 Kannst du mir das erklären?"

„Nein, das kann ich nicht. Ich verstehe das auch nicht. Frag deine Mutter!"

„Ich kann jetzt nicht. Ich habe keine Zeit. Frag deine Schwester."

„Monika!" ......

Die Bedeutungen von „können": Welche Antwort / welche Frage paßt?

1. Kann ich mal das Radio anmachen?
2. Kannst du mir das erklären?
3. Kann Klaus schon zählen?
4. Können wir hier nicht halten?
5. Könnt ihr mal ruhig bleiben?
6. Können sie denn nicht schwimmen?

a) Doch, aber das Wasser ist ihnen zu kalt.
b) Ja, aber bitte nicht so laut.
c) Nein, wir wollen hin und her laufen.
d) Doch, ich sehe kein Verbotsschild.
e) Nein, das verstehe ich auch nicht.
f) Nein, er ist doch erst ein Jahr alt!

7. _____? Ich habe leider nie Deutsch gelernt.
8. _____? Ja, natürlich. Hier ist der Zucker.
9. _____? Ja, dort ist eine Telefonzelle.

W 4 Verben mit dem Dativ: Etwas paßt / schmeckt / gehört / gefällt / fehlt ... mir

a) Welche Bedeutung paßt? Formulieren Sie andere Beispiele.

1. Ich fühle, diese Schuhe sind nicht zu klein.
2. Ich finde diese Rosen sehr schön.
3. Ohne meine Freunde bin ich unglücklich!
4. Diese Bücher habe ich gekauft.
5. Ich esse gern Bananen.
6. _____
7. _____

a) Sie schmecken mir.
b) Sie passen mir.
c) Sie gefallen mir.
d) Sie gehören mir.
e) Sie fehlen mir.

b) Welches Verb paßt? Ergänzen Sie.

1. Er hat das Auto gestohlen. Es _____ ihm nicht.
2. Das Kind weint. Seine Mama _____ ihm.
3. An diesem Tag kann sie nicht. Das Datum _____ ihr nicht.
4. In dieses Restaurant gehen wir nicht mehr. Das Essen _____ uns nicht.
5. Wie finden Sie diese Wohnung? _____ sie Ihnen?

Grammatik
Syntax: Das Dativ-Objekt   G 1

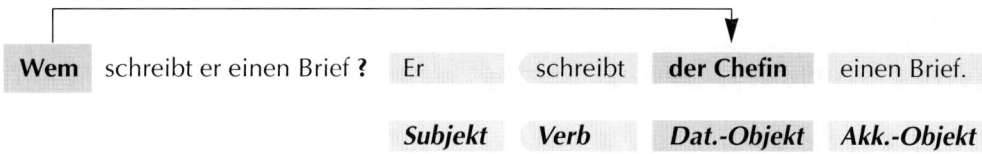

		Subjekt	Verb	Dat.-Objekt	Akk.-Objekt
Wem	schreibt er einen Brief?	Er	schreibt	**der Chefin**	einen Brief.

Wo steht das Dativ-Objekt in diesen Sätzen? *Kreuzen Sie an.*

	Position: 1	2	3	...	Endposition
Er schreibt der Chefin einen Brief.	☐	☐	☐	☐	☐
Er schreibt diesen Brief seiner Chefin.	☐	☐	☐	☐	☐
Der Chefin hat er doch schon gestern geschrieben.	☐	☐	☐	☐	☐
Abends schreibt er der Chefin immer einen Brief.	☐	☐	☐	☐	☐

Die Dativformen   G 2

a) Wo gibt es Dativformen? Wie ist die Nominativform? *Notieren Sie.*

	Wem? → Dativ:	Nominativform:
1. Wie macht man **einem Schneemann** eine Nase?	einem Schneemann	ein Schneemann
2. Er schreibt der Chefin einen Bericht.	_____	_____
3. Schlock gibt dem Kind seinen Hut.	_____	_____
4. Einer Chefin kann man nicht alles sagen.	_____	_____
5. Der Professor ist den Männern heute egal.	_____	_____
6. Zigarren schmecken Kindern doch nicht!	_____	_____
7. Der Hut paßt dem Schneemann gut.	_____	_____
8. Einem Kind kann man das noch nicht erklären.	_____	_____
9. Müttern kann man doch alles erzählen!	_____	_____
10. Dieser Mantel gehört der Frau dort.	_____	_____
11. Computer-Spiele machen auch den Mädchen Spaß.	_____	_____

Dativ Plural:
Was fällt bei den Nomen auf?

Der Dativ:

	Singular:	M		N		F		Plural:	
Nom.		der	ein	das	ein	die	eine	die	keine
Akk.		den	einen	das	ein	die	eine	die	keine
Dat.		dem	einem	dem	einem	der	einer	den	kein**en**

Nom.	ich	du	er		es		sie	sie/Sie	wir	ihr
Akk.	mich	dich	ihn		es		sie	sie/Sie	uns	euch
Dat.	mir	dir	ihm		ihm		ihr	ihnen/Ihnen	uns	euch

Pronomen und Artikel: *Vergleichen Sie die Kasus-Signale. Was fällt auf?*

13

b) Einem Mann wie Gröger ... *Bilden Sie genauso:*

Ein Mann wie **er** ⟶ **Einem Mann** wie **ihm** kann man nicht alles erzählen.

1. Frauen wie sie: _____ kann man nicht alles glauben.
2. Eine Frau wie sie: _____ schenke ich immer Orchideen.
3. Ein Erzähler wie Sie: _____ höre ich gern zu.
4. Ein Freund wie du: _____ sage ich alles.
5. Ein Kind wie es: _____ kann man schon viel erklären.

G 3 Verben mit Dativ-Objekten

a) Verben mit Dativ-Objekt und Akkusativ-Objekt: *Kennen Sie andere Verben? Notieren Sie.*

		Dativ-Obj.	**Akk.-Obj.**
Er	schreibt	der Chefin	einen Brief.

geben
_____
_____
_____
_____

b) Verben mit Dativ-Objekt ohne Akkusativ-Objekt: *Notieren Sie andere Beispiele.*

| Das | gefällt | der Chefin | (sicher nicht). |

passen
_____
_____
_____
_____

c) Wem ist/macht/tut/geht es ...? *Ergänzen Sie.*

Etwas produziert ⟶ einen Effekt ⟶ **Ich** fühle das: ⟶ er (es, sie ...)

Beispiel:	eine Pause machen	Das tut gut.	Das tut **mir** gut.	Das tut **ihm** gut.
1.	auf die Straße fallen	Das tut weh.	Das tut **mir** _____	Das tut _____
2.	minus 10 °C	Es ist kalt.	Es ist _____	_____
3.	Karten spielen	Das macht Spaß.	Das _____	_____
4.	nachts allein sein	Das macht Angst.	Das _____	_____
5.	plus 30 °C	Es ist heiß.	Es _____	_____
6.	nicht mehr krank sein	Es geht gut.	Es _____	_____
7.	blond oder dunkel	Das ist egal.	Das _____	_____

wie Du mir, so ich Dir

Nebensätze – nachgestellt und vorgestellt G 4

Die Verb-Position im Aussage-Satz und im Nebensatz

| 1 | 2 | 3 | ... |

Ich **gebe** dir den Mantel , wenn du mir den Hut **gibst**.

Nebensatz nachgestellt

Wenn du mir den Hut **gibst**, **gebe** ich dir den Mantel .

Nebensatz vorgestellt

a) Formen Sie die Sätze um:

1 a) Warum ich das mache, sage ich dir nicht.
   b) Ich sage dir nicht, _____
2 a) Daß das verboten ist, verstehe ich natürlich.
   b) Ich _____
3 a) Ob er wirklich morgen kommt, ist noch nicht sicher.
   b) Es ist _____
4 a) Wie lange er bleiben will, hat er nicht geschrieben.
   b) Er _____

b) Ergänzen Sie die Nebensätze und formen Sie um:

| erlaubt sein | den Aufzug nicht finden | wütend sein | verboten sein | Erfolg haben |

1 a) Ich glaube nicht, daß das _____
   b) Daß das erlaubt ist, glaube _____
2 a) Wir sind zufrieden, wenn _____
   b) Wenn _____
3 a) Wir sind verloren, wenn _____
   b) Wenn _____
4 a) Ich verstehe nicht, warum _____
   b) Warum _____
5 a) Er weiß auch nicht, ob _____
   b) Ob _____

13
Schreiben und Sprechen

S 1 Kinder

a) Wählen Sie ein Kind.

b) Welche Gedanken passen zu diesem Kind? Ergänzen Sie die Sätze:

Wenn ich draußen spiele, ...
Wenn ich 5 Mark habe, ...
Wenn ich keine guten Noten habe, ...
Wenn meine Eltern weg sind, ...
Wenn es dunkel wird, ...
Wenn ich abends in meinem Bett liege, ...

Wenn mein Vater nach Hause kommt, ...
Wenn ich den Lehrer sehe, ...
Wenn ich an die Ferien denke, ...
Wenn meine Freunde da sind, ...
Wenn ich groß bin, ...
Wenn ......

c) Jeder liest seinen Text vor. Die anderen raten.
Zu welchem Foto paßt der Text?

Ein Menschenkenner – Gedicht von Erich Fried

Er sagt
„Ich kann dich lesen
wie ein offenes Buch"
und er glaubt
daß er jedes Buch
das er liest
auch verstehen kann

Erich Fried
1921 in Wien geboren
1938 Emigration nach London
ab 1952 Mitarbeiter der BBC
gestorben 1988

Phonetik und Orthographie K 13 ➤ S. 228

Wortschatz
Kleidung: Herren-, Damen- und Kinderkleidung

W 1

Kleidungsstücke:
1. der Anorak (-s)
2. der Anzug (ü -e)
3. die Bluse (-n)
4. das Hemd (-en)
5. die Hose (-n)
6. die Jacke (-n)
7. die Jeans (-)
8. das Kleid (-er)
9. das Kostüm (-e)
10. die Krawatte (-n)
11. der Pullover (-)
12. der Rock (ö -e)
13. die Sandale (-n)
14. die Schuh (-e)
15. der Stiefel (-)
16. der Strumpf (ü -e)
17. das T-Shirt (-s)
18. die Weste (-n)

a) Köpfe und Kleidungsstücke: Was paßt nicht zusammen? *Beschreiben Sie.*

Normalerweise tragen	... Frauen keine(n) ...	... Männer keine(n) ...	... Jungen keine(n) ...	... Mädchen keine(n) ...

b) Wie ist es richtig? Was trägt ...

1. Der Mann mit dem Bart: _____
2. Die Frau mit dem Hut: _____
3. Die Frau mit den Locken: _____
4. Der junge Mann ohne Bart: _____
5. Das Mädchen: _____
6. Der Junge: _____

c) Etwas ausziehen – etwas anziehen: *Was machen die Personen?*

1. Der Mann mit dem Anzug will im Garten arbeiten: ...
2. Die Frau mit dem Kostüm will Gymnastik machen: ...
3. Die Frau mit dem Hut repariert ihr Auto: ...
4. Der Junge hat kalte Füße: ...

14

W 2 Kleidungsstücke

a) **Kleidungsstücke sind aus Wolle, Seide, ...** Ergänzen Sie die Tabelle.

Das ist aus ...	**Leder:** Stiefel _____	**Wolle:** _____ _____	**Baumwolle:** _____ _____	**Seide:** _____ _____	**Kunstfaser:** _____ _____

b) **Kleidungsstücke:** Sehen Sie die Beispiele an, und definieren Sie genauso.

> die Badehose   das Sommerkleid   die Lederstiefel
>   das Abendkleid   der Regenmantel   die Lederhose
> der Sonnenhut   das Nachthemd   die Handschuhe
>   die Lederjacke   der Schlafanzug   der Badeanzug
> die Tennisschuhe   die Trainingshose   das Seidenhemd

Beispiele: Eine **Badehose** ist eine Hose **zum** Baden.
    Ein **Sommerkleid** ist ein Kleid **für** den Sommer.
    Lederstiefel sind Stiefel **aus** Leder.

1. Ein **Schlafanzug** ......
2. Ein **Abendkleid** ......
3. Eine **Lederjacke** ......
4. ......

c) **Finden oder erfinden Sie andere Bezeichnungen für Kleidungsstücke.**

ein Mini _____
ein/e Frühlings- _____
_____
_____
_____
_____
_____

d) Korrekturen mit „sondern": Ergänzen Sie und bilden Sie andere Beispiele.

falsch ⟶ richtig

Stiefel sind **nicht** aus Wolle , **sondern** aus Leder .

1. Jungen tragen **keine** Röcke, **sondern** _____
2. Im Büro trägt man **kein** Nachthemd, _____
3. _____
4. _____
5. _____
6. Hosen sind **nicht nur** für Männer, _____ auch _____
7. _____

Wortbildung: Adjektive auf „-lich" von Nomen W 3

Nomen + -lich = Adjektiv   mit Vokalvariation: a-o-u ⟶ ä-ö-ü
ohne Vokalvariation: a-o-u ⟶ a-o-u

a) Nomen oder Adjektiv: Ergänzen Sie.

1. der **Freund** ⟶ freundlich
2. das _____ ⟶ glücklich
3. der _____ ⟶ brieflich
4. der _____ ⟶ brüderlich
5. der _____ ⟶ mündlich
6. der _____ ⟶ männlich
7. die _____ ⟶ persönlich
8. der Mensch ⟶ _____
9. das Herz ⟶ _____
10. der Monat ⟶ _____
11. das Geschäft ⟶ _____
12. der Beruf ⟶ _____
13. die Schrift ⟶ _____
14. der Sommer ⟶ _____

b) Kann man brieflich reisen? Welche Adjektive (1–14) passen zu diesen Verben?

a) _mündlich_ reklamieren   e) _____ danken   i) _____ bleiben
b) _____ lächeln   f) _____ bezahlen   j) _____ kennen
c) _____ antworten   g) _____ reagieren   k) _____ teilen
d) _____ reisen   h) _____ informieren l) _____ aussehen

c) Nomen auf „-keit" von Adjektiven auf „-lich": Ergänzen Sie die Nomen.

Adjektiv -lich + -keit = Nomen

1. persönlich ⟶ die Persönlichkeit
2. wahrscheinlich ⟶ die _____
3. herzlich ⟶ die _____
4. menschlich ⟶ die _____
5. freundlich ⟶ die _____
6. möglich ⟶ die _____
7. männlich ⟶ die _____
8. verständlich ⟶ die _____

d) Das Genus von Nomen auf „-keit": Was fällt auf?

14

W 4 Modalverben: müssen – können – wollen

a) Ich muß – ich will – ich kann: *Welches Modalverb paßt? Ergänzen Sie.*

Ich _____ Deutsch lernen. Ich finde Sprachen interessant.	Ich _____ Deutsch lernen. Hier ist ein Goethe-Institut.	Ich _____ Deutsch lernen. Ich bin doch nicht dumm!	Ich _____ Deutsch lernen. Hier spricht man nur Deutsch.
ich → Projekt	Realität → ich	ich → Realität	Realität → ich

b) Müssen Sie Klavier spielen? *Notieren Sie, was für Sie paßt und formulieren Sie dann.*

a) arbeiten	b) sich amüsieren	c) früh aufstehen	d) Klavier spielen
e) Grammatikübungen machen		f) joggen	g) lernen	h) schreiben
i) singen	j) im Lotto gewinnen	k) lange schlafen	l) höflich sein
m) kochen	n) zu Hause bleiben	...	

1 ▪ müssen   2 ▪ können   3 ▪ wollen
   ▪ nicht müssen   ▪ nicht können   ▪ nicht wollen

Beispiel:
1   abends oft **lernen müssen**: ⟶ Ich **muß** abends oft **lernen**. ......
    am Sonntag **nicht arbeiten müssen**: ⟶ Am Sonntag **muß** ich **nicht arbeiten**. ......

c) Gleiche Chancen für alle?
„Unser Examen ist gerecht. Die Aufgabe ist für alle gleich. Klettern Sie auf den Baum!"
Notieren Sie, was jedes Tier kann / nicht kann.

| fliegen | schwimmen | trompeten | laufen | klettern | springen | ...... |

Das können die Tiere: **Das können sie nicht:**
1. Der Vogel **kann fliegen**,   aber er kann **nicht** ......
2. Der Affe kann klettern,   aber ......
3. Der Marabu ......, ...
4. Der Elephant ......, ...
5. Der Fisch ......, ...
6. Der Seehund ......, ...
7. Der Hund ......, ...

Das kann der Mensch: **Das kann er nicht:**
8. Er ......, ...

1. 2. 3. 4. 5. 6. 7. 8.

Grammatik
Das Verb: die Imperativ-Formen G 1

Infinitiv	gehen	sprechen	fahren	warten	haben	sein
Imperativ:						
„du"	Geh!	Sprich!	Fahr!	Warte!	Hab!	Sei!
„wir"	Gehen wir!	Sprechen wir!	Fahren wir!	Warten wir!	Haben wir!	Seien wir!
„ihr"	Geht!	Sprecht!	Fahrt!	Wartet!	Habt!	Seid!
„Sie"	Gehen Sie!	Sprechen Sie!	Fahren Sie!	Warten Sie!	Haben Sie!	Seien Sie!

a) Imperativ und Präsens-Formen: Notieren Sie die „Du-Form" und vergleichen Sie.

Du-Form _gehst_ _____ _____ _____ _____ _____

b) Die Imperativ-Formen: Was ist charakteristisch?

c) Diese Anweisungen gibt es im Textbuch und im Arbeitsbuch. Formen Sie um:

Adressat: „Sie" → „Du" → „Ihr"
1. „Hören Sie zu!"   a) _„Hör zu!"_   b) _____
2. „Antworten Sie."   a) _____   b) _____
3. „Kreuzen Sie an."   a) _____   b) _____
4. „Schreiben Sie."   a) _____   b) _____
5. „Lesen Sie den Text."   a) _____   b) _____
6. „Fragen Sie einen Partner." a) _____   b) _____
7. „Ergänzen Sie bitte."   a) _____   b) _____

Das Verb im Präsens. Modalverben: wollen – können – müssen G 2

a) Sehen Sie das Modell an und notieren Sie die Formen.

	Modalverben			1 Verb	andere Verben	
Infinitiv:	wollen	können	müssen	wissen	geben	fahren
ich	will	kann	muß	weiß	geb**e**	fahre
du	will**st**	kannst	_____	weißt	gib**st**	_____
er/es/sie	will	_____	_____	_____	_____	_____
wir	woll**en**	können	_____	_____	_____	_____
ihr	woll**t**	_____	_____	_____	_____	_____
sie/Sie	woll**en**	_____	_____	_____	_____	_____

b) Vokalvariation und Personal-Formen: Vergleichen Sie die Verben. Was fällt auf?

G 3 Präpositionen mit dem Akkusativ – Präpositionen mit dem Dativ

Präpositionen haben oft mehrere Bedeutungen.
Wählen Sie eine Bedeutung und formulieren Sie andere Beispiele:

+ Akk.		Bedeutungen	+ Dat.		Bedeutungen
bis	1	a) Ich warte bis morgen. b) Ich zähle bis drei! ...	**seit**	1	a) Seit einer Woche regnet es! b) Seit Köln regnet es!
durch	2	a) Ich muß durch diesen Tunnel! b) Das weiß ich durch die Chefin.	**bei**	2	a) Sie wohnt bei ihren Eltern. b) Ich bin gerade beim Essen! ...
für	3	a) Der Brief ist für mich. b) Ich bin für diesen Plan. ...	**aus**	3	a) Das Produkt kommt aus Japan. b) Der Tiger ist aus Papier. ...
um	4	a) Er kommt um die Ecke. b) Um 12 Uhr essen wir. ...	**nach**	4	a) Dieser Zug fährt nach Köln! b) Es ist viertel nach zwölf. ...
ohne	5	a) Den Tee bitte ohne Zucker! b) Ohne Geld gibt es nichts.	**mit**	5	a) Den Tee bitte mit Zitrone! b) Kommst du mit dem Auto? ...
gegen	6	a) Fahr nicht gegen die Mauer! b) Er hat etwas gegen Tabak. ...	**zu**	6	a) Ich fahre zur Universität. b) Haben Sie Zeit zum Lesen? ...
			von	7	a) Ich komme von der Universität. b) Der Brief ist von Klaus. ...

zum = zu dem   beim = ____ ____
zur = ____ ____   vom = ____ ____

14

Sprechen und Schreiben
Partnersuche S 1

👁 **Arbeiten Sie in 2 (4) Gruppen:**   Gruppe A ●●●●●   Gruppe B ●●●●●
   Kontext: a) Jede Gruppe hat ein Projekt. Sie wollen zusammen z. B.:
   eine Reise machen / ein Ferienhaus kaufen / eine Wohnung teilen ......
   b) In Ihrer Gruppe fehlt noch eine Person. Sie suchen jemand, der gut zu Ihnen
   paßt. Sie konstruieren einen Test für ein Interview.
   c) Jeder führt ein Interview mit einem „Kandidaten".
   d) Sie vergleichen die Resultate und wählen einen Kandidaten für Ihr Projekt.

👁 **a) Suchen Sie ein Projekt für Ihre Gruppe.**

✏ **b) Konstruieren Sie einen Test für ein Interview. Hier ist ein Modell:**

1. Was ist wichtig für Sie?	▓ Freundschaft	▓ Geld	▓ Ihre Mama
2. Was finden Sie dramatisch? Zwei Wochen ohne ...	▓ Ihren Walkman	▓	▓ ......
3. Haben Sie etwas gegen ...	▓ Klaviersonaten	▓	▓ ......
4. Sie gewinnen eine Reise. Nehmen Sie die Reise nach ...	▓ Hollywood	▓	▓ ......
5. Sie haben ein Rendezvous um 19 Uhr. Ihr(e) Freund(in) ist nicht da. Was machen Sie?	▓ Sie gehen sofort.	▓	▓ ......
6. Sie gewinnen einen Tag mit einem Star. Nehmen Sie den Tag mit ...	▓ Frank Sinatra	▓	▓ ......

👁 **c) Machen Sie jetzt den Test mit einem/einer Partner/in aus einer anderen Gruppe.**

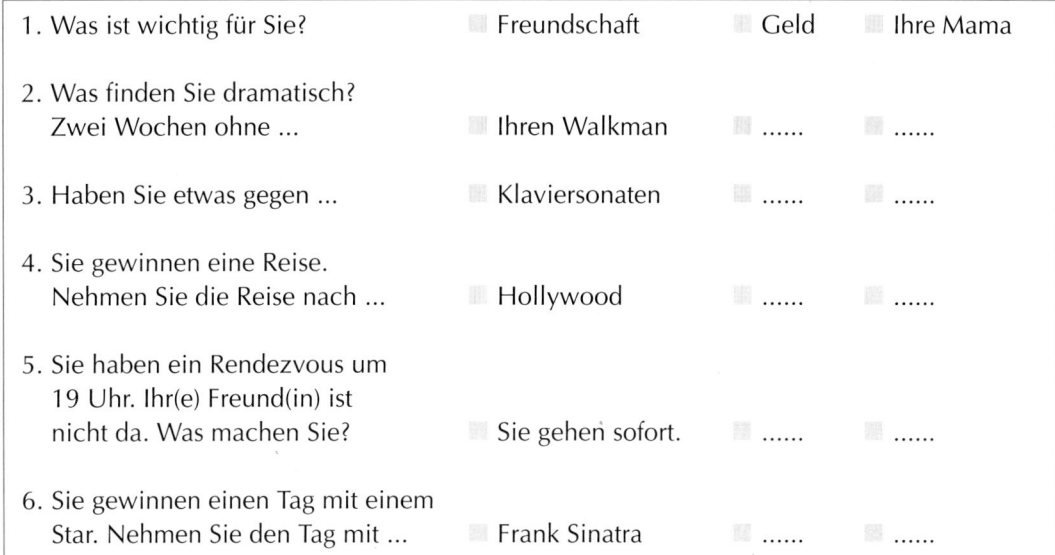

   Prinzip:
   Jede Person von Gruppe A
   spricht
   mit einer Person von Gruppe B
   Sie sagen natürlich **nicht**, welches Ihr Projekt ist!
✏ *Notieren Sie die Antworten, die Ihr(e) Partner(in) gibt.*

👁 **d) Gehen Sie in Ihre Gruppen zurück:**   A ●●●●●   B ●●●●●
   Vergleichen Sie Ihre Resultate:
   Gibt es **den** idealen Partner für Ihr Projekt? Wer ist es? Warum?

Phonetik und Orthographie K 14 ➤ S. 230

15
Wortschatz
W 1 Eine Wohnung

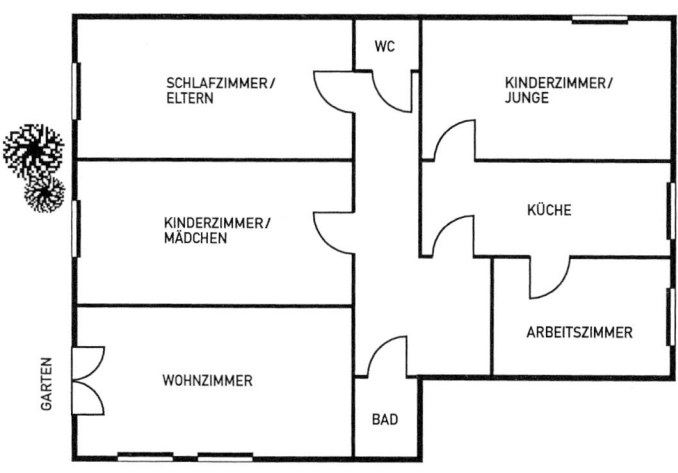

essen   kochen   schlafen
mit Freunden sprechen
lesen   träumen   spielen
lernen   duschen
fernsehen   allein sein
Briefe schreiben
Musik hören   sich anziehen
mit der Familie zusammen sein
frühstücken
die Schularbeiten machen
nachdenken   singen
nichts tun   sich ausruhen
eine Pause machen   ...

a) Die Zimmer: welches sind ihre Hauptfunktionen? *Notieren Sie.*

die Küche → kochen, ...
das Schlafzimmer → _____
das Kinderzimmer → _____
das Wohnzimmer → _____
das Arbeitszimmer → _____
das Bad/Badezimmer → _____
der Garten → _____
die Toilette: darüber spricht man auch in Deutschland nur, wenn es sein muß.

b) Wer ist oft / gern wo? Warum? *Wählen Sie eine Person und antworten Sie.*

		Erklärung:
Mutter	Ich bin oft in der / im	In der / Im ......
Vater	Ich bin gern	......
Tochter (16 Jahre)	Ich bin gern lange in	......
Sohn (8 Jahre)	Ich bin nicht gern in	......

c) Möbel: der Küchentisch, der Gartenstuhl ... Welche Bezeichnungen gibt es sicher?

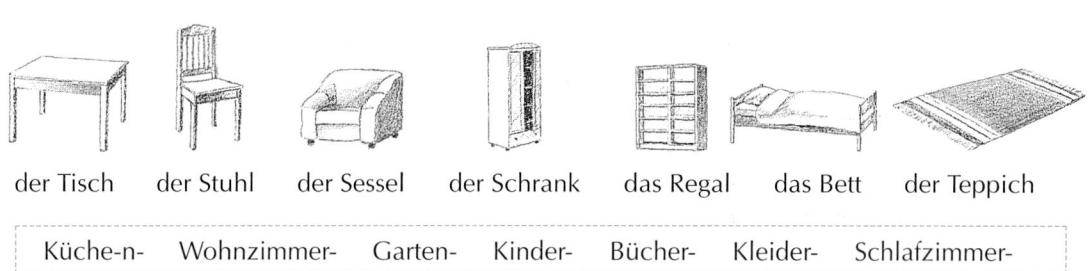

der Tisch   der Stuhl   der Sessel   der Schrank   das Regal   das Bett   der Teppich

Küche-n-   Wohnzimmer-   Garten-   Kinder-   Bücher-   Kleider-   Schlafzimmer-

Es gibt sicher   einen Küchentisch, einen Küchenstuhl, ein(en) ......, ...

Adverbien, die etwas über den Sprecher sagen — W 2

a) Was ist die Bedeutung? (1) Was der Sprecher fühlt: (2) Wie genau er etwas weiß: Kreuzen Sie an.

1. „Wann kommst du **endlich?!**"
2. „**Hoffentlich** kommt er jetzt nicht!"
3. „**Vielleicht** kommt sie auch mit."
4. „**Leider** kann ich nicht kommen."
5. „Er ist **wahrscheinlich** schon angekommen."
6. „Wir sind **sicher** zu spät."
7. „**Glücklicherweise** ist er nicht gekommen."
8. „Ich möchte **lieber** nicht mitkommen."

b) Welches Adverb (aus W 2 a) paßt? Ergänzen Sie.

1. Ich trinke gern Wein. Aber hier gibt es _____ nur Bier.
2. Ihre Argumente klingen logisch. Sie haben _____ recht.
3. Die Kinder sind noch nicht da. _____ ist ihnen nichts passiert.
4. Ich habe mein Portemonnaie verloren. _____ war nicht viel Geld drin.
5. Heute macht mir die Arbeit keinen Spaß. Wann ist es _____ 16 Uhr!
6. Warum weiß der Hausmeister immer alles? _____ öffnet er unsere Briefe!
7. Ich habe heute keine Lust. Ich bleibe _____ zu Hause!
8. Frag doch den Polizisten. _____ kennt er die Adresse.

Verb-Bedeutung und Adjektiv-Bedeutung — W 3

a) Adjektive und Verben, die zusammenpassen. Notieren Sie.

laut singen

> verstehen laufen schmecken lächeln singen
> grüßen aussehen werden klingen bleiben
> wohnen leben danken antworten ......

alt _____	sauer _____	müde _____
schnell _____	falsch _____	arm _____
höflich _____	süß _____	kalt _____
herzlich _____	dunkel _____	kurz _____

b) Verbindungen, die auch möglich sind. Was bedeuten sie?

Bedeutung:

laut	wohnen	=	eine Wohnung haben, die sehr laut ist
sauer	lächeln	=	man lächelt, aber _____
kalt	danken	=	_____
schnell	leben	=	_____
_____	_____	=	_____
_____	_____	=	_____

W 4 Adverbien, die Positionen beschreiben

a) Was ist wo? *Lesen Sie die Sätze 1–6.*   *Tragen Sie die Adverbien in die Zeichnung ein.*

Positionen:
1. Das Herz ist **links**.
2. Wer **hinten** steht, muß warten.
3. Wer **vorne** steht, kommt zuerst an die Reihe.
4. Er hat ganz **unten** angefangen, aber heute ist er der Chef.
5. In Deutschland fahren die Autos **rechts**.
6. Am Mittag steht die Sonne **oben** im Zenit.

> links – rechts   oben – unten   vorne – hinten

b) Wo sind Sie lieber? *Ergänzen Sie die Adverbien ... und geben Sie eine Erklärung:*
1. In der Klasse sitze ich lieber _____ . Da sieht mich ......
2. Im Taxi sitze ich nicht gern _____ . ...
3. Auf der Autobahn fahre ich immer _____ . ...
4. In einem Haus mit 20 Etagen wohne ich lieber _____ . ...
5. Im Schlafwagen im Zug liege ich gern _____ . ...
6. ....

W 5 Adverbien, die Richtungen beschreiben

Woher etwas kommt: ◄—— **von**
Wohin etwas geht: ——► **nach**

> Norden   Süden   Osten   Westen   links   rechts
> oben   unten   vorne   hinten

a) Ergänzen Sie die Richtungen.

Die Kompaß-Nadel zeigt immer **nach Norden**.

1. Beim lateinischen Alphabet schreibt man **von** links **nach** _____ .
2. ... und _____ oben _____ _____ .
3. Der Lehrer ruft einen Schüler **nach** _____ an die Tafel.
4. Im Winter fliegen viele Vögel _____ _____ _____ Süden.
5. Die warme Luft steigt **von** _____ _____ _____ .
6. Der Rhein fließt **von** _____ _____ _____ .

b) Welche Bedeutungen sind gleich? *Ergänzen Sie.*

1. Sie gehen **runter**   = nach _____
2. Sie gehen **rauf**   = nach _____
3. Sie gehen _____ = **nach draußen**
4. Sie gehen _____ = **nach drinnen**

> raus   unten   oben
> drinnen   rauf   draußen
> rein   runter

Verben: Beschreibung von Positionen   W 6

a) **Positionen:** *Welches Verb paßt? Ergänzen Sie.*

sein = liegen stehen hängen sitzen stecken

 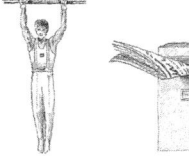   

_____   _____   _____   _____   _____

b) **Wo ist das Foto?** *Zeichnen Sie eine Skizze für jede Position:*

Es steht auf dem Tisch. Es steckt in dem Buch. Es liegt auf dem Tisch. Es hängt an der Wand.

Verben: Beschreibung von Aktionen   W 7

tun = setzen hängen stellen legen stecken

Wohin tue ich das Foto?
Ich hänge es an die Wand.

a) **Positionen und Aktionen:** *Welche Verben passen zusammen? Notieren Sie.*

Wo? Position:	Wohin? Aktion:
sitzen	setzen
_____	_____
_____	_____
sein	tun

b) **Aktionen:** *Welches Verb paßt? Ergänzen Sie.*

1. Ich _____ das Foto an die Wand.
2. Ich _____ das Foto auf den Tisch.
3. Ich _____ .
4. Ich _____ .
5. Ich _____ .

Positionen:
Jetzt hängt es an der Wand.
Jetzt steht es auf dem Tisch.
Jetzt steckt es in dem Album.
Jetzt liegt es auf dem Küchentisch.
Jetzt ist es in meiner Tasche.

15
Grammatik

G 1 Präpositionen mit dem Akkusativ oder Dativ

✎ a) **Die Präpositionen und ihre Bedeutung.** *Ergänzen Sie die Zeichnungen.*

| an | zwischen | in | hinter | vor | auf | neben | über | unter |

✎ b) **Richtung oder Position? Wohin oder Wo?** *Kreuzen Sie an und notieren Sie die Verben.*

	Wohin? Richtung:	Wo? Position:	Verb:
1. Ich bin **in die Welserstraße** gefahren.	X		fahren
2. Ich habe **auf der Straße** gestanden.			
3. Es war zu dunkel **in der Wohnung**.			
4. Sie steht **am Fenster** ...			
5. ... direkt **über mir**.			
6. Der Professor stellt sich **hinter sie**.			
7. Er wohnt **neben ihr**.			
8. Die beiden gehen **ins Schlafzimmer**.			
9. Er steht **vor ihr**.			
10. Er stellt den Stuhl **auf den Tisch**.			
11. Der Stuhl steht **auf dem Tisch**.			
12. Sie hängt seine Jacke **neben die Tür**.			
13. Der Professor steht **unter der Lampe**.			

✎ c) **Akkusativ oder Dativ?** *Welcher Kasus steht hier?* _____ _____

✐ d) **Wo kann Ihr Paß sein? Was haben Sie damit gemacht?** *Formulieren Sie.*

Wohin haben Sie ihn vielleicht getan?
1. Ich habe ihn sicher in meine Tasche gesteckt.
2. Ich habe ihn vielleicht auf ......
   ......

Wo ist er also jetzt?
Dann steckt er in meiner Tasche.
......

Präpositionen mit dem Akkusativ oder Dativ

Angaben über Richtungen:	**Präpositionen:**	*Angaben über Positionen:*
Frage: Wohin? **+ Akkusativ**	in an auf über unter vor hinter neben zwischen	**+ Dativ** *Frage:* Wo?

ins = in das   ans = an das
aufs = auf das

im = in dem
am = an dem

Der Relativsatz (1) G 2

Satz a	Hauptinformation:	Er steigt auf den **Stuhl**.
Satz b	Information über ein Nomen in *Satz a*:	**Der Stuhl** steht auf dem Tisch.
Satz a + Relativsatz		Er steigt auf den Stuhl, **der** auf dem Tisch steht.

a) Die Verb-Position im Relativsatz: Was fällt auf?

b) Hauptsatz und Relativsatz: Formen Sie in zwei Hauptsätze um.

1. Die Frau, die am Fenster steht, lächelt. Satz a) *Die Frau lächelt.* b) *Die Frau ...*
2. Schlock kennt den Mann, der neben Zaza wohnt. Satz a) ___ b) ___
3. Das Ding, das er in der Hand hat, ist rund. Satz a) ___ b) ___
4. Sie gehen in ein Zimmer, das dunkel ist. Satz a) ___ b) ___
5. Er kennt die Personen, die am Fenster stehen. Satz a) ___ b) ___

c) Körpersprache. Ergänzen Sie.

nervös sein   lügen   keinen Erfolg haben
Angst haben   verliebt sein   nicht recht haben

Beispiel: Menschen, **die** glücklich sind, lachen oft.
1. Jemand, **der** _____, kann nicht ruhig sitzen.
2. Ein Kind, **das** _____, wird oft rot.
3. Leute, **die** _____, sprechen oft sehr laut.
4. Jemand, **der** _____, ist oft blaß.
5. Ein Mann, **der** _____, sieht müde aus.
6. Jungen und Mädchen, **die** _____, stehen oft vor dem Spiegel.
7. _____
8. _____
9. _____
10. _____

15
Sprechen und Schreiben

S 1 Die ideale Wohnung

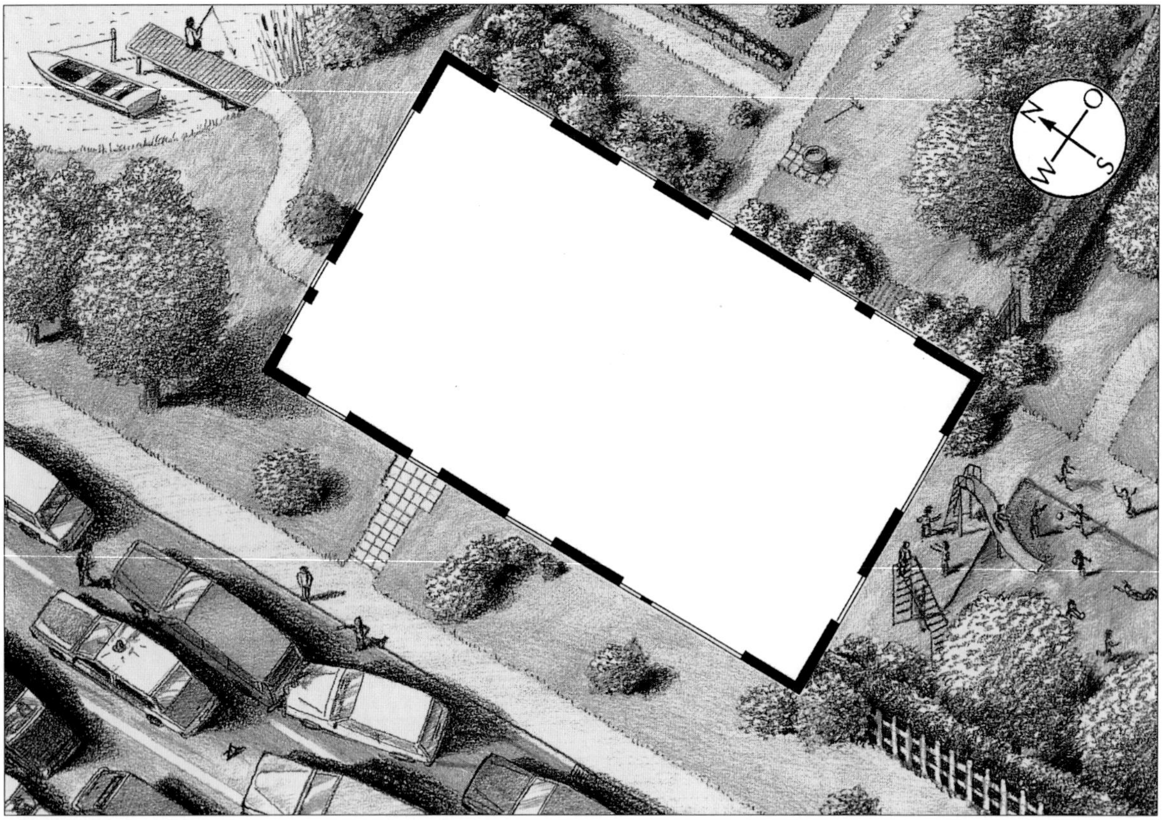

✎ **a) Wie ist der ideale Plan für Sie?** *Wie plazieren Sie die Zimmer? Machen Sie die Skizze.*

> Wohnzimmer   Schlafzimmer   Arbeitszimmer   Küche   Badezimmer   Flur   ...

📝 **b) Der Plan für ein Haus/eine Wohnung: Welche Fragen sind wichtig?** *Notieren Sie.*
   1. Lebe ich allein hier, oder gibt es noch andere Personen?
   2. In welchen Zimmern bin ich (sind die anderen) oft/nicht so oft?
   3. Wann ...... ?
      ......

👄 **c) Vergleichen Sie Ihre Fragen mit den anderen und ergänzen Sie die Liste.**

👄 **d) Arbeiten Sie mit einer anderen Person aus der Gruppe:**
   Sie sind der Architekt: Sie wollen den Plan für seine/ihre Wohnung machen.
   1. Stellen Sie alle Fragen, die wichtig sind *(c)*.
   2. Wie ist der ideale Plan für die Wohnung? Zeichnen Sie eine Skizze.
   3. Vergleichen Sie mit der Skizze, die der/die andere gemacht hat. Gibt es Unterschiede? Warum?

16

Wortschatz
Modalverben: dürfen – sollen – möchte   W 1

a) Ich darf – ich soll – ich möchte: *Welches Modalverb paßt? Ergänzen Sie.*

Ich _____ gern korrekt sprechen. Fehler machen mich wütend.

Im Unterricht _____ ich Deutsch sprechen, sagt der Lehrer. Fehler sind nicht so schlimm, meint er.

Natürlich _____ ich auch in meiner Muttersprache sprechen: das ist nicht verboten!

ich → Wunsch

andere Person/Instanz → ich

Regel/Gesetz → ich

b) Welche Aussagen haben ähnliche Bedeutungen? *Notieren Sie.*

Ich | will   muß   möchte   soll   kann   darf | das tun.

1. Ich **will** das tun.   2. Ich **kann** das tun.   3. Ich **muß** das tun.
   Ich _____   Ich _____   Ich _____

c) Was kann, soll, darf, ... man (nicht)? *Wählen Sie einen Sprecher und antworten Sie.*

Sprecher: ein Erwachsener ▢   ein Kind ▢   Sie selbst ▢

1. Das muß ich: a) *Ich muß ...* _____   b) *Ich muß nicht ...* _____
2. Das darf ich: a) _____   b) _____
3. Das soll ich: a) _____   b) _____
4. Das kann ich: a) _____   b) _____
5. Das möchte ich: a) _____   b) _____

d) Bedeutung von Modalverben, die man oft hört: *Welche Erklärungen passen?*

1. Der Film soll sehr gut sein!
2. Es klingelt!? Das kann er doch noch nicht sein!
3. Du mußt ihnen nicht alles glauben!
4. Dieses Buch mußt du unbedingt lesen.
5. Morgen soll es regnen.
6. (Es) kann sein, daß ich das vergessen habe.

   a) Das ist unmöglich.
   b) Das ist möglich.
   c) Das hat man mir gesagt.
   d) Mach das!
   e) Mach das lieber nicht!
   f) Das habe ich gehört.

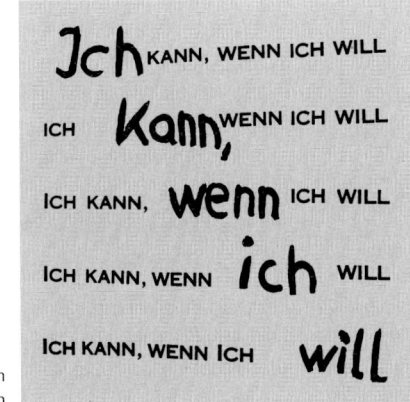

Plakat aus einem Jugendclub in München

16

W 2 Wortbildung: Nomen von Adjektiven

Adjektiv → etwas/nichts Nomen -es   klein → etwas/nichts Kleines

a) Bilden Sie die Nomen.
1. Etwas, das rund ist   = _etwas ..._____
2. Etwas, das teuer ist   = _____
3. Etwas, das gut ist   = _____
4. Etwas, das schön ist   = _____
5. Etwas, das sonderbar ist   = _____

b) Ergänzen Sie die Sätze:
1. Ich muß mit dir sprechen, ich habe _etwas ..._____ gehört. (interessant)
2. Entschuldige bitte, aber ich habe _____ gemacht. (schlecht)
3. In der Zeitung hat es heute _____ gegeben. (neu)
4. Leider habe ich _____ vergessen. (wichtig)

W 3 Antworten auf Fragen mit „nicht" „kein-" „nie"

Ist das Essen fertig oder nicht?

		Ja	Nein
Ist das Essen (schon) fertig?	Antwort A: **Nein**, es ist noch **nicht** fertig.		X
	Antwort B: **Ja**, es ist (schon) fertig.	X	
Ist das Essen noch **nicht** fertig?	Antwort A: **Nein**, es ist noch **nicht** fertig.		X
	Antwort B: **Doch**, es ist (schon) fertig.	X	

Schreiben Sie die Antworten und die Fragen.

1. Warst du noch nie in Paris?   a) Nein, ich war _____
                                      b) Doch, ich _____
2. Darf man hier rauchen?   a) Nein, _____
                                      b) _____
3. Hast du das denn nicht gehört?   a) Nein, _____
                                      b) _____
4. Wollen Sie nicht mitkommen?   a) Nein, _____
                                      b) _____
5. Hast du denn kein Geld mehr?   a) Nein, _____
                                      b) _____ 200 Mark.
6. _____   Doch, natürlich finde ich sie nett.
7. _____   Nein, das habe ich nicht gewußt.
8. _____   Doch, es gibt etwas, was ich schön finde, aber das ist zu teuer.

Was man (nicht) gern macht

W 4

(nicht) gern = das gefällt mir (nicht)

warten	Ich warte.
(nicht) **gern** warten	Ich **warte** (nicht) **gern**.
(nicht) **gern** in der U-Bahn warten	Ich **warte** (nicht) **gern** in der U-Bahn.
(nicht) **gern** allein in der U-Bahn warten	Ich **warte** (nicht) **gern** allein in der U-Bahn.

Ihr Porträt mit 5 Verben: Erklären Sie.

Das mache ich gern: **Das mache ich nicht gern:**
Ich **esse gern** _____   essen   _____
Morgens **trinke** ich _____   trinken   _____
_____   lesen   _____
_____   _____
_____   _____

Die „kleinen Wörter": „eigentlich" und „eben"

W 5

Welche Bedeutungen (a–d) passen? Notieren Sie:

a) Wenn man das richtig analysiert.   b) Das ist doch eine Alternative.
c) In Wirklichkeit ist es so.   d) Da kann man (leider) nichts machen.

1. „Ich habe keine Informationen." „Dann müssen Sie **eben** etwas erfinden."
2. „Ich möchte **eigentlich** lieber noch etwas hier bleiben."
3. „**Eigentlich** interessiert er sich nicht für seine Arbeit, sondern nur für Zaza."
4. „Er ist **eigentlich** Hausmeister, aber abends spielt er in einem Jazzorchester."
5. „Es gibt leider keinen Kaffee mehr!" „Gut, dann nehme ich **eben** Tee."
6. „Er hat den Job nicht bekommen, sagst du? Da hat er **eben** Pech gehabt!"

„Eine nach der anderen."

W 6

                    Akkusativ   Dativ
Sie schicken der Chefin **eine Lüge** nach **der anderen** (Lüge).

Ergänzen Sie die Beispiele:

1. Er ist Alkoholiker.   : Er trinkt **ein** Bier nach **dem** anderen.
2. Er ist Kettenraucher.   : Er raucht **eine** Zigarette ...
3. Er ist ein Erfolgsautor. : Er ...
4. Sie kann nicht treu sein. : Sie hat **einen** Freund ...
5. Sie ist sehr modisch.   : Sie kauft ...
6. Er/Sie ...   : ...

16
Grammatik

G 1 Artikel = Pronomen

(Artikel+) Nomen ⇄ Personalpronomen   der/das/die = **Pronomen** (oft kritisch/polemisch)

Die Chefin hat Geld.   **Sie** soll zahlen.   **Die** soll (doch) zahlen!
Schlock ist faul!   **Er** nimmt ein Taxi.   **Der** nimmt sicher ein Taxi!
Ich helfe **Peter** nicht.   Ich helfe **ihm** nicht.   **Dem** helfe ich nicht!
Glaub **den Leuten** nicht!   Glaub **ihnen** nicht.   Glaub **denen** nicht!

a) **Pronomen: der, das, die ...** Ergänzen Sie das Schema:

	M	N	F	Pl.
Nom.				
Akk.				
Dat.				*denen*

Dativ Plural!

b) **Personalpronomen (er, es, sie) und Pronomen (der, das, die):** Ergänzen Sie.

		Personalpronomen:	**Artikel = Pronomen:**
1.	unser Chef:	*Er* ist heute nervös.	_____ ist heute aber nervös!
2.	dieser Text:	Ich kenne _____ schon.	_____ kenne ich doch schon!
3.	diese Kinder:	Ich spiele nicht mit _____ .	Mit _____ spiele ich nicht!
4.	Christina:	Ich will nichts von _____ hören.	Von _____ will ich ......!
5.	die Sekretärin:	_____ tippt sehr schnell.	
6.	das Essen:	_____ schmeckt mir gut.	

G 2 Präsens: dürfen – sollen – möchte

a) **Sehen Sie das Modell an.** Ergänzen Sie die Tabelle.

Infinitiv:	können	dürfen	sollen	(mögen)	**Endungen**
ich	kann	darf –	soll___	möchte	–
du	kannst	darf*st*	soll___	möchte**st**	-st
er/es/sie	kann	___	___	möchte	
wir	könn**en**	dürf___	soll___	möchte**n**	
ihr	könn**t**	___	___	___	
sie/Sie	könn**en**	___	___	___	

b) **Die Präsensformen:** Was ist charakteristisch?

124

16

Perfekt: wollen – müssen – können – dürfen – sollen — G 3

„Warum warst *Antwort* a) „Ich habe nicht gekonnt." *Perfekt von:* (können)
du nicht da?"
Antwort b) „Ich habe nicht kommen können." (kommen können)

Infinitiv:			wollen	müssen	können	dürfen	sollen
Perfekt:							
ich	habe						
du	hast						
er/es/sie	hat	–	gewollt	gemußt	gekonnt	gedurft	gesollt
wir	haben						
ihr	habt	kommen	wollen	müssen	können	dürfen	sollen
sie/Sie	haben						

Zwei Perfektformen: *Formulieren Sie passende Antworten.*

1. Warum ist Claudia nicht mitgekommen?
   a) Sie hat nicht *gedurft*.   (nicht mitkommen) dürfen
   b) Sie hat nicht mitkommen _____

2. Warum kommst du denn so spät?
   a) Ich _____   noch ins Büro (gehen) müssen
   b) _____

3. War das wirklich deine Idee?
   a) Ja, ich habe das _____   (endlich einmal mit ihm sprechen) wollen
   b) _____

4. War das Examen nicht sehr schwer?
   a) Nein, ich habe fast alle _____   fast alle Fragen (beantworten) können
   b) Nein, ich _____

Syntax: Doppelverben im Satz — G 4

im Park spazieren gehen ⟶ *Aussage:* Er geht im Park spazieren.

> spazierengehen
> bleibenlassen = nicht (weiter-)machen
> kennenlernen = zum ersten Mal treffen/sehen
> stehenbleiben = halten, nicht weitergehen/weiterfahren

Formulieren Sie Sätze mit diesen Verben:

1. Das ist zu schwer für Sie!   Lassen Sie _____.
2. Das Wetter ist wunderbar.   Heute können wir _____.
3. Ein Kongreß ist immer interessant.   Man _____.
4. Du bist so langsam!   Warum _____?

16
Schreiben und Sprechen

S 1 Kindererziehung

a) **Lehrer und Schüler oder Vater und Sohn?** *Begründen Sie Ihre Meinung.*

b) **Was kann der Schüler/Sohn gemacht haben?**
   1. Vielleicht hat er ......
   2. ......
   ......

   Was sagt der Lehrer/Vater sicher zu ihm?
   1. Du weißt doch, daß ......
   2. ......
   ......

c) **Welche Regeln gibt es für Kinder?** *Sammeln Sie Beispiele.*

Das dürfen sie:	Das dürfen sie nicht:	Das müssen sie:	Das sollen sie:
......	......	......	......
......	......	......	......

d) **Wie denken Sie über diese Regeln?** *Halten Sie sie für richtig? Warum (nicht)?*

16

Lügen   S 2

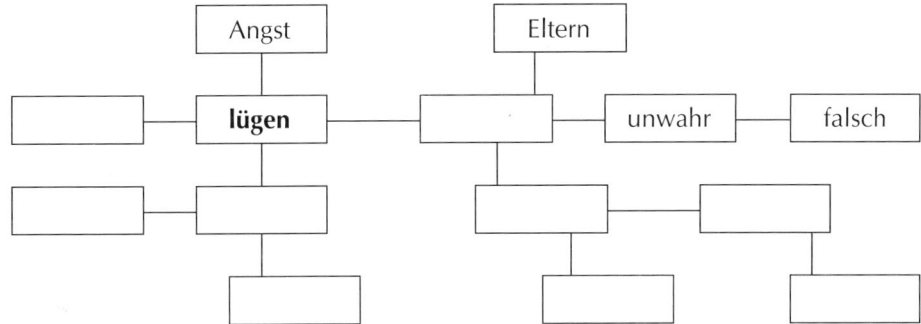

a) Ergänzen Sie das Wortnetz: *Suchen Sie mindestens 5 andere Wörter.*

b) Kommentieren Sie das Wortnetz: *Formulieren Sie Aussagen zum Thema „Lügen".*
    Beispiel: Man lügt, wenn man Angst hat.
             Lügen, das bedeutet, daß man ......
             ......

c) Lesen Sie die Zitate.
    1. Lügen haben kurze Beine.
    2. Wer einmal lügt, dem glaubt man nicht, und wenn er auch die Wahrheit spricht.
    3. Wer lügt, der stiehlt auch.
    4. Wer schreibt, der lügt.
    5. Im Deutschen lügt man, wenn man höflich ist.

„Im Deutschen lügt man, wenn man höflich ist"
Goethe

d) Wählen Sie eins von den Zitaten und notieren Sie alle Ideen, die Sie dazu haben.
    Beispiel (Zitat 1):
           – die Beine sind zu kurz
           – sie können nicht schnell laufen
           – sie kommen nicht ans Ziel
           ......

e) Schreiben Sie dann einen Kommentar über das Zitat.
    Was bedeutet es?   ......
    Um welche Moral geht es?   ......
    Was denken Sie darüber?   ......

f) Soll man immer die Wahrheit sagen? Darf oder soll man manchmal lügen?

    Situationen, in denen man lügen darf/soll: 1. Wenn ......
                                                                                       2. Wenn ......

17 Grammatik

G 1 Nomen: das Genus

Regel ▷ Die meisten Nomen muß man mit ihrem Genus lernen!
Aber einige Regeln funktionieren: ★ = immer   ☆ = oft

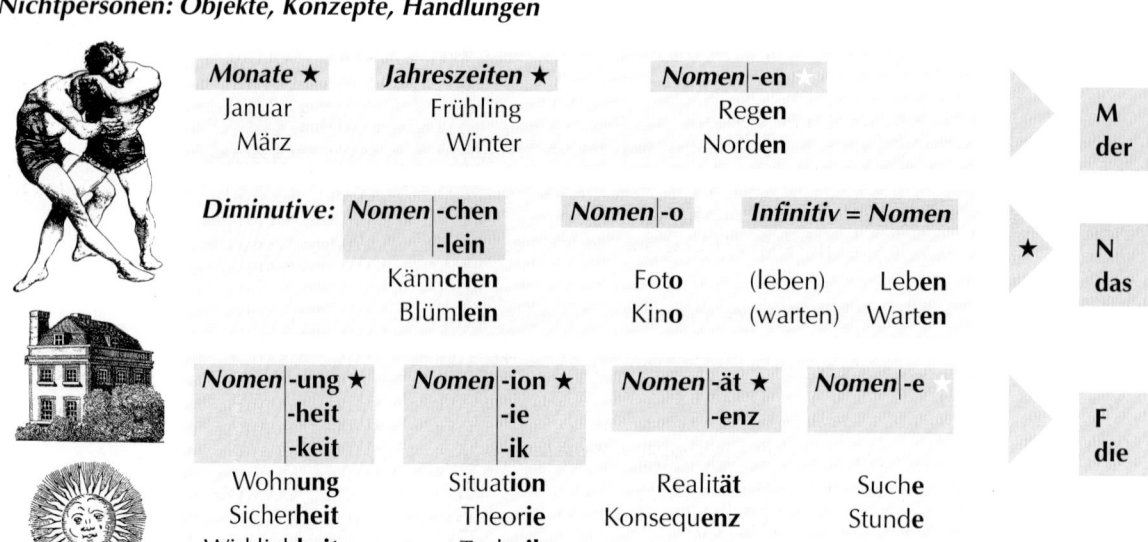

Nomen Personen:							Genus
	„Mann"	Nomen|-er	Nomen|-or	Nomen|-ist	Nomen|-ent	★	M der
	Sohn	Partner	Direktor	Opitimist	Student		
	Freund	Fahrer	Autor	Polizist	Agent		
	„Kind"		Diminutive: Nomen|-chen	Nomen|-lein		★	N das
	Baby		Mädchen	Fräulein			
			Söhnchen	Männlein			
	„Frau"		Nomen|-in			★	F die
	Mutter		Freundin				
	Tochter		Chefin				

Nichtpersonen: Objekte, Konzepte, Handlungen

	Monate ★	Jahreszeiten ★	Nomen|-en ☆				M der
	Januar	Frühling	Regen				
	März	Winter	Norden				
	Diminutive: Nomen|-chen / -lein		Nomen|-o	Infinitiv = Nomen		★	N das
	Kännchen		Foto	(leben) Leben			
	Blümlein		Kino	(warten) Warten			
	Nomen|-ung ★ / -heit / -keit	Nomen|-ion ★ / -ie / -ik	Nomen|-ät ★ / -enz	Nomen|-e ☆			F die
	Wohnung	Situation	Realität	Suche			
	Sicherheit	Theorie	Konsequenz	Stunde			
	Wirklichkeit	Technik					

Das Genus von komponierten Nomen: Das letzte Nomen determiniert das Genus.

das Auto – **der** Fahrer ➝ **der** Auto**fahrer**   **die** Karte ➝ **die** Fahr**karte**
                                                                    Kino**karte**
                                                            ...   **karte**

Nomen: Pluralformen G 2

Diese Plural-Signale gibt es.

Singular:		Partner	Vater	Kind	Wort	Foto	Stunde	Wohnung	Jahr	Sohn
Plural:	die	Partner	V**ä**ter	Kind**er**	W**ö**rt**er**	Foto**s**	Stunde**n**	Wohnung**en**	Jahr**e**	S**ö**hn**e**

Diese Regeln für die Pluralbildung funktionieren: ★ = immer   ☆ = oft

Nomen		Plural ★		Nomen		Plural ★
-er	Leh**rer**		Leh**rer**	-ung	Wohn**ung**	Wohn**ungen**
	Koff**er**		Koff**er**	-heit	Dumm**heit**	Dumm**heiten**
	Vat**er**	–	V**ä**t**er**	-keit	Möglich**keit**	Möglich**keiten**
	Mutt**er**		M**ü**tt**er**	-in	Freund**in**	Freund**innen**
	Tocht**er**		T**ö**cht**er**	-ion	Vis**ion**	Vis**ionen**
-en	Wag**en**		Wag**en**	-ik	Krit**ik**	-en	Krit**iken**
	Leb**en**		Leb**en**	-ät	Qualit**ät**	Qualit**äten**
				-enz	Konsequ**enz**	Konsequ**enzen**
-e	Sach**e**		Sach**en**	-or	Aut**or**	Aut**oren**
	Aug**e**		Aug**en**	-ist	Poliz**ist**	Poliz**isten**
	Stund**e**	-n	Stund**en**	-ent	Ag**ent**	Ag**enten**
-ie	Kop**ie**		Kop**ien**			
	Theor**ie**		Theor**ien**			

Nomen			Plural ☆		Nomen		Plural ☆
das	das Kind			Kind**er**		Kamera	Kamera**s**
	das Wort			Wört**er**		Kino	Kino**s**
	das Haus	-er		H**äu**s**er**		Taxi	-s	Taxi**s**
	das Land			L**ä**nd**er**		Chef	Chef**s**
						Café	Café**s**
der	der Tag			Tag**e**		Hotel	Hotel**s**
	der Sohn			S**ö**hn**e**	Fremd-		
das	das Jahr	-e		Jahr**e**	wörter	Telefon	Telefon**e**
die	die Hand			H**ä**nd**e**		Offizier	-e	Offizier**e**
	die Stadt			St**ä**dt**e**			
						Thema	Them**en**
						Firma	-en	Firm**en**
						Drama	Dram**en**

G 3a Deklination

1. Personalpronomen: ich – du ...

	Singular					Plural		
			M	N	F			
Nom.	ich	du	er	es	sie	sie	wir	ihr
Akk.	mich	dich	ihn	es	sie	sie	uns	euch
Dat.	mir	dir	ihm	ihm	ihr	ihnen	uns	euch
Gen.								

2. Artikel: der – das – die / ein – ein – eine

	M		N		F		Plural	
Nom.	der	ein	das	ein	die	eine	die	–
Akk.	den	einen	das	ein	die	eine	die	–
Dat.	dem	einem	dem	einem	der	einer	den	–
Gen.	des	eines	des	eines	der	einer	der	–

a) Deklination wie der – das – die:
 – dieser/welcher
 – Artikel = Pronomen/Relativpronomen

b) Deklination wie ein – eine:
 – kein
 – Possessivartikel: mein/dein ...

	M	N	F	Plural	M	N	F	Plural
Nom.	dieser	dieses	diese	diese	kein	kein	keine	keine
Akk.	diesen	dieses	diese	diese	keinen	kein	keine	keine
Dat.	diesem	diesem	dieser	diesen	keinem	keinem	keiner	keinen
Gen.	dieses	dieses	dieser	dieser	keines	keines	keiner	keiner

	M	N	F	Plural	M	N	F	Plural
Nom.	der	das	die	die	mein	mein	meine	meine
Akk.	den	das	die	die	meinen	mein	meine	meine
Dat.	dem	dem	der	denen	meinem	meinem	meiner	meinen
Gen.	dessen	dessen	deren	deren	meines	meines	meiner	meiner

Possessiv-artikel:		
	mein	ich
	dein	du
	sein	er
	sein	es
	ihr	sie
	unser	wir
	eu(e)r	ihr
	ihr/Ihr	sie/Sie

Deklination: Kasus-Signale G 3b

1. Personalpronomen: er – es – sie

	Singular			Plural	Singular			Plural
	M	N	F		M	N	F	
Nom.	er	es	sie	sie	-r	-s	-e	-e
Akk.	ihn				-n			
Dat.	ihm		ihr	ihnen	-m		-r	-n
Gen.								

2a) Artikel: der – das – die, dieser ..., welcher ...

	M	N	F	Plural	M	N	F	Plural
Nom.	der	das	die	die	-r	-s	-e	-e
Akk.	den				-n			
Dat.	dem		der	den	-m		-r	-n
Gen.	des		der	der	-s		-r	-r

2b) Artikel: ein – ein – eine, kein ..., mein ...

	M	N	F	Plural	M	N	F	Plural
Nom.	ein	ein	eine	keine	–	–	-e	-e
Akk.	einen				-n			
Dat.	einem		einer	keinen	-m		-r	-n
Gen.	eines		einer	keiner	-s		-r	-r

3. Nomen im Genitiv-Singular und Dativ-Plural:

Singular		M		N			F	
Nom.	der	Mann	Chef		das	Buch	Taxi	die	...
Gen.	des	Mannes	Chefs	-s	des	Buches	Taxis	-s	der	...	–

Plural		Plural: -er/-e		Plural: -(e)n		Plural: -s		
Nom.	die	Männer	Texte		Frauen	Augen		Fotos	Taxis	
Dat.	den	Männern	Texten	-n	Frauen	Augen	–	Fotos	Taxis	–

G 4 Der Kasus bei Präpositionen

für bis gegen ohne um durch	in an auf über unter vor hinter neben zwischen	mit von aus bei zu nach seit
+ Akkusativ	+ Akkusativ oder Dativ +	+ Dativ

G 5 Der Kasus bei Verben

Regel ▷ Alle Verben können ein Subjekt (Nominativ) haben.
  Es gibt Verben:
  1. die nur ein Subjekt haben können.
  2. die ein Subjekt und ein Akkusativ-Objekt haben können.
  3. die ein Subjekt und ein Dativ-Objekt haben können.
  4. die ein Subjekt, ein Dativ-Objekt und ein Akkusativ-Objekt haben können.

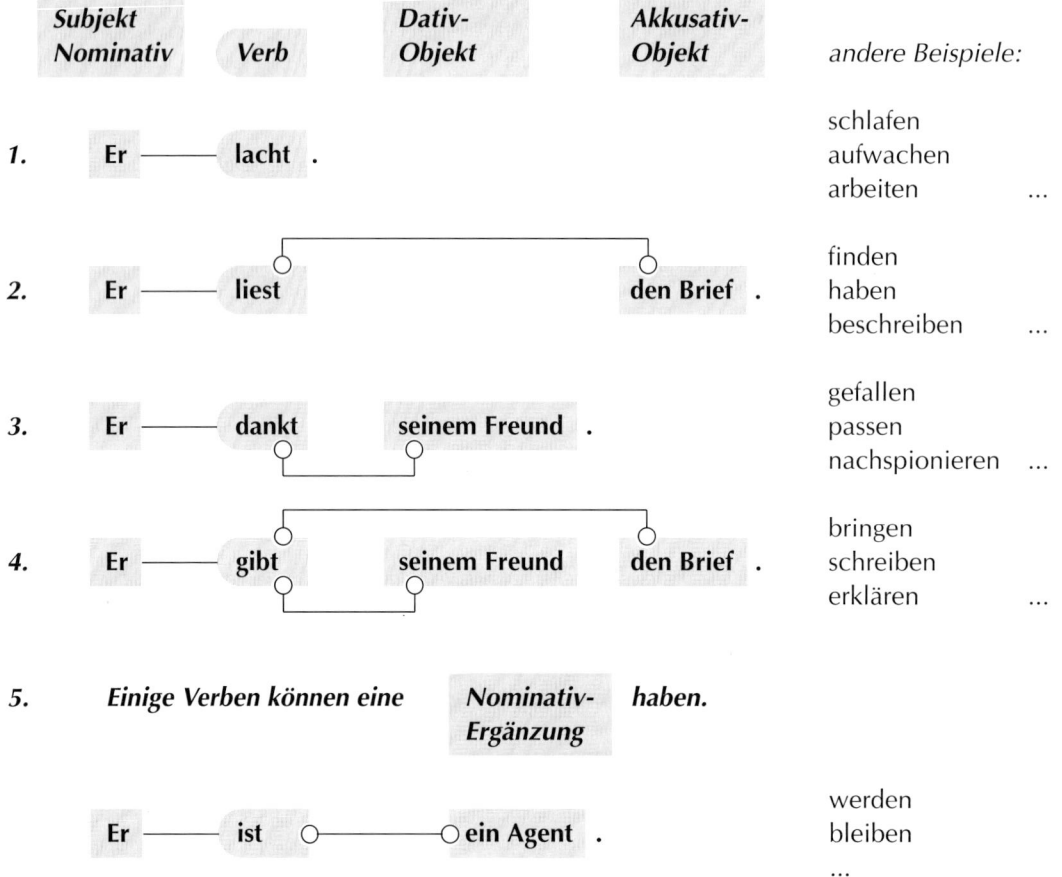

Verben: Indikativ Präsens G 6

Normale Verben

		Verben mit Variation				-e-	-st	-l	Endung
Infinitiv	suchen	geben	sehen	fahren	haben	finden	heißen	lächeln	-en
ich	suche	gebe	sehe	fahre	habe			lächle	-e
du	suchst	gibst	siehst	fährst	hast	findest	heißt		-st
er/es/sie	sucht	gibt	sieht	fährt	hat	findet			-t
wir	suchen	geben	sehen	fahren	haben			lächeln	-en
ihr	sucht	gebt	seht	fahrt	habt	findet			-t
sie/Sie	suchen	geben	sehen	fahren	haben			lächeln	-en
Imperativ									
du-Form:	such(e)	gib	sieh	fahr(e)	hab(e)	finde	heiß(e)	lächle	-(e)
ihr-Form:	sucht	gebt	seht	fahrt	habt	findet	heißt	lächelt	-t
genauso:	gehen	essen	lesen	fallen		warten	lassen	klingeln	
	kommen	nehmen	stehlen	laufen		...	lesen	...	
	machen	helfen	...	waschen			...		
	rennen	...		lassen					
	wohnen			...					
	...								

Besondere Verben

		6 Modalverben						1 Verb	Endung
Infinitiv	sein	sollen	wollen	können	müssen	dürfen	mögen / möchte-	wissen	-en
ich	bin	soll	will	kann	muß	darf	mag möchte	weiß	–
du	bist	sollst	willst	kannst	mußt	darfst	magst möchtest	weißt	-st
er/es/sie	ist	soll	will	kann	muß	darf	mag möchte	weiß	–
wir	sind	sollen	wollen	können	müssen	dürfen	mögen möchten	wissen	-en
ihr	seid	sollt	wollt	könnt	müßt	dürft	mögt möchtet	wißt	-t
sie/Sie	sind	sollen	wollen	können	müssen	dürfen	mögen möchten	wissen	-en

Imperativ

du-*Form:* sei
ihr-*Form:* seid

G 7 Verben mit Präfixen

Präfix untrennbar	Präfix untrennbar oder trennbar	Präfix trennbar ...
be- ent- er- ge- ver- zer-	wieder- über- unter- um-	ab- an- auf- aus- ein- hin- her- mit- weg- zu- zurück-

G 8 Verben: Indikativ Perfekt

Perfekt: Hilfsverb + Partizip

	sein		haben
ich	bin		habe
du	bist		hast
er/es/sie	ist	oder	hat
wir	sind		haben
ihr	seid		habt
sie/Sie	sind		haben

Verbstamm = Infinitiv

		kopier-	
	ge-	wart- e-	-t
auf-	ge-	wach-	
		erklär-	
	ge-	komm-	-en

Verbstamm ≠ Infititiv

	ge-	gang-	
ein-	ge-	stieg-	-en
		verlor-	
	ge-	dach-	-t

Perfekt mit „sein"

2 besondere Verben

sein	gewesen	
bleiben	geblieben	sein

Verben: „Veränderungen"

werden	geworden	
sterben	gestorben	sein
geschehen	geschehen	
...		

Verben: „Fortbewegungen"

fallen	gefallen	
fahren	gefahren	sein
fliegen	geflogen	
gehen	gegangen	
...	...	

Perfekt mit „haben"

Alle anderen Verben

beginnen	begonnen	
bekommen	bekommen	
bitten	gebeten	
bringen	gebracht	
denken	gedacht	
essen	gegessen	
fangen	gefangen	
finden	gefunden	
geben	gegeben	haben
gewinnen	gewonnen	
halten	gehalten	
heißen	geheißen	
helfen	geholfen	
kennen	gekannt	
lesen	gelesen	
liegen	gelegen	
lügen	gelogen	
...	...	

Syntax: Satzarten   G 9

Verbgruppe:
Varianten: machen | weiter ... machen | weiter machen | wollen
machen wollen | weiter gemacht | haben
gemacht haben | ... | ...

Infinitivgruppe: Satz-Elemente weiter machen

Hauptsätze:

Aussage: Sie machen ... weiter .
Morgen machen sie ... weiter .

W-Frage: Warum machen sie ... weiter ?

Satzfrage: Machen Sie ... weiter ?

Bitte: Machen Sie ... weiter !

Nebensatz: ..., wenn sie ... weiter machen .

Satzverbindungen:

Hauptsatz 1 ,	Hauptsatz 2	Hauptsatz ,	Nebensatz
und			daß
oder			ob
aber			wenn
denn			...
doch		*Fragepronomen:*	wie, wo, warum ...

Nebensatz , Hauptsatz

18 Wortschatz

W 1 Fleisch- und Fischgerichte

a) **Welche Speise – welches Tier?** Notieren Sie die Nummern:

Tier:	Gericht:
9	Schweinekotelett
___	Rinderzunge
___	Lammkeule
___	Schweinshaxe
___	Rinderschmorbraten
___	Brathähnchen
___	Zigeunerschnitzel (vom Rind)
___	Wiener Schnitzel (vom Schwein)
___	Frisches Fischfilet
___	Kabeljau (frisch aus der Nordsee)
___	Rumpsteak
___	Mast-Hähnchen
___	Schweinebraten
___	Entenbrust
___	Kalbsnierenbraten
___	Hühnerbouillon
___	Hasenrücken
___	Kalbsbraten

10 der Frosch
2 das Rind/das Kalb
5 der Vogel
14 die Katze
15 das Schaf/das Lamm
1 der Hase/das Kaninchen
9 das Schwein
12 das Känguruh
7 der Fisch
6 der Hahn/das Hähnchen
4 das Pferd
8 die Schlange
3 die Ente
11 der Hund
13 das Huhn/das Hühnchen

b) **Dieses Fleisch ißt man (nicht) in Deutschland. Und bei Ihnen?** Kreuzen Sie an:

Fleisch, das man in Deutschland ißt:	Bei Ihnen? ja	nein	Fleisch, das man in Deutschland nicht ißt:	Bei Ihnen? ja	nein
Rindfleisch	☐	☐	das Fleisch von Pferden	☐	☐
Kalbfleisch	☐	☐	von Känguruhs	☐	☐
Schweinefleisch	☐	☐	von Hunden	☐	☐
Lammfleisch	☐	☐	von Singvögeln	☐	☐
Huhn/Hähnchen	☐	☐	von Fröschen	☐	☐
Fisch	☐	☐	von Schlangen	☐	☐
_____	☐	☐	_____	☐	☐
_____	☐	☐	_____	☐	☐

c) **Und Sie?** Welches Fleisch essen Sie ... gern? ... nicht so gern? ... gar nicht?

Speisen

W 2

a) Die Zubereitung von Speisen: *Notieren Sie.*

1	2	3	4	5
kochen	braten	grillen	backen	roh essen

Gemüse (das) _____

Nudeln (*Pl.*) _____

Kartoffeln (*Pl.*) _____

Brot (das) _____

Kuchen (der) _____

Salat (der) _____

Obst (das) _____

Fisch (der) _____

Fleisch (das) _____

Wurst (die) _____

Schinken (der) _____

Eier (*Pl.*) _____

b) Was kocht/brät/bäckt/grillt man (meistens)? *Formulieren Sie:*

Gemüse kocht man.
Nudeln ......
......

Fisch kann man ...... oder ......
......
......

c) Was schmeckt nicht besonders gut? *Was meinen Sie?*

Fisch, der noch roh ist.   Salat, der ....

d) Wo ißt man was (nicht)? Wo ißt man was (nicht) oft? *Erklären Sie.*

Kulturen **In Frankreich** ißt man viel/wenig/kein ......
Länder   **In** ......
Gruppen   ......
              Vegetarier essen nur ......

W 3 Im Restaurant

a) Wie ist die richtige Reihenfolge? Notieren Sie 1–12:

```
____  Man ruft die Bedienung (den Ober/den Kellner/das Fräulein).
____  Man bestellt Speisen und Getränke.
____  Man ißt das Hauptgericht (z. B. Pfeffersteak mit Reis und Salat).
  1   Man sucht einen Tisch.
____  Man ißt die Vorspeise (z. B. eine Suppe).
____  Man bittet um die Rechnung.
____  Man fragt nach der Karte.
____  Man ißt die Nachspeise (z. B. einen Obstsalat).
____  Man gibt ein Trinkgeld (wenn man zufrieden war).
____  Man bezahlt.
____  Man wählt die Speisen und Getränke aus.
____  Man läßt sich vielleicht einen Aperitif servieren.
```

b) Wie ist die Reihenfolge hier? Beschreiben Sie:

In einem Fastfood-Restaurant:	In der Kantine einer Firma:
1. Zuerst	1. Zuerst ....
2. Dann	2. Dann ....

c) Welche Dialogsätze passen zusammen? Notieren Sie.

Der Ober/die Bedienung fragt:
1. Guten Abend. Haben Sie einen Tisch reserviert?
2. Darf ich Ihnen einen Aperitif servieren?
3. Haben Sie schon gewählt?
4. Wie wünschen Sie das Rumpsteak?
5. Und was möchten Sie trinken?
6. Hat es Ihnen geschmeckt?
7. Wünschen Sie noch einen Kaffee?
8. Brauchen Sie eine Quittung?

Der Gast antwortet:
a) Nein danke. Bringen Sie uns bitte die Karte.
b) Danke, das Essen war ausgezeichnet.
c) Nein, leider nicht. Aber vielleicht gibt es noch einen Tisch für zwei Personen?
d) Nein danke. Darf ich dann bitte zahlen?
e) Ja, also meine Frau möchte ein Glas Spätburgunder, und ich nehme ein Bier.
f) Bitte gut durchgebraten!
g) Ja, bitte einmal das Rumpsteak und einmal Wiener Schnitzel.
h) Nein danke, das ist nicht nötig.

W 4 Das Modalverb „sollen": Bedeutungen

Formen Sie um:

Möchten Sie, daß ich den Text lese?	=	Soll ich den Text lesen?
... , daß wir das Licht ausmachen?	=	_____
... , daß sie bald zurückkommen?	=	_____
... , daß er das sofort macht?	=	_____
Man sagt, daß er sehr reich ist.	=	Er soll sehr reich sein.
... , daß sie nie Alkohol trinken.	=	_____
... , daß der Roman ein Bestseller ist.	=	_____
... , daß es dort viele Probleme gibt.	=	_____

Das Verb „lassen": Bedeutungen

W 5

Welche Erklärungen passen? *Notieren Sie.*

1. Das ist mir zu gefährlich.
2. Heute habe ich keine Lust zu kochen.
3. Ich kann meinen Paß nicht finden.
4. Ich weiß gar nicht, was Sie wollen.
5. Ich muß schnell noch den Bericht zur Post bringen.
6. Ich schreibe nicht gern Briefe.
7. Ich habe keine Ahnung von Motoren.

a) Ich lasse meinen Wagen immer von einem Automechaniker reparieren.
b) Ich kann den Chef nicht warten lassen.
c) Vielleicht habe ich ihn bei dir liegenlassen.
d) Lassen Sie mich jetzt in Ruhe!
e) Das lasse ich lieber bleiben.
f) Das lasse ich immer von meiner Sekretärin machen.
g) Ich lasse mir eine Pizza aus dem Restaurant bringen.

Grammatik
Der Genitiv

G 1

Macht der Moral, Moral der Macht

Worum es im Irangate-Skandal geht / Von Theo Sommer

von + Dativ		Genitiv
die Preise von dem Restaurant	=	die Preise des Restaurants

a) Notieren Sie die Nominativ-Formen:

1. das Gesicht <u>des Kellners</u> : der *Kellner*
2. die Sprache <u>eines Landes</u> : das _____
3. der Name <u>des Studenten</u> : der _____
4. das Haus <u>meiner Freundin</u> : _____
5. die Eltern <u>dieser Kinder</u> : _____
6. das Geld <u>der Firma</u> : _____
7. das Ende <u>des Monats</u> : _____
8. das Foto <u>des Agenten</u> : _____
9. die Titel <u>der Bücher</u> : _____
10. die Tür <u>der Wohnung</u> : _____

b) Notieren Sie ein Beispiel für jedes Genus und unterstreichen Sie die Genitiv-Signale:

	M	N	F	Pl.
Nom.	der Kellner	*der Agent*		
Gen.	des Kellners			

c) Was fällt auf?

d) Formulieren Sie mit dem Genitiv:

der Text	←	das Ende	: das Ende des Textes
1. der Film	←	der Beginn	: _____
2. die Europäer	←	die Sprachen	: _____
3. das Buch	←	der Titel	: _____
4. die Lehrerin	←	die Erklärung	: _____
5. das Radio	←	der Erfinder	: _____
6. die Eltern	←	die Autorität	: _____
7. der Präsident	←	das Büro	: _____

Der Genitiv von Namen

Nom.	Schlock	Zaza	Deutschland	Berlin	Karl	Klau*s*	Hein*z*
Gen.	Schlock**s**	Zaza**s**	Deutschland**s**	Berlin**s**	Karl**s**	–	–

der Kollege von Schlock : Schlocks Kollege   auch: der Kollege Schlocks

e) Formulieren Sie genauso:

1. die Tasche von Zaza   : Zaza*s* Tasche
2. das Klima von Deutschland   : _____
3. die Königin von England   : _____
4. die Familie von Peter   : _____
5. die Romane von H. Böll   : _____
6. der Entdecker von Amerika   : _____

f) Worum geht es wohl in diesen Büchern?

  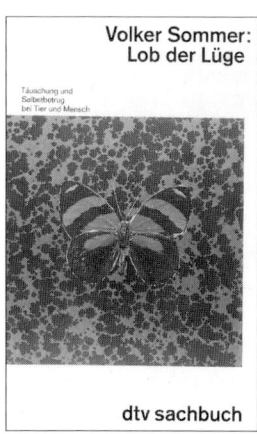 

g) Erfinden Sie andere Titel für Romane oder Filme.

Liebesromane/-filme:	Kriminalromane/-filme:	historische Romane/Filme:
Das Ende einer Affaire	Die Nase des Kommissars	Die Entdeckung Amerikas
......	......	......

Syntax: Satzverbindungen mit „denn – doch/aber" G 2

Satz 1		Satz 2
Schlock will Champagner trinken,	**denn**	er hat 500 DM in der Tasche.
	doch/aber	Gröger ist nicht einverstanden.

a) denn – doch/aber: Was paßt?

1. Gröger will nach Hause gehen, _____ Schlock will sich Zazas Tisch ansehen.
2. Er ruft den Kellner, _____ der Kellner kommt nicht.
3. Er hat Angst, _____ es ist das Geld der Firma.
4. Er will die Tasche haben, _____ Schlock gibt sie ihm nicht.
5. Schlock ist zufrieden, _____ er hat etwas Interessantes gefunden.

b) Ergänzen Sie die Sätze.

1. Heute habe ich wenig Zeit,   a) denn _____
                                          b) doch _____
2. Ich habe alles verstanden,   a) denn _____
                                          b) aber _____
3. Morgen kann ich leider nicht,   a) denn _____
                                          b) aber _____
4. Hier gefällt es mir gut,   a) denn _____
                                          b) doch _____

Verben/Adjektive mit Präpositionen G 3

a) Notieren Sie die Verben/Adjektive mit ihren Präpositionen und kreuzen Sie den Kasus an.

	Verb/Adjektiv +	Präp. +	Akk.	Dat.
1. Er interessiert sich für dieses Thema.	sich interessieren	für	X	
2. Sie waren wütend über diesen Artikel.	wütend (sein)	über		
3. Wir warten schon lange auf das Telegramm.	warten	_____		
4. Sie denkt oft an ihre Eltern.	_____	_____		
5. Er träumt nie von seiner Arbeit.	_____	_____		
6. Sie fragen den Lehrer nach diesem Wort.	_____	_____		
7. Er war sehr glücklich über seinen Erfolg.	_____	_____		
8. Der Kellner war nicht sehr höflich zu mir.	_____	_____		
9. Sie haben etwas gegen diese Stadt.	_____	_____		
10. Er war sehr zufrieden mit seinem Job.	_____	_____		
11. Sie antwortet nie auf meine Briefe.	_____	_____		

b) Bilden Sie andere Beispiele mit den Verben/Adjektiven (1–11).

1. Ich **interessiere** mich (nicht) **für** _____   3. _____
2. Ich bin oft **wütend über** _____   ......

18
Sprechen und Schreiben

S 1 Der Gast ist König.

a) Hier sind 4 Situationen: Ist der Ober im Recht?
  Lesen Sie die Beschreibungen und sagen Sie Ihre Meinung:
  Welcher Fall scheint Ihnen klar, welcher bleibt weniger klar?

	Der Ober ist im Recht:		Warum?
	ja	nein	
Fall 1	☐	☐	......
Fall 2	☐	☐	......
Fall 3	☐	☐	......
Fall 4	☐	☐	......

1. Sie haben im Restaurant gegessen. Nach dem Essen sind Sie einen Moment lang telefonieren gegangen. Ihre Tasche haben Sie auf dem Tisch liegen lassen.
Jetzt kommen Sie zurück und bemerken, daß die Tasche verschwunden ist. Sie rufen den Ober, aber der sagt, daß es ihm leid tut, daß es aber nicht seine Sache ist.

2. Sie haben 5 Freunde ins Restaurant eingeladen und einen schönen Tisch am Fenster reserviert. Leider haben zwei von Ihren Freunden nicht kommen können und Sie sind nur zu viert. Der Ober kommt und erklärt Ihnen, daß Sie einen anderen Tisch nehmen müssen.

3. Sie sitzen im Restaurant. Plötzlich entdecken Sie unter dem Tisch einen 500 DM-Schein. Sie nehmen ihn und überlegen, was Sie damit machen sollen. Aber der Ober hat gesehen, was geschehen ist. Er erklärt, daß Sie ihm dieses Geld geben müssen.

4. Sie essen in einem ausländischen Restaurant. Sie verstehen die Sprache nicht sehr gut, und Sie haben etwas bestellt, was Sie nicht mögen. Sie möchten, daß der Ober Ihnen etwas anderes bringt.
Der Ober macht das, aber Sie müssen beide Bestellungen bezahlen.

b) Beschreiben Sie eine andere Situation der gleichen Art.

5. _____

_____

_____

Wortschatz
Schreiben   W 1

a) Was kann man machen? *Notieren Sie (mehrere Möglichkeiten) und formulieren Sie:*

Beispiel:

1. einen Brief	a)	ausfüllen
2. einen Scheck	b)	aufschreiben
3. einen Bericht	c)	notieren
4. ein Gedicht	d)	unterschreiben
5. ein Formular *a*	e)	verfassen
6. Notizen	f)	beschreiben
7. eine Telefonnummer	g)	formulieren
8. eine Szene	h)	machen
9. einen Satz	i)	eintragen
10. ein Wort	j)	ergänzen
11. eine Antwort	k)	unterstreichen
	l)	durchstreichen
	m)	notieren

Man füllt ein Formular aus.

b) Sie wollen am Institut für Deutsch als Fremdsprache studieren?
Füllen Sie bitte das Formular aus:

INSTITUT FÜR DEUTSCH ALS FREMDSPRACHE

Name:		Studienziel:
Vorname:		Hauptfach:
geb.:	Nationalität:	Nebenfach:
Studienadresse:		Nebenfach:
	Tel.:	Sprachkenntnisse:
Heimatadresse:		Abgeschl. Prüfungen:
	Tel.:	
Foto	Studienbegleitende Kommentare:	

143

19

W 2 Taschen und ihre Inhalte

a) Eine Herrentasche? Eine Damentasche? Eine Kindertasche? *Entscheiden Sie:*

  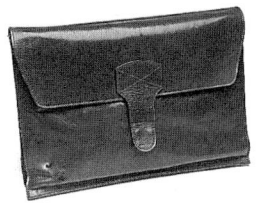 

Taschenmesser (das), Fahrplan (der), Notizbuch (das), Kamm (der), Taschentuch (das), Rasierapparat (der), Fahrkarte (die), Sonnenbrille (die), Parfüm (das), Lippenstift (der), Taschenrechner (der), Geld, Kugelschreiber (der), Personalausweis (der), Füller (der), Zigaretten (Pl.), Kaugummi (das), Medikamente (Pl.), Spiegel (der), Scheckheft (das), Foto (das), Feuerzeug (das), Schlüssel (der)

b) Welche Dinge findet man normalerweise nicht in Taschen von ... ? *Notieren Sie:*

... Frauen : _____
... Männern: _____
... Kindern : _____

c) Wissen Sie, was Sie in Ihrer Tasche haben? *Notieren Sie:*

_____

Wörter und Wendungen

W 3

✎ **Was bedeuten die Wörter/Wendungen, die unterstrichen sind?** *Notieren Sie:*

1. <u>Heißt das</u>, daß wir noch länger warten müssen?   *g*
2. Ich <u>habe nichts mit</u> diesen Leuten <u>zu tun</u>.
3. Nun <u>kommen</u> Sie doch endlich mal <u>zur Sache</u>!
4. In der Zeitung <u>steht</u> etwas <u>über</u> den Skandal.
5. Sie <u>ist</u> sofort <u>auf</u> die richtige Antwort <u>gekommen</u>.
6. Ich habe zu viel zu tun, ich <u>komme nie zum</u> Lesen.
7. Nein, danke. Ich möchte nichts mehr. Ich <u>bin satt</u>.
8. Ich kann nicht mehr! Ich <u>habe</u> diese Übungen <u>satt</u>.
9. Ich soll das bezahlen?! Das <u>kommt nicht in Frage</u>!

a) keinen Hunger mehr haben
b) keinen Kontakt haben mit
c) geschrieben sein
d) genug von etwas haben
e) nicht einverstanden sein
f) konkret werden
g) bedeuten
h) herausfinden
i) keine Zeit haben für ...

Nuancen oder Gegensätze

W 4

> meistens – fast nie   später – sofort   ziemlich – nicht besonders
> auf jeden Fall – auf keinen Fall   genau – ungefähr   auch – vor allem

✎ **Ergänzen Sie die Sätze:**

1. _____ kommt er zu spät. Er ist _____ pünktlich.
2. Wenn man etwas _____ machen kann, soll man nicht bis _____ warten.
3. Es waren _____ 30 Personen, aber ich konnte sie nicht _____ zählen.
4. Das Buch ist _____ dick, aber _____ interessant.
5. Mir gefallen _____ die Menschen, aber die Stadt ist _____ sehr schön.
6. Wir kommen _____, aber wir können _____ sehr lange bleiben.

Grammatik
Das Verb im Präteritum

G 1

Infinitiv	sein	geben	machen	wohnen	haben	denken	-(e)n
Präteritum-Formen	Verb ≠ *) Infinitiv		Verb = Infinitiv + -te		Verb ≠ *) Infinitiv + -te		Endung
ich	<u>war</u>	g<u>a</u>b	mach<u>te</u>	wohn<u>te</u>	h<u>a</u>tte	d<u>a</u>ch<u>te</u>	–
du	<u>war</u>st	g<u>a</u>bst	mach<u>te</u>st	wohn<u>te</u>st	h<u>a</u>tt<u>e</u>st	d<u>a</u>ch<u>te</u>st	-st
er/es/sie	<u>war</u>	g<u>a</u>b	mach<u>te</u>	wohn<u>te</u>	h<u>a</u>tte	d<u>a</u>ch<u>te</u>	–
wir	<u>war</u>en	g<u>a</u>ben	mach<u>te</u>n	wohn<u>te</u>n	h<u>a</u>tt<u>e</u>n	d<u>a</u>ch<u>te</u>n	-(e)n
ihr	<u>war</u>t	g<u>a</u>bt	mach<u>te</u>t	wohn<u>te</u>t	h<u>a</u>tt<u>e</u>t	d<u>a</u>ch<u>te</u>t	-t
sie/Sie	<u>war</u>en	g<u>a</u>ben	mach<u>te</u>n	wohn<u>te</u>n	h<u>a</u>tt<u>e</u>n	d<u>a</u>ch<u>te</u>n	-(e)n

*) Liste der Verben mit Variation: AB K 29

19

a) Formen Sie ins Präsens um:

Erzählzeit: Präteritum	Erzählzeit: Präsens
Ich kam spät nach Hause zurück. Ich öffnete die Tür und machte das Licht an. Plötzlich hörte ich etwas Sonderbares: Das mußten Leute sein, die sprachen. Ich ging zum Wohnzimmer. Tatsächlich! Da saßen drei Personen, die ich nicht kannte. Sie tranken meinen Wein und aßen meine Schokolade. Ich wußte nicht, was ich machen sollte. Ich wollte weglaufen, aber da stand eine der Personen auf, sah mich an und sagte: ...	Ich _____ spät nach Hause. Ich _____ die Tür und _____ das Licht an. Plötzlich _____ ich etwas Sonderbares: Das _____ Leute sein, die _____. Ich _____ zum Wohnzimmer. Tatsächlich! Da _____ drei Personen, die ich nicht _____. Sie _____ meinen Wein und _____ meine Schokolade. Ich _____ nicht, was ich machen _____. Ich _____ weglaufen, aber da _____ eine der Personen auf, _____ mich an und _____: „......"

b) Zu welcher Gruppe gehören die Verben der Übung (a)? *Notieren Sie die Infinitive:*

Präteritum-Form	Verb ≠ Infinitiv	zurückkommen, ...
	Verb = Infinitiv + -te	
	Verb ≠ Infinitiv + -te	

c) Erzählen Sie die Geschichte weiter.

Erzählzeit: Präteritum
... da stand eine der Personen auf, sah mich an und sagte: „......" ......

d) Perfekt oder Präteritum? Oft ist das Präteritum einfacher! *Formen Sie um:*

1. Ich **habe** nicht **kommen können**.   Ich **konnte** nicht **kommen**.
2. Er hat das sofort machen müssen. _____
3. Hier hat man nicht fotografieren dürfen. _____
4. Natürlich haben wir anrufen wollen. _____
5. Aber wir haben die Nummer nicht finden können. _____
6. Ihr habt doch den Bericht schreiben sollen! _____
7. Ich bin gerade bei meinem Chef gewesen. _____
8. Wir haben ein Problem mit dem Auto gehabt. _____

Der Relativsatz (2): Funktion des Relativpronomens im Relativsatz G 2

Nomen	Relativsatz			Relativpronomen	Nomen
					Der Mann:
Das ist der Mann ,	der	immer	lügt .	der = Subjekt	Er lügt immer.
Das ist der Mann ,	den	wir	suchen .	den = Akk.-Objekt	Wir suchen ihn .
Das ist der Mann ,	dem	wir nicht	glauben .	dem = Dat.-Objekt	Wir glauben ihm nicht.

a) Welche Funktion hat das Relativpronomen in den Relativsätzen? Kreuzen Sie an:

	Subjekt:	Akk.-Objekt:	Dat.-Objekt:
1. Ich kenne die Dame, **der** du den Brief gestohlen hast.			x
2. Ich kenne ein Restaurant, **das** sehr gut sein soll.			
3. Das ist der Mann, **den** ich gesehen habe.			
4. Wer ist das Mädchen, **dem** du geholfen hast?			
5. Die Texte, **die** wir gelesen haben, waren einfach.			
6. Der Professor, **dem** sie etwas gegeben hat, lächelt.			
7. Er denkt an die Chefin, **der** er noch schreiben muß.			
8. Sie wohnt in der Wohnung, **die** oben links liegt.			
9. Ich kenne die Leute, **denen** dieses Haus gehört, sehr gut.			
10. Die Kinder, **denen** er das Foto gezeigt hat, lachen.			
11. Die Sätze, **die** du geschrieben hast, sind leider falsch.			
12. Das ist ein Wort, **das** ich noch nie gehört habe.			
13. Der Satz, **der** hier steht, ist unverständlich.			
14. In dem Büro, **das** hier links liegt, arbeite ich.			

b) Ergänzen Sie die Relativpronomen in der Tabelle.

	M	N	F	Pl.
Nom.	der			
Akk.				
Dat.				

c) Das Relativpronomen. Was fällt auf?

d) Definitionen: Etwas, das (oder: was) ... Formulieren Sie.

1. Etwas Eßbares   ist etwas, das man essen kann.
2. Etwas Trinkbares   ist etwas, _____ kann.
3. Etwas Machbares ist etwas, _____
4. Etwas Sinnloses   ist etwas, _____
5. Etwas Sinnvolles   ist etwas, _____
6. Etwas _____, _____
7. Etwas Giftiges   ist etwas, das man nicht essen kann.

e) Definitionen: Jemand, der ... Erklären Sie.

er denkt viel nach	man kann **ihm** vertrauen	alle kennen **ihn**
nichts macht **ihm** Angst		man versteht **ihn** nicht immer
er glaubt nicht an Wunder	**ihn** interessiert nur das Konkrete	

1. ein Freund   : Das ist jemand, **dem** man vertrauen kann.
2. ein Realist   : Das ist jemand, _____
3. ein Philosoph   : Das ist jemand, _____
4. ein Star   : Das ist jemand, _____
5. ein Pragmatiker   : Das ist jemand, _____
6. ein Intellektueller : Das ist jemand, _____
7. ein Optimist   : Das ist jemand, _____

f) Erklären Sie:

1. das Haus **meiner Eltern**   : Das ist das Haus, das meinen Eltern gehört.   (gehören)
2. der Hut **Grögers**   : Das ist der Hut, den _____ (tragen)
3. der Bericht **des Agenten** : _____ (schreiben)
4. die Marke **meines Autos**   : _____ (haben)
5. das Personal **der Firma**   : _____ (arbeiten)
6. die Bedeutung **des Wortes** : _____ (haben)

g) Schreckliche Menschen! Ergänzen Sie die Relativpronomen.

Das ist:

1. ein Mensch, _____ man immer helfen muß
2. ein Lehrer, _____ man nie fragen darf
3. ein Schneemann, _____ die Nase fehlt
4. ein Schüler, _____ immer alles weiß
5. eine Chefin, _____ alles kontrolliert
6. eine Diva, _____ nichts gut genug ist
7. _____

Das sind:

8. Leute, _____ es nie schmeckt
9. Gäste, _____ nicht gehen wollen
10. Kollegen, _____ man nicht gewählt hat
11. Autoren, _____ die Leser egal sind
12. Polizisten, _____ keinen Humor haben
13. Kinder, _____ nur Bonbons essen
14. _____

Sprechen und Schreiben
Beobachtungen eines Zeugen: Eine ganz normale Nacht? S 1

Erzählen Sie, was um ... Uhr geschah:

	Eine ruhige Nacht:	Eine unruhige Nacht:
22:50	Ein Taxi fuhr vorbei.	......
23:53	Ein Auto hielt vor Haus Nr. 12:	......
23:59	Das Licht im 2. Stock	......
00:06	......	......
00:24	......	......
01:05	......	......
02:10	......	......

Kinderlied S 2

1. Ein Hund lief in die Küche
   und stahl dem Koch ein Ei.
   Da nahm der Koch den Löffel
   und schlug den Hund entzwei.

2. Da kamen alle Hunde
   und gruben ihm ein Grab,
   und setzten einen Grabstein,
   auf dem geschrieben stand:

3. Ein Hund lief in die Küche
   und stahl dem Koch ein Ei.
   Da nahm der Koch den Löffel
   und schlug den Hund entzwei.

4. Da kamen alle Hunde
   und gruben ihm ein Grab,
   und setzten einen Grabstein,
   auf dem geschrieben stand:

5. Ein Hund lief in die Küche ...

20
Wortschatz

W 1 Mündliche Kommunikation: Es gibt viele Arten, wie man etwas sagen kann.

Was paßt zusammen? Notieren Sie (oft sind mehrere Antworten möglich):

1. einen Namen c	a) sprechen
2. über ein Thema	b) reden
3. um Ruhe	c) buchstabieren
4. für ein Geschenk	d) <u>aussprechen</u>
5. auf eine Frage	e) danken
6. einen Satz	f) bitten
7. ein Wort	g) fragen
8. mit einem Kollegen	h) antworten
9. ein Lied	i) zitieren
10. um Hilfe	j) singen
11. sich etwas	k) rufen
12. nach einem Buch	l) wiederholen

W 2 „Redemittel": Wörter/Wendungen, die zeigen, wie etwas gemeint ist.

a) Was zeigen die <u>unterstrichenen</u> Wörter oder Wendungen? Notieren Sie.

Sie zeigen, daß ...

1. Das sind doch die beiden Herren, <u>nicht wahr</u>?
2. Also, <u>wie gesagt</u>, die ganze Sache gefällt mir überhaupt nicht.
3. Ach, <u>übrigens</u>, was ich noch sagen wollte: Gestern habe ich Petra gesehen.
4. Sie ist überhaupt nicht glücklich hier, mir <u>dagegen</u> gefällt es ganz gut.
5. Stell dir vor! Ich habe sie nicht nur gesehen, ich habe <u>sogar</u> mit ihr getanzt!
6. Mein Telefon war kaputt, <u>deshalb</u> konnte ich dich nicht anrufen!
7. Er wollte <u>gerade</u> weggehen, da kamen sie.

a) ... etwas ein Gegensatz ist.
b) ... es um etwas Besonderes geht.
c) ... man etwas wiederholt.
d) ... man ganz sicher sein will.
e) ... eine neue oder komplementäre Information folgt.
f) ... etwas im gleichen Moment passiert.
g) ... etwas eine Konsequenz ist.

b) Was paßt: „dagegen" oder „deshalb"? Ergänzen Sie.

1. In Berlin war es heute heiß, in München _____ hat es geregnet.
2. Warum ich so wütend bin? Du hast mich belogen! _____ bin ich so wütend!
3. Der Chef war mir zu autoritär, _____ bin ich nicht bei der Firma geblieben.
4. Der eine ist klein und dick, der andere _____ ist groß und schlank.
5. Wer ist für diesen Plan und wer ist _____?
6. Ich fand die Aufgabe sehr schwer, _____ habe ich ihn um Hilfe gebeten.

Hauptsache und Nebensache

W 3

Wie heißt die **Hauptstadt** von Mexiko?
Im **Hauptsatz** steht das Verb in Position 2,
im **Nebensatz** steht es am Ende.

Hierarchie

Welches ist wohl das Wort für ...?   *Bilden Sie das Wort:*
1. eine kleine Rolle in einem Film: eine Neben
2. einen großen Gewinn in der Lotterie: ein ...
3. einen wichtigen Punkt eines Berichtes:
4. einen kleinen Fluß, der in einen großen Fluß fließt:
5. eine Funktion, die besonders wichtig ist:
6. eine kleine Straße, die in eine große führt:
7. einen Bahnhof, der zentral liegt:
8. eine Sache, die nicht sehr wichtig ist:

„Einander": Was A mit B macht, macht B mit A.

W 4

A grüßt B und B grüßt A : sie grüßen **einander**
A spricht nicht **mit** B und
B spricht nicht **mit** A : sie sprechen nicht **miteinander**

Formen Sie um:
1. A kennt B und B kennt A : sie kennen
2. A weiß nichts **von** B, und B weiß nichts **von** A : sie wissen nichts
3. A hat etwas **für** B, und B hat etwas **für** A :
4. A spielt **gegen** B, und B spielt **gegen** A :
5. A steht **neben** B, B steht **neben** C, ... :
6. B kommt **nach** A, C kommt **nach** B, ... :

Ausrufe

W 5

Welche Emotionen zeigen diese Ausrufe? Notieren Sie:

Wunderbar! c   Wie schön!
Verdammt!   a) Man ärgert sich.   Schade!
Prima!   b) Man ist traurig.   Endlich!
Scheiße!   c) Man freut sich.   So ein Pech!
Leider!   Super!
Verflixt!   Herrlich!

Grammatik

G 1 Reflexive Verben

a) Wen oder was kann ich waschen? Wem kann ich etwas waschen? Ergänzen Sie die Pronomen.

Ich wasche ...	Wen? Was?
(das Auto):	es
(die Hose):	
(der Hund):	
(die Gläser):	
(ich selbst):	mich

Subj. — wasche — Akk.-Obj.

Ich ←→ mich.

Ich wasche ...	Wem?	Was?
(der Sohn):	ihm	die Haare
(die Gäste):		die Füße
(die Puppe):		das Gesicht
(das Kind):		die Ohren
(ich selbst):	mir	die Hände

Subj. — wasche — Dat.-Obj. — Akk.-Obj.

Ich ←→ mir — die Hände.

Personalpronomen	Nom.	ich	du	er	es	sie	sie/Sie	wir	ihr
Reflexivpronomen	Akk.	mich	dich			sich		uns	euch
	Dat.	mir	dir						

b) Wer kann das sein? Notieren Sie.

> a) er (selbst)   b) es (selbst)   c) sie (selbst)   d) die Tochter
> e) die Kinder   f) ein Freund   g) eine Freundin   h) der Sohn   i) die Eltern

1. Die Mutter kämmt **sie**.   d
2. Die Mutter kämmt **sich**.
3. Der Junge fragt **ihn**, wie das heißt.
4. Der Junge fragt **sich**, wie das heißt.
5. Sie kennt **sich** gut.
6. Sie kennt **sie** gut.
7. Es kann **sich** das nicht erklären.
8. Es kann **ihnen** das nicht erklären.
9. Die Eltern machen **sich** Sorgen.
10. Die Eltern machen **ihnen** Sorgen.
11. Er zieht **sich** einen Pullover an.
12. Er zieht **ihm** einen Pullover an.

JEDER IST SICH SELBST DER NÄCHSTE!

c) **Bitten und Befehle:** *Schreiben Sie.*

1. Machen Sie schnell: _Beeilen Sie ..._ ! (sich beeilen)
2. Sei nicht ärgerlich: _____! (sich ärgern)
3. Habt keine Sorgen: _____! (sich keine Sorgen machen)
4. Deine Hände sind schmutzig: _____! (sich die Hände waschen)
5. Ihr seid ja noch im Pyjama: _____! (sich anziehen)

d) **Der eine macht mit dem anderen, was der andere mit dem einen macht.** *Formen Sie um:*

Ich kenne **dich, du** kennst **mich**: **Wir** kennen **einander** = **Wir** kennen **uns**.
1. Er liebt sie, sie liebt ihn: Sie lieben einander = Sie _____
2. Ich helfe euch, ihr helft mir: Wir helfen einander = Wir _____
3. Wir rufen euch an, ihr ruft uns an: ... = Wir _____
4. _____ = Sie finden sich nett.

Nebensätze G 2

| Hauptsatz | Konjunktion | Nebensatz |

| Konjunktion | Nebensatz | Hauptsatz |

Welche Konjunktion paßt? *Ergänzen Sie.*

| wenn | weil | daß | ob | wie/warum/wann/wo/was/wer ... |

1. Ich weiß nicht, _____ das richtig ist.
2. Ich bin ganz sicher, _____ er das gesagt hat.
3. Ich frage mich, _____ er uns nicht angerufen hat.
4. _____ ich aufwache, habe ich meistens schlechte Laune.
5. _____ du zu spät kommst, interessiert mich nicht!
6. Können Sie mir sagen, _____ der nächste Zug nach Berlin geht?
7. Ich ärgere mich über ihn, _____ er mich schon wieder belogen hat.
8. Er hat mir geschrieben, _____ es ihm dort sehr gut gefällt.
9. Wir haben Mitleid mit ihnen, _____ sie so hilflos sind.
10. _____ das gemacht hat, weiß ich leider nicht.
11. Ich habe nicht genau sehen können, _____ es ein Junge oder ein Mädchen war.
12. Wir freuen uns darüber, _____ du Erfolg gehabt hast.

20
Sprechen und Schreiben

S 1 Morgenrituale

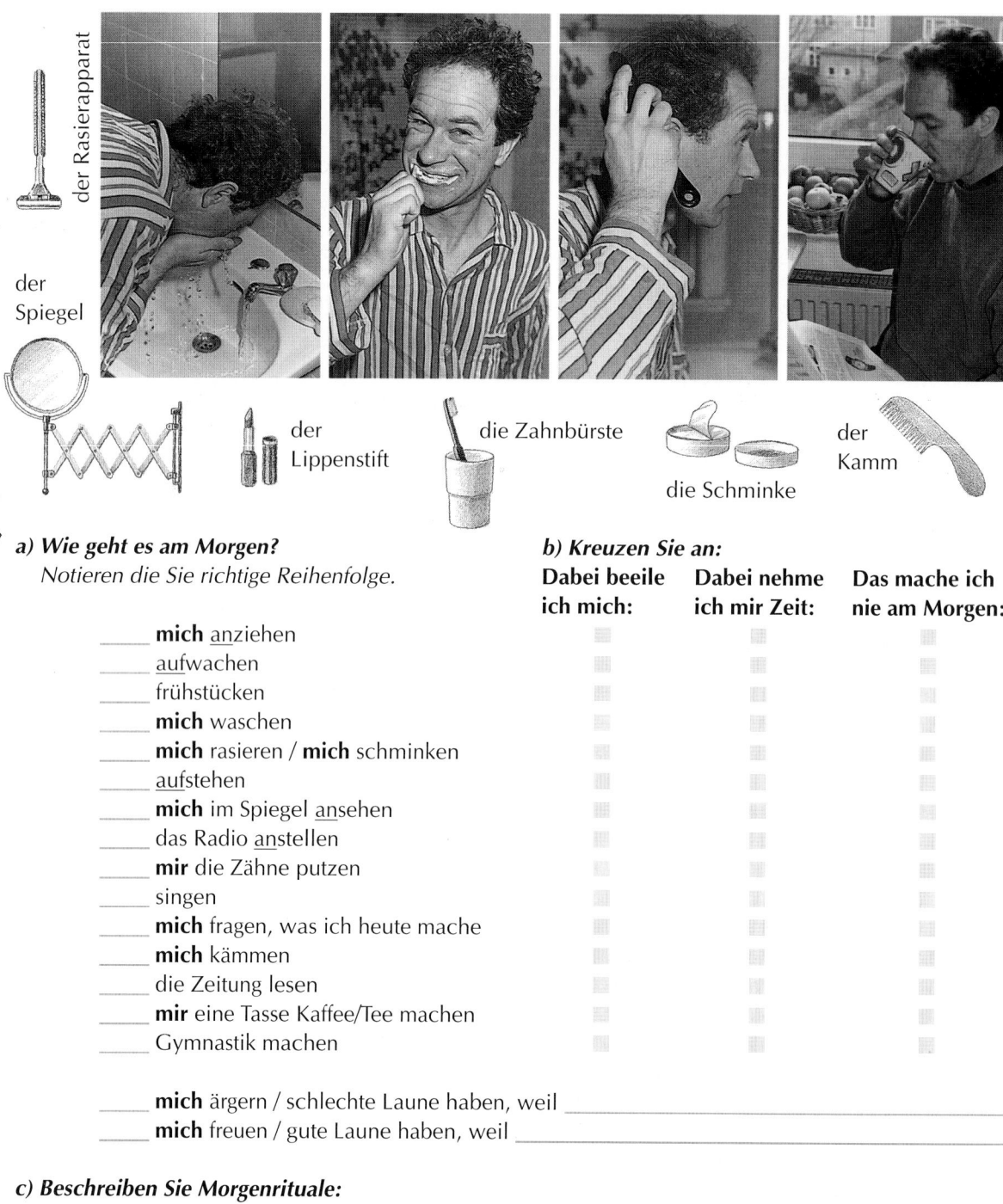

der Rasierapparat
der Spiegel
der Lippenstift
die Zahnbürste
die Schminke
der Kamm

a) Wie geht es am Morgen?
Notieren die Sie richtige Reihenfolge.

b) Kreuzen Sie an:

	Dabei beeile ich mich:	Dabei nehme ich mir Zeit:	Das mache ich nie am Morgen:
____ mich anziehen			
____ aufwachen			
____ frühstücken			
____ mich waschen			
____ mich rasieren / mich schminken			
____ aufstehen			
____ mich im Spiegel ansehen			
____ das Radio anstellen			
____ mir die Zähne putzen			
____ singen			
____ mich fragen, was ich heute mache			
____ mich kämmen			
____ die Zeitung lesen			
____ mir eine Tasse Kaffee/Tee machen			
____ Gymnastik machen			

____ **mich** ärgern / schlechte Laune haben, weil _____
____ **mich** freuen / gute Laune haben, weil _____

c) Beschreiben Sie Morgenrituale:
   Sie selbst: Zuerst wache ich auf. Dann ....
   Eine Person, die Sie gut kennen: Zuerst wacht er/sie auf. Dann ....

20

Warum ... ? Was Kinder wissen wollen. S 2

a) Fragen ohne Ende – Spielen Sie:
   A beginnt: Warum regnet es?
   B antwortet: Weil die Blumen trinken müssen.
   C fragt weiter: Warum müssen die Blumen trinken?
   D antwortet: Weil ...... usw.
   Wer keine Antwort mehr weiß, hat verloren.

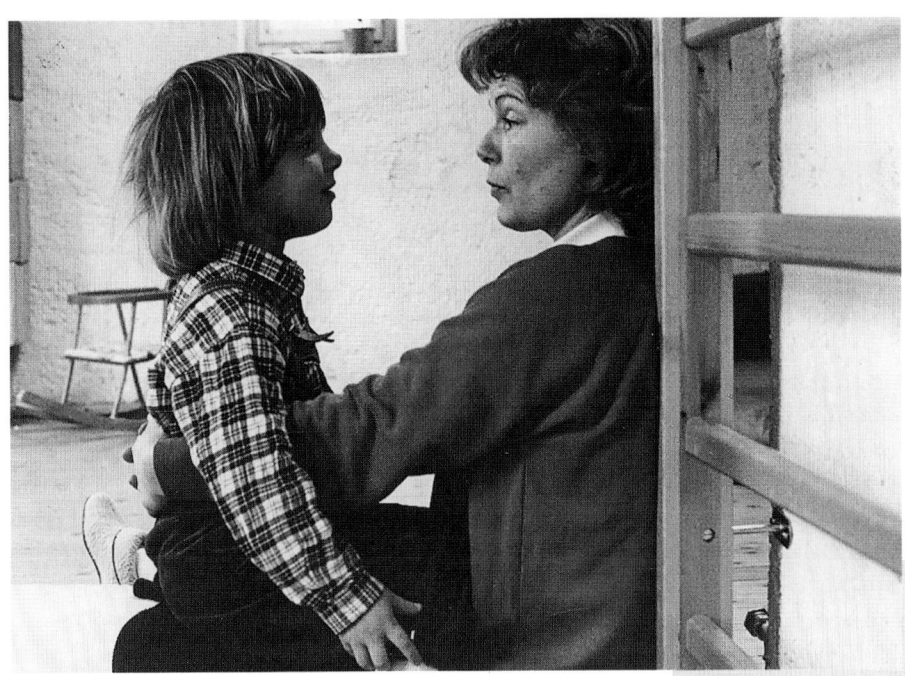

b) „Warum-Fragen": Welche Fragen stellen kleine Kinder?
   Notieren Sie 2 „Kinder-Fragen" auf einen Zettel.
   Beispiel: 1. Warum regnet es?
   2. Warum sind nicht alle Menschen reich?

c) Geben Sie Ihren Zettel an Ihren Nachbarn weiter.
   Jeder sucht eine Antwort auf eine oder beide Frage(n).
   Geben Sie dann den Zettel wieder weiter.
   Jeder sucht andere Antworten auf die Fragen,
   die er bekommen hat ... usw.

d) Wenn es mehrere Antworten auf die meisten Fragen gibt:
   Lesen Sie die Fragen und die Antworten vor.
   Entscheiden Sie:
   Welche Antwort ist besonders poetisch, welche Antwort ist besonders konkret?
   Welche Antwort gefällt Ihnen am besten?

Frage 1:
Warum ... ?

Frage 2:
Warum ... ?

Antworten:
a) Weil ...
b) Weil ...
...

Antworten:
a) Weil ...
b) Weil ...
...

21
Wortschatz

W 1 Diminutive

	Nomen		Diminutiv	-chen
der		das		-lein
das				
die	(a o u au)		(ä ö ü äu)	

der	Mann	das	Männchen / (Männlein)
das	Bild	das	Bildchen
die	Mutter	das	Mütterchen / (Mütterlein)
die	(Magd)	das	Mädchen

a) Bilden Sie die Diminutive mit -chen:

1. das Zimmer — das _____
2. das Haus — das _____
3. der Sohn — das _____
4. die Tür — das _____
5. der Punkt — das _____
6. der Hut — das _____

b) Schreiben Sie die Nomen:

1. _____ das Büchlein
2. _____ das Fräulein
3. _____ das Tellerchen
4. _____ das Kännchen
5. _____ das Brötchen
6. _____ das Blümlein

W 2 Wenn du so weiter machst, sieze ich dich wieder!

weiter(machen) = nicht aufhören

wieder (siezen) = von neuem, noch einmal ...

Wieder oder weiter? *Ergänzen Sie:*

1. Es schneit und schneit, es schneit immer _____ .
2. Sie sind noch nicht am Ziel, sie müssen _____ suchen.
3. Ich bin traurig, daß du weggehst. Wann sehen wir uns _____ ?
4. Ich habe Sie nicht verstanden. _____ holen Sie bitte.
5. Ich hab keine Lust mehr. Ich gehe nicht mehr _____ .
6. Da klingelt das Telefon schon _____ ! Laß es doch _____ klingeln!
7. usw. = und so _____ .

W 3 Adverbien vor Adjektiven

Welche Adverbien passen am besten? *Ergänzen Sie (mehrere Alternativen sind möglich):*

| unglaublich | vollkommen | schrecklich | sehr | völlig | ziemlich |

1. Sie ist _____ leichtsinnig. Deshalb mache ich mir Sorgen.
2. Er ist _____ verrückt. Er weiß überhaupt nicht mehr, was er tut.
3. Ich finde das _____ normal. Ich verstehe deine Kritik nicht.
4. Bei dem Examen war er _____ nervös. Er konnte sich nicht konzentrieren.
5. Der Text war _____ schwer, aber ich habe das Wichtigste verstehen können.
6. Das ist doch _____ klar. Das versteht doch sogar ein Kind.
7. Ich bin _____ müde, aber ich mache das noch fertig.

21

Das Verb „brauchen" W 4

a) Was braucht der Mensch? *Formen Sie um:*   ▷ „brauchen" braucht ein **Nomen**!

Wenn man ...
1. ... Erfolg haben will, muß man **geduldig sein**. = ... braucht man **Geduld**
2. ... traurig ist, ist es wichtig, Freunde zu haben. = ... _____
3. ... ein Problem hat, muß man eine Lösung finden. = ... _____
4. ... etwas nicht alleine kann, muß man Hilfe suchen. = ... _____
5. ... etwas alleine kann, muß man nicht um Hilfe bitten. = ... _____ keine _____
6. ... etwas nicht versteht, muß man es sich erklären lassen. = ... _____

b) Was brauchen Sie? *Ergänzen Sie.*
1. Zum Nachdenken brauche ich _____
2. Zum Warten _____
3. Zum Glücklichsein _____
4. Zum Leben _____
5. Zum Aufwachen _____
6. Zum Einschlafen _____
7. Zum _____

| (kein) Geld | Ruhe | gute Nerven | einen starken Kaffee | ... |

Geld ist ein Zahlungsmittel W 5

Geld
- Bargeld
- andere Zahlungsmittel

die Münze (-n)   die Banknote (-n)   der Scheck (-s)   die Kreditkarte (-n)

(das) Kleingeld   der Schein (-e)

a) Wie bezahlt man etwas? *Erklären Sie.*

Wenn man etwas bezahlen will, braucht man ein Zahlungsmittel.
1. Wenn man etwas sehr Teures kauft, braucht man _____
2. Wenn man telephonieren will, _____
3. Wenn man kein Bargeld hat, _____
4. Wenn man Geld aus einem Geldautomaten holen will, _____
5. Wenn man jemanden „schwarz" bezahlen will, _____
6. Wenn man ein Trinkgeld lassen will, _____

21

✎ **b) So kann man zu Geld kommen:** *Was ist ... normal? ... weniger normal? Ordnen Sie:*

> im Lotto gewinnen   mit seiner Arbeit verdienen   auf der Straße finden
> aus einer Tasche stehlen   Falschgeld machen   von seinen (reichen) Eltern erben

		Vorteile:	Nachteile:
normal	1. _____	......	......
↑	2. _____	......	......
↕	3. _____	......	......
↓	4. _____	......	......
weniger	5. _____	......	......
normal	6. _____	......	......

c) Welche Vorteile und welche Nachteile hat jede Methode?

✎ **d) Das kann man mit seinem Geld machen:** *Wie wird man ... reich? ... arm?*

> verlieren   auf ein Sparkonto <u>ein</u>zahlen   verschenken   (damit) im Casino spielen
> für Einkäufe <u>aus</u>geben   unter dem Bett verstecken   in eine Firma investieren

reich 1. _____
werden 2. _____
↑ 3. _____
↕ 4. _____
↓ 5. _____
arm 6. _____
werden 7. _____

GRÜNDUNGSSONG DER NATIONAL DEPOSIT BANK

Nicht wahr, eine Bank zu gründen
Muß doch jeder richtig finden
Kann man schon sein Geld nicht erben
Muß man's irgendwie erwerben.
Dazu sind doch Aktien besser
Als Revolver oder Messer
Nur das eine ist fatal –
Man braucht Anfangskapital.
Wenn die Gelder aber fehlen
Dann woher nehmen, wenn nicht stehlen
Ach, wir wolln uns da nicht zanken
Woher haben's die anderen Banken
Irgendwoher ist's gekommen
Irgendwem haben sie's genommen.
   Bertolt Brecht, Gedichte 1926–1933

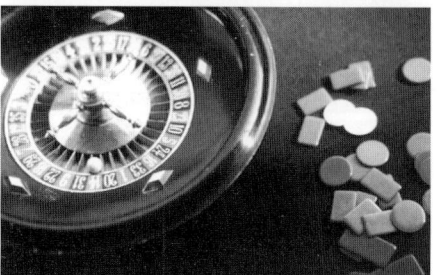

158

Grammatik
Syntax: Nebensätze mit „zu" + Infinitiv G 1

Das ist doch kein Grund, sich schon wieder zu streiten!

a) *Sehen Sie das Modell an und formulieren Sie die Infinitivsätze:*

Infinitiv-Gruppe:	Infinitiv-Gruppe als Nebensatz:
mit ihm **sprechen**	Ich habe keine Zeit, _____ **zu** _____
ins Kino **gehen**	Heute habe ich Lust, _____
nachts durch den Park **gehen**	Ich habe Angst, _____
die Fragen **beantworten**	Er versucht, _____
nicht mehr **rauchen**	Sie versprechen, _____
zu spät **kommen**	Es ist unhöflich, _____

Er freut sich darauf, die blonde Zaza wiederzusehen.

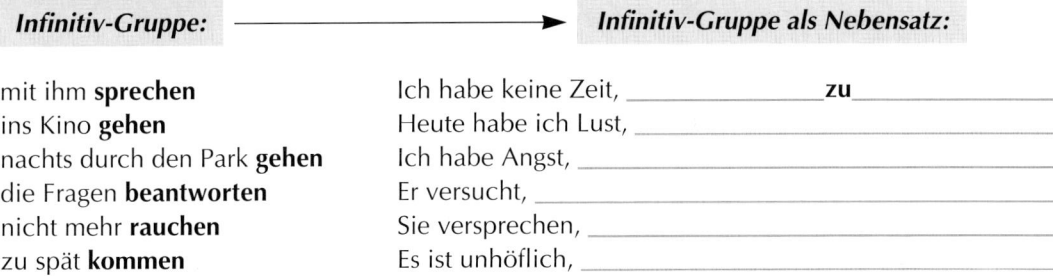

b) *Sehen Sie das Modell an und formulieren Sie genauso:*

Infinitiv-Gruppe:	Infinitiv-Gruppe als Nebensatz:
ihn heute **anrufen**	Ich habe keine Zeit, _____ an**zu**rufen.
mit dir **ausgehen**	Heute habe ich Lust, _____
nachts **spazierengehen**	Ich habe Angst, _____
das Formular **ausfüllen**	Er versucht, _____
uns nicht **warten lassen**	Sie versprechen, _____
nicht **kommen können**	Es tut mir leid, _____

21
Sprechen und Schreiben

S 1 Verstehen ist eine komplexe Sache: Bezüge im Text

Kontext ⟷ Text ⟷ Satz ⟷ Wort ⟷ Kontext ⟷ andere Informationen, Kenntnisse, Meinungen, die man hat.

a) Diesen Text kennen Sie schon. Können Sie die Lücken (___) ergänzen?

b) Was muß man kennen, wenn man die Sätze ergänzen will? *Kreuzen Sie an.*

| -den nächsten Satz = | den ganzen Text = | den Kontext = | | S | T | K |
| -den vorigen Satz S | T | der Geschichte K | | | | |

1. „Gott sei Dank!" rief Schlock. Er zählte _____. — X
2. „Das sind ja über tausend Mark! Gröger, wir sind _____."
3. „Hände weg!" sagte _____.
4. „Ich nehme doch kein Geld von _____."
5. „Wieso nicht? Und was heißt hier: fremde Leute? _____, das ist
6. _____, der sich mit Zaza in Warschau getroffen hat."
7. „Mein _____ Schlock, du machst dir Illusionen. Du freust dich zu
8. früh. Dieser Typ ist _____."
9. „Dieses Männchen soll gefährlich sein? _____?"
10. „Weil wir seine Pläne nicht kennen. _____ wir nicht einmal wissen,
11. wie er heißt. Und wer beweist dir, daß er _____ der Joker ist?
12. Nein, mir ist _____ zu riskant.
13. Wir müssen sofort _____ informieren."
14. „Ach die! Ich glaube, _____ hat uns längst vergessen!
15. _____ läßt uns ja verhungern."
16. „Es ist nicht _____ Geld."
17. „Dummkopf!" „_____!"
18. „Wenn du so weitermachst, _____ ich dich wieder."
19. „Ob wir uns siezen oder duzen, ist mir ganz _____."
20. Schlock und Gröger sahen einander ein paar Minuten lang _____ an.
21. _____ lachte einer von ihnen, stand auf, steckte das Geld ein
22. und _____:

c) Grammatische Indizien: Welche Wortart kann in den Lücken 1–22 stehen? Warum?

1. Artikel + Nomen
2. _____
......

| Adjektiv | (Artikel)+(Adjektiv)+Nomen | Pronomen | Name |
| Fragepronomen | Possessivartikel | Verb | Adverb |

160

Können Computer denken?

S 2

"ELIZA" ist der Name eines Computer-Programms. Dieses Computer-Programm hat J. Weizenbaum vom Massachusetts Institute of Technology in den sechziger Jahren entwickelt. Es ging um die Frage, ob (und wie) ein Computer sprachliche Aussagen „verstehen" kann, das heißt richtig analysieren und adäquat beantworten kann. Das Programm imitiert den Stil eines Psychiaters. Die Leute, die mit diesem Programm „gespielt" haben, hatten den Eindruck, daß der Computer sie wirklich verstehen konnte und mit ihnen sprach.

Hier ist ein (etwas vereinfachtes) Beispiel eines solchen Dialogs:

a) Lesen Sie den Dialog zwischen dem Computer und einer Testperson:
der Computer = C   eine Testperson = P

P: Alle Menschen sind gleich.
C: Wie meinen Sie das?
P: Sie lassen mich nie in Ruhe.
C: Denken Sie an ein bestimmtes Beispiel?
P: Mein Freund hat mich hierher geschickt.
C: Ihr Freund hat Sie hierher geschickt?
P: Ja, er sagt, daß ich eine Tendenz zur Depression habe.
C: Es tut mir leid, daß Sie depressiv sind.
P: Es stimmt, ich bin nicht immer glücklich.
C: Erzählen Sie mir etwas über Ihre Familie.
P: Meine Mutter ist sehr gut zu mir. Sie macht alles für mich.

C: Welche anderen Personen in Ihrer Familie tun etwas für Sie?
P: Mein Vater.
C: Ihr Vater?
P: Ja.
C: Erzählen Sie das bitte etwas genauer.
P: Ich mache, was ich will.
C: Hat das etwas damit zu tun, daß ihr Freund Sie hierher geschickt hat?
P: Mein Auto fährt mit Coca-Cola.
C: Das klingt sehr interessant.
P: Du bist ein Bim-Bam-Bum.
C: Warum glauben Sie, daß ich ein Bim-Bam-Bum bin?
P: Buuh!
C: Hat das etwas damit zu tun, daß Ihr Auto mit Coca-Cola fährt?

b) Analysieren Sie das Gespräch:
1. Woher kommt am Anfang der Eindruck, daß der Computer wie ein Mensch reagiert?
2. Wo beginnt der Computer, nicht mehr richtig „zu verstehen"?
3. Wie reagiert er, wenn er „nichts versteht"?
4. Wie funktioniert das Programm? Welche Instruktionen gibt es für den Computer? Welcher „Trick" erlaubt ihm (wenigstens am Anfang), richtig zu antworten?

22
Wortschatz

W 1 Wortbildung: Adjektive

a) **Zusammengesetzte Adjektive:** *Erklären Sie oder bilden Sie die Adjektive.*

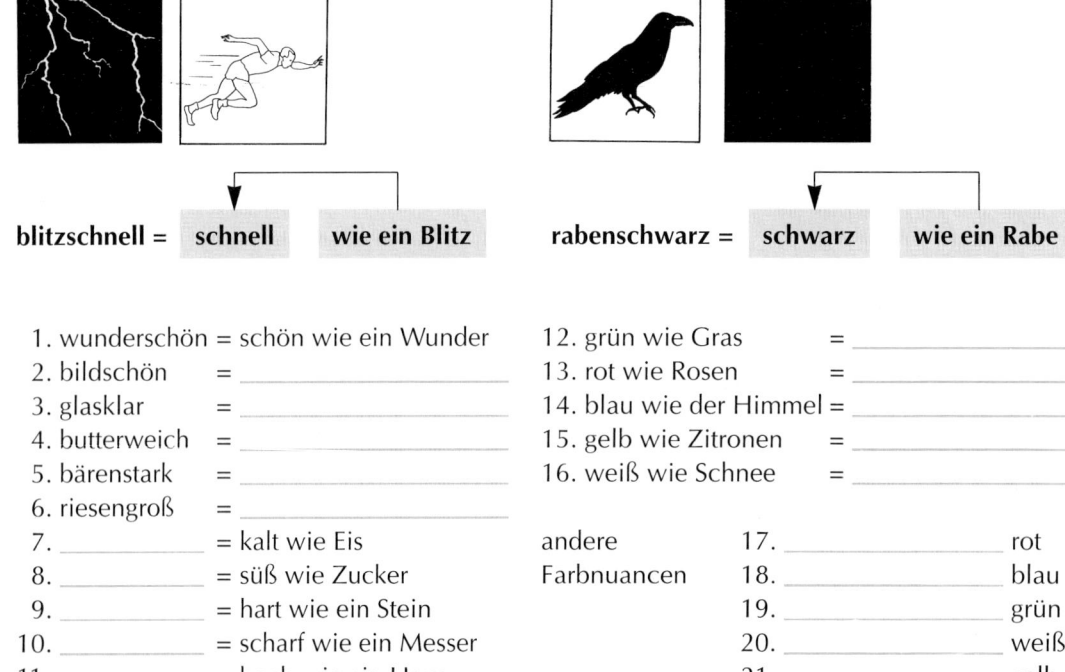

blitzschnell = schnell • wie ein Blitz   **rabenschwarz =** schwarz • wie ein Rabe

1. wunderschön = schön wie ein Wunder
2. bildschön = _____
3. glasklar = _____
4. butterweich = _____
5. bärenstark = _____
6. riesengroß = _____
7. _____ = kalt wie Eis
8. _____ = süß wie Zucker
9. _____ = hart wie ein Stein
10. _____ = scharf wie ein Messer
11. _____ = hoch wie ein Haus

12. grün wie Gras = _____
13. rot wie Rosen = _____
14. blau wie der Himmel = _____
15. gelb wie Zitronen = _____
16. weiß wie Schnee = _____

andere Farbnuancen
17. _____ rot
18. _____ blau
19. _____ grün
20. _____ weiß
21. _____ gelb

b) **Adjektive mit „-haft":** *Was bedeuten wohl diese Adjektive?*

Das ist ...

1. ... rätselhaft   c
2. ... traumhaft
3. ... märchenhaft
4. ... fehlerhaft
5. ... schmerzhaft

a) Das ist nicht korrekt.
b) Das tut weh.
c) Das ist sehr sonderbar.
d) Das ist unglaublich schön.
e) Das ist wie in einer schönen Geschichte.

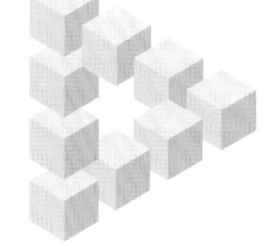

c) **Welches Adjektiv paßt?** *Ergänzen Sie:*

1. die	rätselhafte	_____	Sonne
2. das	eiskalte	_____	Brot
3. das	blutrote	_____	Lächeln
4. das	wunderschöne	_____	Argument
5. die	blitzschnelle	_____	Hose
6. die	fehlerhafte	_____	Reaktion
7. der	himmelblaue	_____	Text
8. die	steinharte	_____	Wohnung

zuckersüßen schmerzhaften schneeweißen dunkelblonden riesengroßen

9. die _____ Bäume
10. die _____ Alpen
11. die _____ Erinnerungen
12. die _____ Haare
13. die _____ Kirschen

Grammatik

Präposition „bis": Zeitangaben und Ortsangaben G 1

bis (+ Akk.) **bis zu (+ Dat.)**

Wir schlafen	**bis**	7 Uhr morgens.	... **bis** (zu dem)	**zum** Morgen.
Wir bleiben	**bis**	Ende der Woche.	... **bis** (zu dem)	**zum** Wochenende.
Wir warten	**bis**	Mittag.	... **bis** (zu der)	**zur** Mittagspause.
Der Zug fährt	**bis**	Köln.	... **bis** (zu der)	**zur** Grenze.

bis an/auf/in ... (+ Akk.)

Sie laufen	**bis**	(an das) **ans**	Ende der Welt.
Er steigt	**bis**	**auf das**	Dach.

a) Zeitangaben: Bis wann? *Ergänzen Sie:*
1. Der Kongreß dauert bis Anfang Mai.   *bis* _____ 3. Mai   (der)
2. Hier regnet es bis Ende März.   _____ Beginn des Frühlings   (der)
3. Bis heute abend sind wir fertig.   _____ Abend   (der)
4. Ich habe nicht mehr viel Zeit.   _____ mein _____ Abfahrt   (die)

b) Ortsangaben: Bis wohin? *Ergänzen Sie.*

bis an	bis über
bis vor	bis zum

1. Diese Linie geht nur _____ Karlsplatz.
2. Die Expedition kam nicht _____ ihr Ziel.
3. Er folgte ihr _____ das Haus.
4. Der Ballon stieg _____ die Wolken.

„seit" – „bis": Präposition und Konjunktion G 2

Präposition: *Konjunktion:*

Er arbeitet seit Sonnenaufgang .   Er arbeitet, seit die Sonne aufgegangen ist .

Sie gingen bis zu einem Platz .   Sie gingen, bis sie an einen Platz kamen .

Formen Sie um:
1a) Seit deinem Brief mache ich mir keine Sorgen mehr.   1b) *Seit du mir ...,* _____
2a) Seit unserem Gespräch fühle ich mich besser.   2b) _____
3a) Ich arbeite noch bis zum Essen.   3b) _____
4a) Wir warten hier bis zur Ankunft des Zuges.   4b) _____

22

G 3 Deklination: Adjektive (1)

a) Erklären Sie:

	Das heißt ...
1. Sie verfolgen eine **sonderbare Frau**.	... eine Frau, **die sonderbar ist**.
2. Ist das die **wunderschöne Prinzessin**?	... die Prinzessin, _____
3. Vor ihm stand ein **fremder Mann**.	... ein Mann, _____
4. Er trug einen **komischen Hut**.	... einen Hut, _____
5. Fünf **fremde Männer** kamen aus dem Haus.	... fünf Männer, _____
6. Sehen Sie diesen **blauen Schmetterling**?	... diesen Schmetterling, _____
7. Wer hat denn das **schöne Foto** gemacht?	... das Foto, _____
8. Gehen wir in ein **billiges Restaurant**!	... ein Restaurant, _____
9. Die **kleinen Kinder** wollen nichts sagen.	... die Kinder, _____
10. **Guter Wein** ist eben teuer!	... Wein, _____
11. Sei bitte nett zu dem **neuen Kollegen**.	... zu dem Kollegen, _____
12. Das ist das Haus des **bekannten Filmstars**.	... des Filmstars, _____

b) Das Adjektiv vor dem Nomen: *Was fällt auf?*

c) Analysieren Sie die Sätze (1–12). Was steht vor dem Nomen? *Notieren Sie Beispiele:*

Artikel + Kasus-Signal	– Adjektiv Endung – Nomen		Artikel „ein" kein Artikel	– Adjektiv Endung – Nomen	
eine	-e		ein		

d) Zu welcher Gruppe gehört dieses Deklinationsschema des Adjektivs? *Kreuzen Sie an.*

Artikel + Kasus-Signal	☐	Adjektiv	Endung				Nomen
			M	N	F	Pl.	
Artikel „ein" kein Artikel	☐	Nom.	-e	-e	-e	-en	
		Akk.	-en	-e	-e	-en	
		Dat.	-en	-en	-en	-en	
		Gen.	-en	-en	-en	-en	

e) Was paßt zusammen? *Ergänzen Sie das Adjektiv mit seiner Endung.*

schwer   schrecklich   rot   gut   groß   blond   kurz   blau   dunk(e)l   autoritär

1. die _____ Liebe
2. das _____ Ende
3. die _____ Zaza
4. der _____ Himmel
5. die _____ Chefin
6. die _____ Rosen
7. die _____ Wolken
8. die _____ Kollegen
9. die _____ Freunde
10. die _____ Taschen

f) Erfinden Sie Titel von Romanen oder Filmen.

kalt-   klein-   komisch-   gefährlich-   rund-   schön-   ...

1. Das Haus mit den _____ Fenstern.
2. Das _____ Ende einer Affaire.
3. Wer stahl den _____ Diamanten?
4. Die Sache mit dem _____ Ding.
5. Der Mann mit dem _____ Hut.
6. Ein _____ Tag im Dezember.
7. _____
8. _____

Marlene Dietrich in Der blaue Engel

Adjektive als Nomen G 4

| **der** große Mann | **das** kleine Kind | **die** blonde Frau | **die** deutschen Personen |
| **der** Große | **das** Kleine | **die** Blonde | **die** Deutschen |

a) Ergänzen Sie die Endungen in der Tabelle und in den Sätzen.

Nom.	der Dick**e**	das Klein**e**	die Blond**e**	die Deutsch**en**
Akk.	den Dick__	das Klein__	die Blond__	die Deutsch__
Dat.	dem Dick__	dem Klein__	der Blond__	den Deutsch__
Gen.	des Dick__	des Klein__	der Blond__	der Deutsch__

1. Das Klein_____ dort ist die Tochter der Blonden.
2. Die Blond_____ ist mit dem Groß_____ verheiratet.
3. Der Groß_____ ist also sicher der Vater des Klein_____.

b) Wissen Sie, wer das ist?   *Natürlich, jeder kennt doch ...*

1. Karl **der Große**   ... Karl **den** Groß_____
2. Zaza, **die Blonde**   ... _____
3. Greta Garbo, **die Geheimnisvolle**   ... _____
4. _____, _____   ... _____
5. _____, _____   ... _____

22

✎ **c) Wer/Was kann gemeint sein?** *Erklären Sie:*

1. Die **Guten** sind meistens auch die **Teuren.**
   Die _guten Weine_ sind meistens auch die _____

2. Der **Große** spielt nicht gern mit dem **Kleinen.** Der _____
   _____

3. Die **Letzten** sind oft die **Schönsten.**
   Die _____

4. Das **Rote** paßt gut zu dem **Grünen.**
   Das _____

5. Die **Gekauften** sind nicht so gut wie die **Selbstgemachten:** Die _____

Die Schöne

Der Starke

Der Harte

Die Raffinierte

Der Galante

G 5 Zeitangaben und Zeitformen des Verbs

✎ **Wie kann man die Sätze ergänzen?** *Schreiben Sie:*

1. **Es war einmal** ein Mann. Der war sehr arm. **Eines Tages** _____
   _____
   Der Schlüssel war aus Gold.

2. **Um acht Uhr** muß ich nach Hause gehen.
   Aber **vorher** _____
   _____
   Jetzt ist es ja **erst halb sieben**.

3. **Zuerst** haben wir viel zusammen gelacht. **Dann** _____
   _____
   Später ist dann jeder allein nach Hause gegangen.

4. **Heute** leben wir in einer Großstadt. **Früher** _____
   _____
   Damals waren wir glücklicher.

5. Sie saß auf einer Bank im Park. **Da** _____
   _____
   Sie wurde wütend und rief den Parkwächter.

6. Ich bin **seit drei Wochen** hier. **Vorher** _____
   _____
   Aber da hat es mir nicht gefallen.

7. Er wollte **gerade** mit dem Essen beginnen. **Da** _____
   _____
   Er wußte nicht, was er machen sollte.

8. Ich bleibe **noch eine halbe Stunde**. **Danach** _____
   _____
   Ich muß ihr unbedingt etwas sagen.

Sprechen und Schreiben
Textbezüge S 1

a) Das „Märchen": Ergänzen Sie das Schema, das die Verbindungen zwischen den Textelementen erklärt.

1. Es waren einmal zwei Freunde .

2. Der erste war dick und faul, der zweite war dünn und fleißig.

3. Sie gingen, gingen, gingen,

4. und eines Tages kamen sie in eine große Stadt .

5. Da sprach der dünne Fleißige zu dem dicken Faulen :

6. „Bruder, was wollen wir hier in dieser fremden Stadt?"

7. „Wir wollen zum Schloß des Königs gehen.

8. Dort wohnt eine wunderschöne Prinzessin."

9. „Komm!" sagte der Dicke zum Dünnen.

10. Und sie gingen, gingen, gingen, bis sie zu einem großen Platz kamen.

11. „Schau!" sagte der Dicke. „Dort oben, das ist die wunderschöne Prinzessin."

12. „Was?" rief der Dünne. „Diese traurige Verrückte da oben am offenen Fenster – das soll eine Prinzessin sein? Das nennst du eine wunderschöne Prinzessin? Das ist doch nur eine arme Köchin!"

b) Nehmen Sie dieses Schema und schreiben Sie eine andere Geschichte:

zum Beispiel: zwei Freunde ⟶ zwei Freundinnen
⟶ zwei Kinder
⟶ zwei Tiere
⟶ ......

eine große Stadt ⟶ ......
eine wunderschöne ⟶ ......
Prinzessin

S 2 Ideal und Wirklichkeit

ER HEISST WALDEMAR

1. Mein Ideal auf dieser Welt,
   das ist für mich der kühne Held,
   der große blonde Mann.
   Er kommt aus einem Märchenland
   und reicht mir seine starke Hand,
   die mich zerbrechen kann.

2. So sieht der Mann meiner Träume aus.
   Sein Name ist Ralph oder Per.
   Die Wirklichkeit sieht aber anders aus.
   Bitte hören Sie mal her:

3. Er heißt Waldemar
   und hat schwarzes Haar.
   Er ist weder stolz noch kühn,
   aber ich liebe ihn.

4. Er heißt Waldemar
   und er ist kein Star.
   Seine Heimat ist Berlin,
   aber ich liebe ihn.

5. Der Junge ist das Gegenteil
   von meinem Ideal.
   Ich werde nicht mehr klug aus mir,
   doch das ist mir egal.

6. Er heißt Waldemar
   und sein Geld ist rar.
   Nie krieg ich den Hermelin,
   aber ich liebe ihn.

7. Ich finde mich selber sonderbar.
   Ich nenne alles Waldemar:
   mein Auto und den Hund,
   den Vogel, den Chauffeur sogar,
   nenn ich alle Waldemar,
   und das hat seinen Grund.

8. Uff, der Waldemar,
   das ist ein Barbar.
   Manchmal möcht ich vor ihm fliehn,
   aber ich liebe ihn.

9. Er heißt Waldemar
   und küßt wunderbar.
   Ach, der Mann ist mein Ruin,
   aber ich liebe ihn.

Text: Bruno Balz, Musik: Michael Jary
Gesungen von Zarah Leander (1936)

1. Strophe	kühn sein = vor nichts Angst haben der Held = jemand, der stark und kühn ist die Hand reichen = die Hand geben zerbrechen = wörtlich: kaputt machen
3. Strophe	stolz sein = selbstsicher sein, eine gute Meinung von sich haben weder ... noch ... = (nicht) ... und (nicht) ...
5. Strophe	nicht mehr klug aus sich werden = sich selbst nicht mehr verstehen
6. Strophe	etwas ist rar = es gibt nicht viel davon kriegen = bekommen der Hermelin = ein teurer Mantel aus Pelz
8. Strophe	vor jemandem fliehen = vor jemandem weglaufen

Wortschatz
Zeitangaben W 1

a) Dauer: *Ergänzen Sie.*
   Hier muß man **viele Stunden lang** warten: man muß **stundenlang** warten.
   1. viele Tage lang   = _____
   2. viele Wochen lang = _____
   3. viele Monate lang = _____
   4. viele Jahre lang   = _____
   Manche Leute warten ihr **ganzes Leben lang**.
   Manche kommen **lebenslang** ins Gefängnis.

> War einmal ein Bumerang;
> War ein Weniges zu lang.
> Bumerang flog ein Stück,
> Aber kam nicht mehr zurück.
> Publikum – noch stundenlang –
> Wartete auf Bumerang.
> *Joachim Ringelnatz*

b) Regelmäßigkeit: *Bilden Sie die Adverbien und beantworten Sie die Fragen.*
   An jedem Sonntag   = sonntags
   1. An jedem **Feiertag**   = _____

   2. An jedem Montag   = _____ 9. Am Morgen   = _____
   3. An jedem Dienstag   = _____ 10. Am Vormittag = _____
   4. An jedem Mittwoch   = _____ 11. Am Mittag   = _____
   5. An jedem Donnerstag   = _____ 12. Am Nachmittag = _____
   6. An jedem Freitag   = _____ 13. Am Abend   = _____
   7. An jedem Samstag   = _____ 14. In der Nacht = _____
   8. An jedem **Werktag**   = _____

   15. Wann sind hier die Banken geöffnet? _____
   16. Wann ist keine Schule? _____
   17. Wann sind die Geschäfte geschlossen? _____
   18. Wann öffnen/schließen die Büros? _____
   19. Wann beginnt Ihr Wochenende? _____

c) Einmal pro Stunde = einmal stündlich: *Ergänzen Sie die richtige Antwort.*

stündlich	täglich
wöchentlich	
monatlich	jährlich

   1. Der Mond umkreist _____ einmal die Erde.
   2. Die Erde dreht sich _____ einmal um ihre Achse.
   3. Die Erde umkreist _____ einmal die Sonne.

   Wer gesund bleiben will, soll ...
   4. _____mal stündlich_____
   5. _____mal täglich_____
   6. _____
   7. _____

W 2 In Teile teilen

a) *Eine Geburtstagstorte:*
   Ergänzen Sie die Skizze:
   die **ganze** Torte

   ¹/₄ ein Vier**tel**
   ¹/₃ ein Drit**tel**
   ¹/₈ ein Ach**tel**
   ¹/₂ eine **Hälfte**

b) **Wieviel bekommt jedes Kind?**
   Notieren Sie.

   Es gibt ... : **Jedes Kind bekommt ...**
   ... 3 Kinder : *ein ...*
   ... 5 Kinder : _____
   ... 12 Kinder : _____
   ... 2 Kinder : _____
   ... 6 Kinder : _____
   ... 1 Kind : *das Kind ... und Bauchschmerzen.*

c) **Die Uhrzeit:** *Notieren Sie, was paßt.*

   1. Es ist 11 Uhr 15.
   2. Es ist 11 Uhr 30.
   3. Es ist 11 Uhr 45.

   a) Es ist halb zwölf.
   b) Es ist Viertel nach elf.
   c) Es ist drei Viertel zwölf.
   d) Es ist Viertel vor zwölf.
   e) Es ist fünfzehn nach elf.
   f) Es ist fünfzehn vor zwölf.

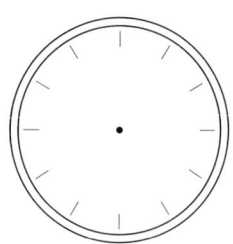

W 3 Informieren oder informiert sein

Was paßt? *Ergänzen Sie die Sätze.*

> Bescheid wissen – Bescheid sagen – Bescheid geben

1. Ich wollte Susanne einladen, aber sie war nicht da.
   Kannst du ihr _____, wenn du sie siehst?
2. Ich wollte ihm alles erzählen, aber er _____ schon _____.
3. Bitte rufen Sie nicht an. Wir _____ Ihnen schriftlich _____.
4. Können Sie Herrn Krause _____, daß wir fertig sind.

W 4 Vergleichen: der Komparativ von Adjektiven

klein kleiner   groß    größ**er**

| *Adjektiv* | *Komparativ:*
Adjektiv +
-er | ← oft: | *Adjektiv*
a o u au | *Komparativ:*
Adjektiv +
ä ö ü äu -er |

23

a) Schreiben Sie die Komparative oder die Adjektive.

Adjektiv:	Komparativ:	Adjektiv:	Komparativ:	Adjektiv:	Komparativ:
früh	früher	klein	_____	groß	größer
_____	schneller	voll	_____	_____	älter
_____	weniger	schlimm	_____	_____	jünger
_____	intelligenter	einfach	_____	warm	_____
_____	sonderbarer	schön	_____	kalt	_____
_____	dunkler	wichtig	_____	arm	_____
_____	teurer	elegant	_____	dumm	_____

b) Unregelmäßige Komparative: Was gehört zusammen?

gern → _____ : gern Walzer tanzen, aber _____ Tango tanzen
viel → _____ : viel lesen, aber _____ fernsehen
gut → _____ : gut sprechen können, aber _____ lesen können

> mehr
> besser
> lieber

c) Vergleiche: Ergänzen Sie die Sätze.

mit Komparativ + als

ohne Komparativ so ... + wie

Heute ist es nicht **schöner als** gestern.
Heute ist es **kälter als** gestern.

Heute ist es **so schön wie** gestern.
Heute ist es **nicht so warm wie** gestern.

1a) Ich mache **weniger** Fehler **als** du. = b) ... nicht **so viele** Fehler _____.
2a) Ich mache **mehr** Fehler **als** du. = b) ... _____ Fehler _____.
3a) Hamburg ist _____ Berlin. = b) Hamburg ist nicht **so groß wie** Berlin.
4a) Er ist **jünger** _____ seine Schwester. = b) Er ist noch nicht _____ sie.
5a) Das Brot hier schmeckt nicht _____ bei uns. = b) Bei uns schmeckt es _____ wie hier.

d) Dumme Sprüche? Finden Sie andere Beispiele.

Lieber reich und gesund **als** arm und krank.
Lieber ein Haar in der Suppe **als** Suppe im Haar.
Lieber „Sport am Sonntag" **als** Mathematik am Montag.
Lieber eine „Fünf" in Mathe **als** gar keine persönliche Note.

lieber reich und gesund als arm und krank

Lieber _____ als _____
Lieber _____ als _____
...

23

W 5 Reisen

a) Reisen: Welches Verb paßt? *Notieren Sie.*

a) fliegen	1. mit dem Zug	5. mit dem Schiff
b) gehen	2. zu Fuß	6. mit dem Fahrrad
c) fahren	3. mit dem Auto	7. mit dem Flugzeug
	4. mit einem Ballon	8. mit dem Motorrad

b) Notieren Sie für jede Transportart (1–8) einen Vorteil und einen Nachteil:

```
besser für die Gesundheit        schlechter für die Gesundheit
                langsamer        schneller
               angenehmer        ermüdender
                   teurer        billiger
              gefährlicher       ungefährlicher
         umweltfreundlicher      umweltfeindlicher
```

c) Vergleichen Sie die Transportmittel: *Schreiben Sie.*

1. _Das Fahrrad ist langsamer, aber auch billiger als ..._

2. _Das Flugzeug ist ..._

3. _Zu Fuß gehen ..._

4. _____

5. _____

d) Wie ist es für Sie? *Erklären Sie:*   *Begründen Sie:*

1. Wenn ich zur Arbeit/Schule fahre,
   nehme ich lieber... : _Das ist ..._

2. Wenn ich beruflich reise,
   nehme ich ... : _____

3. Wenn ich in die Ferien fahre,
   _____ : _____

4. Wenn ich eine Stadt kennenlernen will,
   _____ : _____

5. Wenn ich ein Land kennenlernen will,
   _____ : _____

e) **Was ist verboten/erlaubt/gefährlich/schwierig?** *Erklären Sie.*

Im Flugzeug?
Im Auto?
Im Zug?
In der U-Bahn?
Im Bus?

das Fenster öffnen – rauchen
sein Fahrrad mitnehmen – etwas essen
ein Tier mitnehmen – schlafen
Alkohol trinken – hin und her gehen
mit dem Fahrer/Piloten sprechen – ...

Im Flugzeug ist es verboten, beim Start und bei der Landung **zu** rauchen.

1. _____ ist es (nicht) erlaubt, _____ **zu** _____.
2. _____ ist es gefährlich, _____.
3. _____ ist es schwierig, _____.
4. _____.
5. _____.

> Es ist verboten, Personen in Aufzügen
> zu befördern, bei denen das Mitfahren
> von Personen verboten ist.

Fahrstuhlvorschrift
1926, Berlin-West, Jenaer Straße
1958, Berlin-Ost, Karl-Marx-Allee
[aus: P. Schneider „Unterschiede"]

f) **Am Fahrkartenschalter:** *Wie geht der Dialog? Notieren Sie.*

Der Reisende:
1. Einmal Berlin, bitte.
2. Nein, einfach.
3. Ja, bitte.
4. Ich nehme den IC um 8 Uhr 44.
5. Ach so. Wieviel kostet der?
6. Und die Karte?
7. Ja, gut. Hier, ich habe leider kein Kleingeld.
8. Wissen Sie zufällig, von welchem Bahnsteig der Zug fährt?
9. Danke.

Die Schalterbeamtin:
a) Der ist mit Zuschlag.
b) Sechs Mark.
c) Um wieviel Uhr fahren Sie?
d) 90 Mark.
e) Zweite Klasse?
f) Hin und zurück?
g) Gleis 20. Hier, vergessen Sie Ihren Zuschlag nicht.
h) Danke, das geht schon. 404 Mark zurück.

23
Grammatik

G 1 Das Verb: Partizip Präsens

Zwei Handlungen laufen parallel: 1 Schlock packte seinen Koffer.   2 Er lächelte dabei.

Partizip Präsens: Schlock packte lächelnd seinen Koffer.

Gröger saß im Wohnzimmer, er rauchte (dabei).   Gröger saß rauchend im Wohnzimmer.

Bilden Sie das Partizip und formen Sie die Sätze um:

Infinitiv -en	Partizip -end
danken	dankend
lachen	_____
grüßen	_____
stehen	_____
weinen	_____
suchen	_____
singen	_____
spielen	_____
schlafen	_____

1. Er steht unter der Dusche und singt dabei:
   = Er steht _____ unter der Dusche.
2. Sie kam ins Zimmer und grüßte dabei:
   = Sie _____ .
3. Er springt in die Luft und lacht dabei:
   = _____
4. Das Kind lief nach Hause, es weinte dabei:
   = _____
5. Sie haben die Einladung angenommen, sie haben (dabei) gedankt:
   = _____

G 2 Deklination: Adjektive

| Nom.
Akk.
Dat.
Gen. | Artikel mit
Kasus-Signal | __ | Adjektiv | -e
-en
-en
-en | -e
-e
-en
-en | -e
-e
-en
-en | en
en
en
en | __ | Nomen |

a) Das Partizip Präsens als Adjektiv: Ergänzen Sie die Formen.

1a) der Amerikaner, der schläft = der schlafend**e** Amerikaner
 b) Die Stewardeß weckte den _____ Amerikaner.
2b) das Baby, das schreit = das _____ Baby
 b) Die Mutter gab dem _____ Baby etwas zu trinken.
3a) das Flugzeug, das wartet = das _____ Flugzeug
 b) Der Kontrollturm gab dem _____ Flugzeug die Starterlaubnis.
4a) die Kinder, die weinen = die _____ Kinder
 b) Die Eltern beruhigten ihre _____ Kinder.
5a) eine Dame, die schimpft = eine _____ Dame
 b) Er wollte nicht neben der _____ Dame sitzen.

b) derselbe, dasselbe, dieselbe, ...: Ergänzen Sie die Formen.

Artikel	Adjektiv
derselbe	

Geht es nicht auch mal anders?
Ich will nicht immer ...
1. ... in das_____ Restaurant gehen.
2. ... mit den_____ Leuten am Tisch sitzen.
3. ... über das_____ Thema sprechen.
4. ... den_____ Ober sehen.
5. ... mein Essen auf der_____ Karte auswählen.
6. ... über die_____ kalte Suppe schimpfen.
7. ... _____

Ordinalzahlen sind Adjektive.   G 3

	eins	zwei	drei	vier	... neunzehn	zwanzig	... hundert
der/das/die	erste	zweite	dritte	vierte	... neunzehnte	zwanzigste	... hundertste

+ -te   + -ste

a) Das Datum: Erklären Sie.

Der erste Januar ist hier ein Feiertag. **A**m ersten Januar ist Feiertag.

1. der 31. Dezember : Am einunddreißigst_____ Dezember ist Silvester.
2. der 1. Mai   : Am _____
3. der 3. Oktober : Am _____
4. der 25. Dezember: Am _____ ist Weihnachten.
5. Mein Geburtstag : Am _____
6. ......   : Am _____

b) Wer ist an der Reihe? Ergänzen Sie den Dialog.

„Der Nächste bitte!"
   „Ich!" „Nein, ich!" „Wieso denn Sie?" „Ich bin dran!" ...
„Also bitte, wer ist an der Reihe?"
   ○ „Ich bin der _____!"
   ● „Was, Sie wollen der _____ sein!
      Sie waren doch der _____!
      Warum soll denn der _____ vor
      dem _____ dran sein?"
   ○ „Also, Sie waren doch der _____,
      Sie können doch gar nicht wissen,
      wer vor dem _____ da war. Ich bin
      nach dem _____ gekommen,
      also weiß ich, daß ich der _____ bin."
   ● „......"
„Aber bitte, meine Herren! Wir sind hier hier doch nicht im Kindergarten!"

23
Sprechen und Schreiben

S 1 Reisen

Welche Fragen stellen (sich) die beiden Personen vielleicht?
Welche Probleme kann es beim Reisen geben?
Was ist schwirig für Leute, die nicht oft mit dem Zug reisen?
Welchen Rat kann man ihnen geben?
Stellen Sie sich das Gespräch mit dem Bahnbeamten vor.

S 2 „Verrückte Situationen"

a) Welche Erklärungen kann es geben?

Sie wollen in einem Geschäft Kirschen kaufen.

Sie: „Guten Tag. Geben Sie mir bitte zwei Pfund von den Kirschen."
der Verkäufer: „Kaufen Sie die lieber nicht, die schmecken überhaupt nicht!"

Erklärungen: ......

b) Arbeiten Sie in Gruppen.

Erfinden Sie andere „verrückte Situationen" mit einer „logischen Erklärung."

| im Bahnhof | im Büro | auf der Straße | in der Schule | ... |

Das sagt / fragt / macht   Person A: „......"
Das fragt / macht / antwortet Person B: „......"   Ihre Erklärung: ......

c) Lesen Sie Ihren Dialog vor. Die anderen versuchen, die Erklärung zu erraten.

Wortschatz
Pronomen von Nomen mit Präpositionen
W 1

auf ... warten

1. Es geht um Sachen:

Worauf wartest du?

Ich warte **auf ein Wunder**.

Darauf kannst du lange warten!

2. Es geht um Personen:

Auf wen wartest du?

Ich warte **auf den Postboten**.

Alle warten **auf ihn**.

a) Pronomen von Nomen mit Präpositionen: *Bilden Sie die Formen und ergänzen Sie die Sätze.*

	1. Sachen:				**2. Personen:**		
1. zu	Wozu	?	dazu	Dat.	Zu wem	?	zu ihm/ihr/...
2. mit	_____	?	_____		_____	?	_____
3. bei	_____	?	_____		_____	?	_____
4. von	_____	?	_____		_____	?	_____
5. für	_____	?	_____		_____	?	_____
6. um	___r___	?	___r___	Akk.	_____	?	_____
7. an	___r___	?	___r___		_____	?	_____
8. über	___r___	?	___r___		_____	?	_____

9. **Woran** denkst du?
 a) Ich denke **an** _____.
 b) Ich denke nie *dar* ... _____.

10. **Wovon** sprecht ihr?
 a) Wir sprechen _____.
 b) Sprecht doch nicht immer _____!

11. **An wen** denkst du?
 a) Ich denke **an** _____.
 b) Ich denke nie _____.

12. **Von wem** sprecht ihr?
 a) Wir sprechen _____.
 b) Warum sprecht ihr immer _____.

auf ... warten   **3. Es geht um Sätze:**

Worauf wartest du?   Ich warte **darauf**, **daß ein Wunder passiert**.
                                          daß der Postbote kommt.

b) Welches Pronomen paßt? *Ergänzen Sie die Sätze.*

> davon
> darüber
> dagegen
> dafür
> dabei

1. Haben Sie etwas _____, wenn ich mich hierhin setze?
2. Ich hatte keine Ahnung _____, daß sie alles wußte.
3. Natürlich habe ich mich _____ geärgert, daß er so spät kam.
4. Ich arbeite oft nachts. _____ höre ich fast immer Musik.
5. Ich bin nicht _____, daß wir noch länger hier bleiben.

24

c) Ein Rätsel: *Worum geht es wohl?*

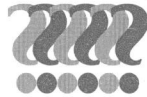

Alle denken **daran**.
Alle träumen **davon**.
Alle haben Probleme **damit**.

Manche sind **dagegen**.
Die meisten sind **dafür**.
Aber niemand spricht gern **davon**.

W 2 Wortbildung mit Städtenamen

der Flughafen von Frankfurt = der Frankfurt**er** Flughafen

| Namen | Namen + er |

die Einwohner von Frankfurt = die Frankfurt**er** (der Frankfurt**er** / die Frankfurt**erin**)

a) Welche Stadt paßt? *Notieren Sie und formulieren Sie.*

a) Bonn	1. das Bier aus	g	= das Dortmund**er** Bier
b) München	2. die Staatsoper in		= _____
c) Wien	3. die Festspiele von		= _____
d) Köln	4. der Hafen von		= _____
e) Salzburg	5. das Oktoberfest in		= _____
f) Berlin	6. der Humor in		= _____
g) Dortmund	7. das Schloß von		= _____
h) Heidelberg	8. die Politiker in		= _____
i) Leipzig	9. der Dom in		= _____
j) Hamburg	10. die Industriemesse in		= _____

b) Wie heißen diese Leute? *Schreiben Sie:*
1. Eine Frau, die in Köln wohnt, ist eine *Kölnerin*.
2. Die Bewohner von München sind _____
3. Jemand, der in Berlin geboren ist, ist _____
4. Zwei Frauen, die in Hamburg leben, sind _____
5. Zwei Männer aus Leipzig sind _____

Grammatik
Deklination: Adjektiv (2)

So macht man Kindern Angst!
In einem dunklen, dunklen Wald,
da liegt ein dunkles, dunkles Schloß.
Und in dem dunklen, dunklen Schloß
ist eine dunkle, dunkle Treppe.
Und diese dunkle, dunkle Treppe
führt in ein dunkles, dunkles Zimmer.
Und in dem dunklen, dunklen Zimmer,
da steht ein dunkler, dunkler Koffer.
Und in dem dunklen, dunklen Koffer,
da liegt ein dunkles, dunkles Tier.
Und dieses dunkle dunkle Tier macht
plötzlich: „Buuhh!!"

a) Wo stehen die Kasus-Signale? Lesen Sie die Beispiele 1–18 und unterstreichen Sie.

1. da<u>s</u> sonderbare Verhalten
2. auf eine<u>r</u> ruhigen Landstraße
3. (ein Taxi) mit offenem Fenster
4. mit unserem neuen Freund
5. eilige Passagiere
6. mit kaputtem Motor
7. der starke Verkehr
8. (der Begleiter) der blonden Dame
9. unser neues Projekt
10. ein elegantes Hotel
11. an einem schönen Frühlingstag
12. mein lieber Gröger
13. mit beiden Männern
14. (der Fahrer) des ersten Wagens
15. nervöse Musik
16. ein schöner Frühlingstag
17. mit hoher Geschwindigkeit
18. mit freundlichen Grüßen

b) Artikel + Kasus-Signal oder Adjektiv + Kasus-Signal? Notieren Sie Beispiele aus 1–18.

Artikel + Kasus-Signal	Adjektiv + -e / -en	Nomen	kein Kasus-Signal	Adjektiv + Kasus-Signal	Nomen
da**s**	sonderbare	Verhalten	(mit) –	offene**m**	Fenster
(auf) eine**r**			ein		

... junge, alte, schöne, häßliche, große, kleine, intelligente, sonderbare Menschen

G 2 Deklination: Kasussignale bei Artikeln, Adjektiven, Nomen

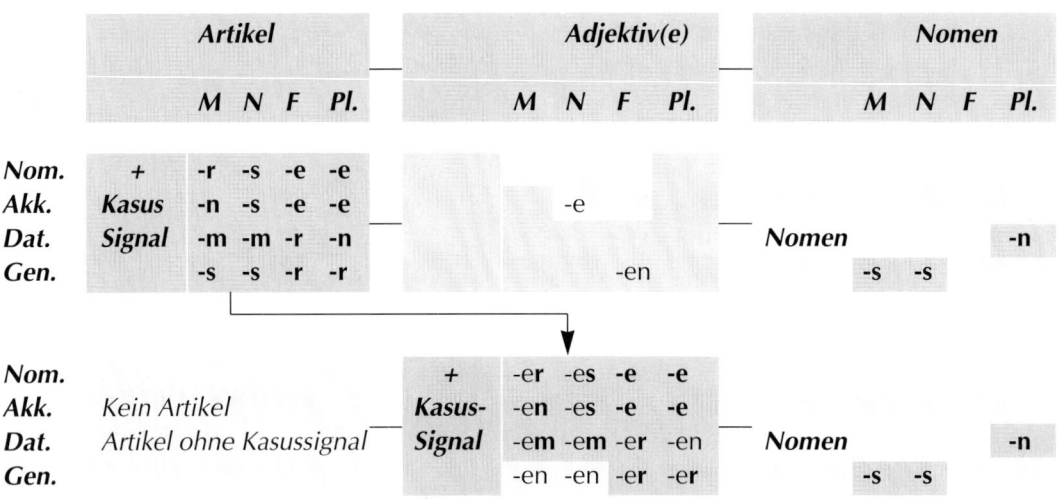

a) Spezialitäten: Was schmeckt gut? Was kauft man lieber nicht? *Schreiben Sie:*

	Das schmeckt gut:			**Kaufen Sie lieber ...**	
französisch	englische**r** _____	Tee	(der)	kein**en** französischen Tee!	
englisch	_____	Oliven	(Pl.)	kein**e** _____	Oliven
deutsch	_____	Käse	(der)	_____	Käse
italienisch	_____	Wein	(der)	_____	Wein
russisch	_____	Kaviar	(der)	_____	Kaviar
holländisch	_____	Bier	(das)	_____	Bier
griechisch	_____	Pizza	(die)	_____	Pizza

b) Gute Fee oder böser Zauberer? *Ergänzen Sie die Sätze.*

Abrakadabra!!
Aus dem kleinen Zwerg wird ein großer Riese!
1. Aus der dick____ Köchin wird ein blau____ Schmetterling.
2. Aus dem dünn____ Fleißigen wird ein dick____ Faul____.
3. Aus dem häßlich____ Frosch wird ein schön____ Prinz.
4. Aus dem groß____ Schloß wird eine klein____ Hütte.
5. Aus der alt____ Frau wird ein jung____ Mädchen.

Der böse Zauberer verwandelt: den schönen Park in einen wilden Wald.

pures Gold	⟷	graue Steine	6. pur____ Gold in grau____ Steine
hartes Brot	⟷	süßer Kuchen	7. _____
schlechtes Bier	⟷	guter Wein	8. _____
......			9. _____
......			10. _____
Die gute Fee verwandelt: ...			11. _____ *in* _____
			12. _____

c) Idealbilder – Horrorvisionen: *Ergänzen Sie.*

Idealbild:

				Horrorvision:	
heiße	Sonne (die)	blau schwarz		_____	Sonne
_____	Strand (der)	rot grün		_____	Strand
_____	Meer (das)	heiß kalt		_____	Meer
_____	Himmel (der)	eiskalt warm		_____	Himmel
_____	Wind (der)	kühl grau		_____	Wind
_____	Sand (der)	wolkenlos		_____	Sand
_____	Luft (die)	voll leer		_____	Luft

d) Wie sind Sie heute gekleidet? *Beschreiben Sie sich.*

dick	rot	Pullover (der)	**Heute trage ich** ...
dünn	blau	Hose (die)	... ein**e** elegant**e** hell**e** Hose
leicht	grün	Rock (der)	... ein rote**s** sportliche**s** T-Shirt
elegant	gelb	Kleid (das)	
sportlich	kariert	Anzug (der)	
...	gestreift	Hemd (das)	
	braun	Bluse (die)	
	schwarz	Schuhe (Pl.)	
	dunkel	Jeans (Pl.)	
	lang	T-Shirt (das)	
	kurz	Jacke (die)	
		Strümpfe (Pl.)	
		Stiefel (Pl.)	
		...	

HEINRICH HEINE: DIE LORE-LEI

1. Ich weiß nicht was soll es bedeuten,
   Daß ich so traurig bin;
   Ein Märchen aus uralten Zeiten,
   Das kommt mir nicht aus dem Sinn.

2. Die Luft ist kühl und es dunkelt,
   Und ruhig fließt der Rhein;
   Der Gipfel des Berges funkelt
   Im Abendsonnenschein.

3. Die schönste Jungfrau sitzet
   Dort oben wunderbar;
   Ihr goldnes Geschmeide blitzet,
   Sie kämmt ihr goldenes Haar.

4. Sie kämmt es mit goldenem Kamme
   Und singt ein Lied dabei;
   Das hat eine wundersame,
   Gewaltige Melodei.

5. Den Schiffer im kleinen Schiffe
   Ergreift es mit wildem Weh;
   Er schaut nicht die Felsenriffe,
   Er schaut nur hinauf in die Höh.

6. Ich glaube, die Wellen verschlingen,
   Am Ende Schiffer und Kahn;
   Und das hat mit ihrem Singen
   Die Lore-Lei getan.

24
Sprechen und Schreiben
Lebt der Ur-Mensch noch?

S 1

a) Lesen Sie den Zeitungsbericht.

**Rote Augen!
Lebt Ur-Mensch
noch!**

Ein chinesischer Beamter will in den Quinling-Bergen einen „Peking-Menschen" gesehen haben (sie lebten vor 500 000 Jahren in Asien). „Er hatte rote Augen und war über und über mit langen Haaren bedeckt." Andere Chinesen hätten menschliche Fußspuren von 32 Zentimeter Länge entdeckt.

b) Arbeiten Sie in 2 Gruppen.

A A A A ...   B B B B ...

Gruppe A: Sie sind die „Zeugen".
Sie haben den „Ur-Menschen"
gesehen!
Sie waren alle zusammen, und Sie waren
so nah, daß Sie ihn genau beschreiben
können.
Aufgabe: Gruppe A:
Erfinden Sie eine Geschichte, die
man glauben kann.
Denken Sie an alle Details:
Wer sind Sie? Wo waren Sie?
Wann war das? Wie waren die Umstände?
Was ...

**Gruppe B: Sie sind die Mitglieder
einer wissenschaftlichen Kommission.**
Sie sollen herausfinden, ob man die
Zeugenberichte ernst nehmen kann, oder
ob diese Zeugen lügen.
Aufgabe: Gruppe B:
Sie bereiten ein Interview mit den Zeugen
vor: Sie wollen wissen, ob alle Zeugen
das Gleiche sagen oder ob es Widersprüche
gibt.
Suchen Sie zusammen Fragen, die Sie den
Zeugen stellen können, und notieren Sie
alle diese Fragen.

c) Interview/Verhör: Jede Person aus Gruppe B spricht mit einem Zeugen aus Gruppe A:

          ... „B" stellt alle Fragen und notiert
die Antworten von „A"

d) Wenn die Interviews zu Ende sind

Die Personen aus der **Gruppe B** kommen
wieder zusammen und vergleichen die
Antworten, die sie bekommen haben:
Die „Zeugen" von **Gruppe A** dürfen zuhören.

Gruppe B: Finden Sie Widersprüche? Haben
die anderen nicht die Wahrheit
gesagt? Dann haben Sie gewonnen!

Gruppe A: Gibt es keine Widersprüche? Können Sie eine akzeptable Erklärung für
eventuelle Widersprüche finden? Dann haben Sie gewonnen!

Wortschatz
Hotelzimmer W 1

a) Verschiedene Hotelzimmer: Ordnen Sie die Bezeichnungen.

Größe: Komfort: Service:

_____   _____   _____
_____   _____   _____
_____   _____   _____
_____   _____   _____

> Einzelzimmer   mit Dusche   mit Bad   mit Frühstück
> Doppelzimmer   mit Vollpension
> mit eigener Toilette   ohne fließendes Wasser
> mit Fernseher   Mehrbettzimmer
> mit Halbpension (= Frühstück und Abendessen)

b) Was ist teurer/billiger als ...? Vergleichen Sie.

Ein Zimmer ohne fließendes Wasser ist billiger als ein Zimmer mit Dusche.
1. _____ ist teurer als _____
2. _____ ist nicht so teuer wie _____
3. _____
4. _____

c) Welche Kriterien sind wichtig/weniger wichtig bei der Wahl eines Zimmers?
Schreiben Sie und erklären Sie dann:

> Ruhe   Diskretion   Komfort   freundliche Bedienung   zentrale Lage   Fernseher
> gutes Essen   bequemes Bett   luxuriöses Badezimmer   großes Zimmer
> ruhige Lage   eine gute Bar   eleganter Stil   der Zimmerpreis

	wichtig:	weniger wichtig:
Situation 1: Sie sind für 3 Tage als Tourist in einer Stadt.	_____	_____
Situation 2: Sie sind eine Woche beruflich in der Stadt.	_____	_____
Situation 3: Sie sind auf der Durchreise und bleiben nur eine Nacht.	_____	_____

Situation 1:   Erklärungen: Wenn ich als Tourist in einer Stadt bin, ist ...... wichtiger als ......, weil ......
Situation 2:   Wenn ......
Situation 3:   Wenn ......

25

Im Hotel: am Empfang

a) Wie ist die richtige Reihenfolge? Notieren Sie von 1–6:
- ___ sein Gepäck ins Zimmer bringen oder bringen lassen
- ___ den Schlüssel bekommen
- ___ nach einem Zimmer fragen
- ___ ein Anmelde-Formular ausfüllen/sich einschreiben
- ___ zum Empfang gehen
- ___ einen Paß oder Personalausweis zeigen

b) Gast und Portier: Schreiben Sie einen kurzen Dialog zu den Sequenzen 1–6:
   1. Gast: „...... "   Portier: „...... "   **2.** Gast: „ ...... "   ...

Grammatik
Konnektoren: „als" – „obwohl"

a) Nebensätze mit „als":

| als | **Als** er nach Hause kam, | fand er einen Brief. |

   Das war der Augenblick,   wo **das** passierte.

Formulieren Sie die Sätze:

1a) Der Zug hielt. Sie stieg aus.   b) Als der Zug _____, _____
2a) Er hatte den Roman ausgelesen.   b) _____
    Er machte das Licht aus.
3a) Das Wetter wurde besser.   b) _____
    Wir konnten endlich losgehen.
4a) Ich war 10 Jahre alt.   b) _____
    Ich wollte Kapitän werden.

b) Nebensätze mit „obwohl":

| obwohl / obgleich | **Obwohl** ich müde war, | konnte ich nicht schlafen. |

   Das war eigentlich ein Grund,   **das nicht** zu machen.

Formulieren Sie die Sätze:

1a) Es regnet. Wir gehen spazieren.   b) Wir gehen spazieren, obwohl _____
2a) Ich habe keinen Hunger mehr.   b) _____
    Ich nehme noch ein Stück Kuchen.
3a) Er hatte keine Zeit.   b) _____
    Er hörte sich ihre Geschichte an.
4a) Sie mochte keine gelben Rosen.   b) _____
    Sie dankte ihm lächelnd.

Verb: Plusquamperfekt G 2

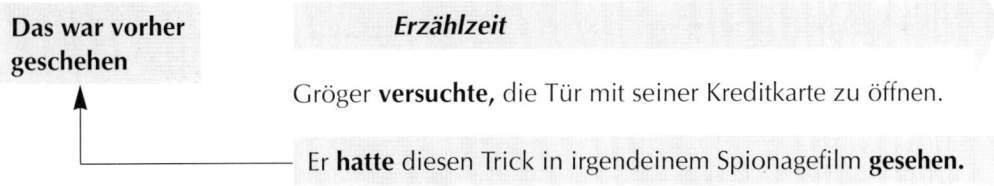

Regel ▷ Bildung des Plusquamperfekts: das Perfekt-Hilfsverb kommt ins Präteritum.

Perfekt:	ich	bin	gekommen	ich	habe	gemacht
Plusquam-perfekt:	ich	war	gekommen	ich	hatte	gemacht
	du	warst	gegangen	du	hattest	gekauft
	er/es/sie	war	geflogen	er/es/sie	hatte	erklärt
	wir	waren	eingestiegen	wir	hatten	mitgenommen
	ihr	wart	gewesen	ihr	hattet	gehabt
	sie/Sie	waren	...	sie/Sie	hatten	...

a) Eine Erzählung: *Verändern Sie die Erzählzeit.*

Beginn der Erzählung (1):

Sie kam um 11 Uhr nach Hause.
Sie schloß die Haustür auf und ging in die Küche. Dort fand sie den Brief auf dem Tisch. Sie erkannte sofort die Schrift, aber sie ließ ihn liegen. Sie holte sich ein Bier aus dem Kühlschrank und schaute aus dem Fenster in die dunkle Nacht. Dann dachte sie wieder an den Brief. Sie nahm ihn vom Küchentisch.
Sie setzte sich auf die Treppe vor dem Haus und öffnete langsam den Umschlag.

Beginn der Erzählung (2):

Sie setzte sich auf die Treppe vor dem Haus.
Sie **war** um 11 Uhr nach Hause **gekommen** und _____

_____

_____

_____

_____

Jetzt öffnete sie langsam den Umschlag. ...

25

b) Was vorher geschehen war, war der Grund: *Erklären Sie.*

Es gab keine Milch mehr im Kühlschrank, weil die Katze sie **ausgetrunken hatte**.
1. Er wurde ganz rot, weil _____
2. Sie kam erst sehr spät, weil _____
3. Wir konnten nicht in dem Hotel bleiben, weil _____
4. Weil _____, hatte er schlechte Laune.
5. Weil _____, wollte er nichts essen.

| kein Zimmer reserviert haben | krank geworden sein | noch nie geküßt haben | ... |

Artikel = Pronomen   G

Artikel + Nomen → (Artikel=) Pronomen

EINER FÜR ALLE
ALLE FÜR EINEN

- Ist hier noch **ein** Tisch frei? ● Ja, dort ist **einer**.
- Ist das **dein** Schlüssel? ● Nein, das ist nicht **meiner**.
- Ich habe **ein** Foto von ihr. ● Ich habe **kein(e)s**.
- Hast du noch Briefmarken? ● Ja, ich habe noch **welche**.
- Wo ist **euer** Haus? ● Dort, das ist **unseres**.

a) Artikel und Pronomen (Nominativ-Form): *Ergänzen Sie die Tabelle.*

Artikel	ein (alter) Tisch	ein (schönes) Foto	eine (neue) Idee	gute Freunde
	der Tisch	das Foto	____ Idee	____ Freunde
Pronomen	der			
	er			
	einer	ein(e)s	____	welche
	meiner	mein(e)s	____	
	keiner			

b) Ersetzen Sie Artikel und Nomen durch ein Pronomen:

1. Hier ist kein Kino. : Hier ist ___*keins*___.
2. Ich habe Zigaretten. : Ich habe _____.
3. Ich habe Ihren Paß. : Ich habe _____.
4. Unser Auto ist kaputt. : _____ ist kaputt.
5. Unsere Kinder …?! : _____ machen so etwas nicht!
6. Mit meinem Wagen? : Mit _____?
7. Nur ein Glas? : Nur _____?
8. Haben Sie Geschwister? Ja (Nein), ich *habe*_____ (_____).
9. Haben Sie Münzen zum Telefonieren? Ja, ich habe noch _____.
10. Sollen wir mit meinem Wagen fahren? Ja, bitte, _____ ist nämlich kaputt.
11. Machen Sie das doch mit dem Computer! Leider habe ich _____.

25

Sprechen und Schreiben
Szenen und ihre Vorgeschichte S 1

a) *Wählen Sie eines der beiden Bilder.*
   Geben Sie in Stichworten eine genaue Beschreibung der Person, des Ortes und der Dinge, die eine Bedeutung haben.

Person/Aussehen
junge Frau
...   Haare
...   ...

Ort:
...   ...
...   ...

Dinge:
...   ...
...   ...

b) *Erzählen Sie dann die „Vorgeschichte" dieser Szene:*

Er/sie saß in ... und dachte noch einmal daran, was (heute) geschehen war: ......

c) *Welche Beziehung kann es zwischen den beiden Bildern geben?*

Aus dem Film: „Die flambierte Frau"; Regie: Robert Van Ackeren

187

Heimat und Ferne: Was Dinge bedeuten können ...

Kurt und Mary Tucholsky am Kai in Kopenhagen, 1927

In der Fremde den Koffer auspacken, der etwas später gekommen ist, weil er sich unterwegs mit anderen Koffern unterhalten mußte: Das ist recht eigentümlich. Du hast dich schon ein bißchen eingelebt, der Türgriff wird leise Freund in deiner Hand, unten das Café fängt schon an, dein Café zu sein, schon sind kleine Gewohnheiten entstanden... da kommt der Koffer. Du schließt auf – Eine Woge von Heimat fährt dir entgegen.
Kurt Tucholsky

Wortschatz
Familie und Verwandte

W 1

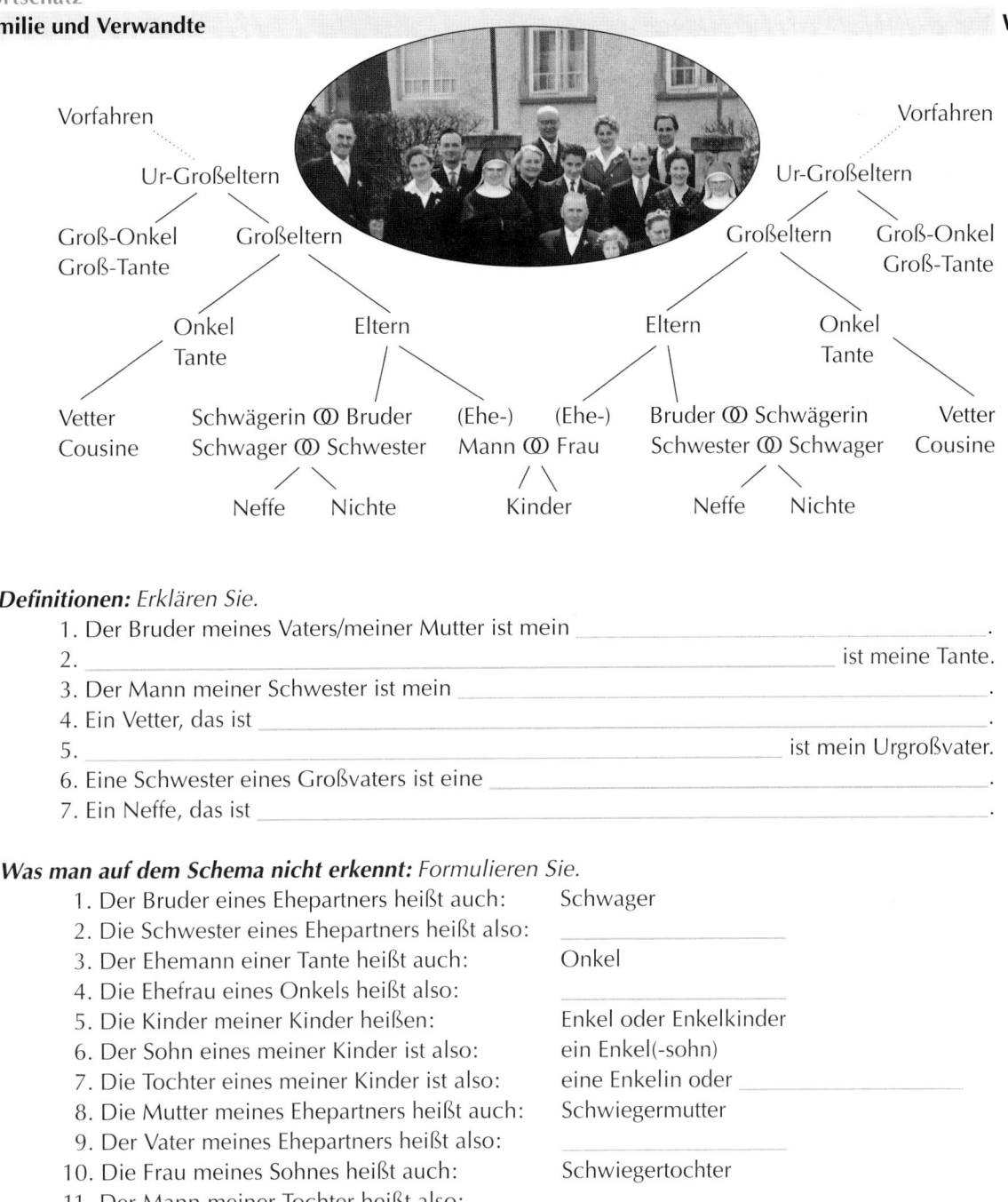

a) **Definitionen:** *Erklären Sie.*
1. Der Bruder meines Vaters/meiner Mutter ist mein _____.
2. _____ ist meine Tante.
3. Der Mann meiner Schwester ist mein _____.
4. Ein Vetter, das ist _____
5. _____ ist mein Urgroßvater.
6. Eine Schwester eines Großvaters ist eine _____.
7. Ein Neffe, das ist _____.

b) **Was man auf dem Schema nicht erkennt:** *Formulieren Sie.*

1. Der Bruder eines Ehepartners heißt auch:	Schwager
2. Die Schwester eines Ehepartners heißt also:	_____
3. Der Ehemann einer Tante heißt auch:	Onkel
4. Die Ehefrau eines Onkels heißt also:	_____
5. Die Kinder meiner Kinder heißen:	Enkel oder Enkelkinder
6. Der Sohn eines meiner Kinder ist also:	ein Enkel(-sohn)
7. Die Tochter eines meiner Kinder ist also:	eine Enkelin oder _____
8. Die Mutter meines Ehepartners heißt auch:	Schwiegermutter
9. Der Vater meines Ehepartners heißt also:	_____
10. Die Frau meines Sohnes heißt auch:	Schwiegertochter
11. Der Mann meiner Tochter heißt also:	_____

W 2 Lautmalende Verben und Wörter

a) Was paßt zusammen? *Notieren Sie:*

1. „Peng!"
2. „Platsch!"
3. „Bumm!"
4. „Tick-tack"

a) eine Uhr
b) eine Pistole
c) eine Kanone
d) ein Wassertropfen

b) Sprechen Sie die Verben laut nach: *Welche passen zu den Bildern? Notieren Sie.*

| a) zischen | b) brausen | c) prasseln | d) klirren | e) klatschen | f) blubbern |

c) Zu welchen Beschreibungen passen die Verben (a–f)? *Notieren Sie die Verben.*

1. etwas/jemand fällt/springt ins Wasser   : _____
2. ein Orkan/ein wildes Meer/ein Auto   : _____
3. Regen auf einem Dach/Feuer in einem Kamin   : _____
4. Suppe, die kocht   : _____
5. eine Schlange/Wasser auf Feuer   : _____
6. Gläser (Metall, Eis), die aneinander stoßen : _____

d) Wie „sprechen" Tiere? *Ordnen Sie zu.*

| quaken | gackern | „singen" | brummen | miauen | muhen |

eine Kuh	ein Bär	ein Vogel	ein Huhn	ein Frosch	eine Katze
muht					

Zeitangaben

W 3

a) Lesen Sie den Text.

Ende der fünziger Jahre (1) zogen wir dann nach Frankfurt. Ich muß **damals** (2) fünf oder sechs Jahre alt gewesen sein. **Vorher** (3) hatten wir im Saarland gelebt. **Da** (4) war ich aber noch so klein, daß ich mich nicht mehr erinnern kann. **Einige Jahre später** (5) bekamen wir einen Brief. Er war von einem reichen Onkel in Chicago. Er war **Anfang der dreißiger Jahre** (6) nach Amerika ausgewandert. Wir sollten ihn besuchen. Aber leider hatten wir **damals** (7) nicht genug Geld. Ich bin dann erst **später** (8), als ich 25 war, in die USA gefahren, aber **da** (9) war der Onkel schon lange tot.

b) Wann ungefähr war das? Notieren Sie.

(1) **Ende der fünziger Jahre** = 1958–1959
(2) **damals** = _____
(3) **Vorher** = _____
(4) **Da** = _____
(5) **Einige Jahre später** = _____
(6) **Anfang der dreißiger Jahre** = _____
(7) **damals** = _____
(8) **später** = _____
(9) **da** = _____

Rubriken für einen Lebenslauf

W 4

geboren
Staatsangehörigkeit
Vorname
Familienstand
Geburtsname
jetzige Tätigkeit
Berufsausbildung
Familienname
Wohnort
Schulbildung

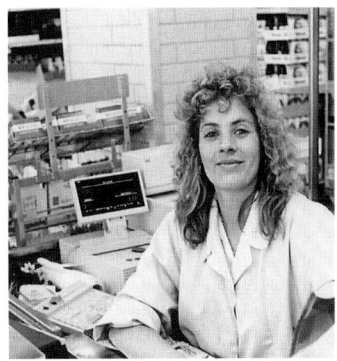

a) Welches sind die Rubriken? Tragen Sie ein:

Familienname	:	Kuchel	Schmidt-Krecher
_____	:	Klaus-Peter	Annegret
_____	:	–	Krecher
_____	:	12. Jan. 1968 in Köln	26. Juli 1970 in Leipzig
_____	:	deutsch	deutsch
_____	:	ledig	verheiratet, 2 Kinder
_____	:	Karlsruhe	Jena
_____	:	Hauptschulabschluß	Abitur
Berufsausbildung	:	Lehre bei der Bundespost	kaufmännische Lehre
_____	:	Briefträger	Verkäuferin

b) Schreiben Sie Ihren Lebenslauf nach diesem Modell.

26
Grammatik

G 1 Deklination: nominalisierte Adjektive

ein **dicker** Mann — ein **kleines** Kind — eine **blonde** Frau — **deutsche** Personen

ein **Dicker** — ein **Kleines** — eine **Blonde** — **Deutsche**

Regel ▷ Nominalisierte Adjektive deklinieren wie Adjektive vor einem Nomen.

	Artikel	M	N	F	Pl.	Adjektiv	M	N	F	Pl.
Nom.	**+**	-r	-s	-e	-e					-e
Akk.	**Kasus-**	-n	-s	-e	-e					
Dat.	**Signal**	-m	-m	-r	-n					
Gen.		-s	-s	-r	-r					-en

			M	N	F	Pl.
Nom.		**+**	-er	-es	-e	-e
Akk.	Kein Artikel	**Kasus-**	-en	-es	-e	-e
Dat.	Artikel ohne Kasus-Signal	**Signal**	-em	-em	-er	-en
Gen.			-en	-en	-er	-er

✎ a) **Nomen von Adjektiven:** *Bilden Sie Nominativformen.*

M der	ein	**F** die	eine	**N** das	(ein) etwas *)
Deutsche	Deutscher	Verwandte		Wichtige	Wichtiges
_____	_____	_____		_____	_____
_____	_____	_____		_____	_____

| deutsch   verwandt   blond   gut   fremd   rund   neu   wichtig   bekannt |

*) etwa**s**/nicht**s**: das **-s** ist **kein Kasussignal!**

✎ b) **Ergänzen Sie die Endungen**

     der alte Mann   der Alte
     ein alter Mann   1.   ein Alt____
    ein netter alter Mann   2.   ein nett____ Alt____
ein netter, weißhaariger alter Mann   3. ein nett____, weißhaarig____ Alt____

4. ein süß____ Kleine**s**   7. ein netter Bekannt____
5. entfernt____ Verwandte   8. eine freundlich____ Angestellt____
6. ein blond____ blauäugig____ Deutsch____   9. der groß____ schlank____ Schwarzhaarig____

10. Kennen Sie diesen sonderbar___ Fremd___ dort?
11. Es gibt viel___ Deutsch___, die nicht gern Bier trinken.
12. Das ist das Haus eines gut___ Bekannt___ von mir.
13. Ich habe meine Bekannt___ und Verwandt___ zu diesem Fest eingeladen.
14. Für einen Reich___ ist es schwerer, ins Paradies zu kommen, als für ein___ Arm___.

KARL DER GROSSE

Fragen mit „wann" und Nebensätze mit „wenn" G 2

Wann kommst du?
- Heute abend.
- Heute abend, **wenn** du einverstanden bist.
- **Wenn** ich fertig bin.
- Ich weiß noch nicht, **(wann ich komme)** – vielleicht morgen.

a) „Wann darf ich endlich spielen gehen?" *Formulieren Sie mögliche Bedingungen:*

| lieb sein   Aufgaben gemacht haben   Zimmer aufgeräumt haben   nicht mehr fragen ... |

1. **Wenn** du _____,
2. Wenn _____,
3. Wenn _____, **(dann)** darfst du spielen gehen!
4. Wenn _____,
5. Wenn _____,

b) Wann passierte das? Das passierte jedesmal, wenn ... *Erklären Sie.*

Wann hörte man dieses Klatschen?

Jedesmal wenn jemand unter die Dusche ging, hörte man ...
1. _____
2. _____
3. _____

| jemand ...:   schwamm vorbei   schüttete Wasser in seinen Whisky   sprang ins Wasser |

c) „wenn" oder „wann"? *Ergänzen Sie:*

1. Wissen Sie, _____ der nächste Zug fährt?
2. _____ Sie mich nicht in Ruhe lassen, rufe ich die Polizei.
3. _____ waren Sie zum ersten Mal in den USA?
4. _____ wir Ferien hatten, fuhren wir immer ans Meer.
5. Du mußt das nicht machen, _____ du nicht willst.
6. Immer _____ wir dort waren, hat es geregnet.

26
Sprechen und Schreiben

S 1 Familien-Beziehungen

a) **An welche Personen denken Sie, wenn Sie von Ihrer „Familie" sprechen?** *Notieren Sie.*

b) **Ihre Familie: Wer wohnt wo? Wen sehen Sie oft, nicht oft?** *Notieren Sie in dem Schema:*

Frequenz der Kontakte

nie
selten
manchmal
regelmäßig
sehr oft
täglich

→ Distanz

dieselbe Wohnung | dasselbe Haus | dieselbe Stadt | dieselbe Region | dasselbe Land | Ausland

c) *Erinnern Sie sich noch? Wie war es, als Sie 10 Jahre alt waren?* **Schreiben Sie.**

Das war 19____. Ich lebte in ... (bei ...)
In derselben Wohnung lebten ...

Was hat sich seitdem verändert? Was ist heute anders? Vergleichen Sie Ihre Antworten mit anderen.

d) *Familien heute: Was ist charakteristisch? Gibt es eine neue Tendenz?* **Diskutieren Sie.**

Erinnerungen: Assoziationsketten

S 2

a) *Notieren Sie 3 Dinge, die in Ihrer Vergangenheit eine besondere Bedeutung gehabt haben oder heute eine besondere Bedeutung haben.*

Beispiele:

ein kleines Notizbuch

eine blaue Vase

ein halbvolles Glas

ein weißes Blatt Papier

ein Haus am Meer

b) *Arbeiten Sie mit einer anderen Person aus der Gruppe.*
Tauschen Sie Ihre Zettel aus. Versuchen Sie jetzt, durch Fragen herauszufinden, welche Bedeutung diese Objekte im Leben des anderen haben. Der Befragte antwortet nur mit ja und nein. Finden Sie die Bedeutung heraus?

ERINNERUNGEN AN DIE MARIE A.

An jenem Tag im blauen Mond September
Still unter einem jungen Pflaumenbaum
Da hielt ich sie, die stille bleiche Liebe
In meinem Arm wie einen holden Traum.
Und über uns im schönen Sommerhimmel
War eine Wolke, die ich lange sah
Sie war sehr weiß und ungeheuer oben
Und als ich aufsah, war sie nimmer da.

Seit jenem Tag sind viele, viele Monde
Geschwommen still hinunter und vorbei.
Die Pflaumenbäume sind wohl abgehauen
und fragst du mich, was mit der Liebe sei?
So sag ich dir: ich kann mich nicht erinnern
Und doch, gewiß, ich weiß schon was du meinst.
Doch ihr Gesicht, das weiß ich wirklich nimmer
ich weiß nur mehr: ich küßte es dereinst.

Und auch den Kuß, ich hätt ihn längst vergessen
Wenn nicht die Wolke dagewesen wär
Die weiß ich noch und werd ich immer wissen
Sie war sehr weiß und kam von oben her.
Die Pflaumenbäume blühn vielleicht noch immer
und jene Frau hat jetzt vielleicht das siebte Kind
Doch jene Wolke blühte nur Minuten
Und als ich aufsah, schwand sie schon im Wind.

Bert Brecht

27
Wortschatz

W 1 Verben, Adjektive, Nomen mit Präpositionen

a) Was paßt zusammen? *Notieren Sie.*

1. Man hat Mitleid — d
2. Man freut sich
3. Man ist einverstanden
4. Man ist besorgt
5. Man wundert sich
6. Man ist verliebt
7. Man denkt
8. Man ärgert sich
9. Man hat Angst
10. Man ist traurig
11. Man hilft den Kindern
12. Man glaubt nicht

a) **über** einen Mißerfolg.
b) **über** eine sonderbare Reaktion.
c) **in** eine Kollegin/einen Kollegen.
d) **mit** einem armen Nachbarn.
e) nicht immer gerne **an** die Vergangenheit.
f) **mit** dem Vorschlag eines Kollegen.
g) **über** ein gutes Ergebnis.
h) **vor** großen Hunden oder kleinen Mäusen.
i) **über** seine Zukunft.
j) **beim** Aufräumen.
k) **an** Märchen.
l) **über** die Abfahrt seiner Freunde.

b) So reagieren manche Menschen. *Formulieren Sie.*

1. beim Kartenspielen verlieren : Darüber werden sie wütend.
2. älter werden : _____
3. nicht sofort Erfolg haben : _____
4. was morgen kommt : _____
5. jemand ist anderer Meinung als sie : _____
6. ein anderer hat Pech : _____
7. ein anderer hat Erfolg : _____

> darüber wütend werden   sich darüber freuen   davor Angst haben
> sich darum Sorgen machen   sich darüber ärgern   darüber traurig sein

W 2 Wortbildung: Pronomen mit „irgend-"

Ich will etwas!   Was, das weiß ich nicht genau!   Ich will **irgendetwas!**

Ergänzen Sie die Sätze.

1. **Wer** das macht, ist mir egal, aber _____ muß es machen!
2. **Wann** dieser Zug kommt, weiß niemand, aber _____ kommt er sicher.
3. Ich habe den Paß _____ hingelegt, aber **wohin**, das ist die Frage.
4. Kennst du hier _____? Ich habe diese Leute noch nie gesehen.
5. _____ hat hier geraucht! Das riecht man doch!
6. Diesen Typ habe ich _____ schon einmal gesehen.

> irgendwo   irgendwer   irgendwann   irgendwohin   irgendwen   irgendjemand

Kommunikation: Äußerungen und Reaktionen W 3

a) Lesen Sie die Beispiele.

Wenn man mein**em** Chef **widerspricht**, wird er sofort wütend.
Wenn man weiß, daß man im Unrecht ist, soll man es **zugeben**.
Bitte **bestätigen** Sie mir schriftlich, daß Sie das Geld bekommen haben.
Man hat seine Theorie lange **bezweifelt**, aber sie war richtig.
Ich habe **festgestellt**, daß es diese Adresse gar nicht gibt.
Das Radio hat **gemeldet**, daß es einen Poststreik gibt.

b) Welche Verben bezeichnen Initiativen, Reaktionen oder beides? Ordnen Sie:

| vermuten | feststellen | widersprechen | behaupten | antworten | erklären |
| melden | bezweifeln | bestätigen | äußern | zugeben | bedauern | erwidern | sagen |

Initiative ▶ ▷   ◁ ◀ *Reaktion*

| melden | sagen | antworten |
| äußern | | erwidern |

c) Welche Verben passen? Schreiben Sie:

eine Information *bestätigen*, ...
einen Fehler _____
eine Tatsache _____
ein**em** Gesprächspartner _____
etwas _____

d) Eine sinnlose Diskussion: Ergänzen Sie die Verben.

1. Der Erste   *erzählt*_____, daß er etwas gehört hat.
2. Der Zweite   _____, daß er das schon wußte.
3. Der Dritte   _____, daß ihn das nicht interessiert.
4. Der Vierte   _____, ob er weiter zuhören soll.
5. Der Fünfte   _____, warum die anderen so aufgeregt sind.
6. Der Sechste _____, was der Erste erzählen wollte.
7. Der Siebte   _____, daß er überhaupt gekommen ist.
8. Der Achte   _____ darüber, daß er nicht zu Wort kommt.
9. Der Neunte   _____, warum der zweite im Unrecht ist.
10. Der Zehnte _____, über ein anderes Thema zu sprechen.

| meint |
| schlägt vor |
| bedauert |
| ärgert sich |
| erklärt |
| will wissen |
| wundert sich |
| behauptet |
| erzählt |
| fragt sich |

Grammatik

G 1 Deklination – Nomen: „schwache Maskulina"

Sehr geehrter Herr Müller, grüßen Sie bitte Herr**n** Meyer.
Der Mensch ist der größte Feind des Mensch**en**.

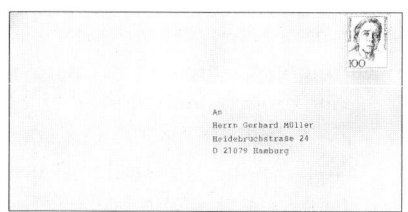

Regel ▷ Manche maskuline Nomen nehmen -(e)n in allen Formen (außer: Nominativ Singular)

	Sg.					Pl.				
Nom.	der	Herr	Junge	Mensch	–	die	Herren	Jungen	Menschen	-(e)n
Akk.	den	Herrn	Jungen	Menschen	-(e)n	die	Herren	Jungen	Menschen	-(e)n
Dat.	dem	Herrn	Jungen	Menschen	-(e)n	den	Herren	Jungen	Menschen	-(e)n
Gen.	des	Herrn	Jungen	Menschen	-(e)n	der	Herren	Jungen	Menschen	-(e)n

maskuline Nomen auf -e (Personen und Tiere)		einige andere maskuline Nomen (Personen)	viele maskuline Fremdwörter (Personen)	
der	**der**	**der**	**der**	**der**
Junge	Chinese	Mensch	Agent	Demokrat
Kunde	Franzose	Herr	Student	Bandit
Kollege	Pole	Prinz	Präsident	Realist
Zeuge	Russe	...	Emigrant	Fotograf
Affe	...			...
Löwe				
...				
auch: Name		Bär		

✏️ *Ergänzen Sie die Endungen des Nomens:*

1. Kennen Sie den kleinen Jung____ dort?
2. Der Löw____ ist aus dem Zirkus geflohen.
3. Geben Sie Herr____ Krause diesen Brief.
4. Wo ist der Bericht dieses Student____?
5. Mensch____ sind nun mal so!
6. Du bist und bleibst ein Optimist____.
7. Ich war Zeug____ bei diesem Ereignis.
8. Es gab keinen Zeug____ bei dem Unfall.
9. Die Fee hat den Bär____ in einen Prinz____ verwandelt.
10. Der Mensch____ ähnelt dem Aff____, ...
11. ... denn der Aff____ ist der Vorfahre des Mensch____.
12. Leider habe ich deinen Name____ vergessen.
13. Wie war noch einmal Ihr Name____?

Komplexe Sätze　　　　　　　　　　　　　　　　　　　　　　　　　　　　　　　**G 2**

a) Lesen Sie die 3 Sätze und unterstreichen Sie das konjugierte Verb des Hauptsatzes.

1. Als Schlock nach einer Viertelstunde wiederkam, war er völlig verwandelt, weil er Zaza am Swimmingpool gesehen hatte.

2. Herr Gröger wollte wissen, wie Herr Schlock auf die Idee kam, daß Zazas Vater in Rio verschwunden war.

3. Herr Schlock bedauerte, daß Herr Gröger an die Möglichkeit, daß es Zazas Vater war, der in Rio verschwand, überhaupt nicht gedacht hatte.

4. Er hatte den Mann, der mit Zaza sprach, schon einmal gesehen, als er mit dem Fernglas vor Zazas Haus gestanden hatte.

b) Welcher Satz (1–4) paßt zu welchem Schema?

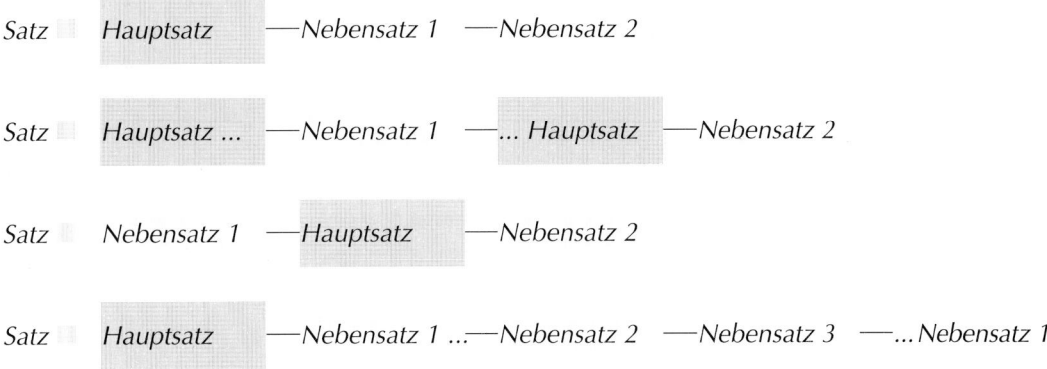

c) Finden Sie einen anderen Beispielsatz für jedes Schema:
1. ......　　　3. ......
2. ......　　　4. ......

d) Zeichnen Sie das Schema des folgenden Satzes:

5. An die Möglichkeit, daß der Professor in Zaza verliebt war, wollte Schlock nicht denken, weil ihn das wütend machte, obgleich es dafür eigentlich keinen Grund gab.

27
Sprechen und Schreiben

S 1 Berichte

a) **Wie ist normalerweise die Reihenfolge?** *Notieren Sie 1–11.*

____ heiraten
____ zusammen <u>aus</u>gehen
____ sich <u>kennen</u>lernen
____ sich immer öfter streiten
____ Kinder bekommen
____ <u>zusammen</u>leben
____ zusammen schlafen
____ sich ineinander verlieben
____ einander lange Briefe schreiben
____ sich bei den Eltern <u>vor</u>stellen
____ sich trennen (?)

b) Erzählen Sie jetzt die Geschichte der beiden: beginnen Sie mit „Gestern ..."

Gestern haben sie ...   19... hatten sie ...   Später ... ...   Heute ...

S 2 Ein Picknick

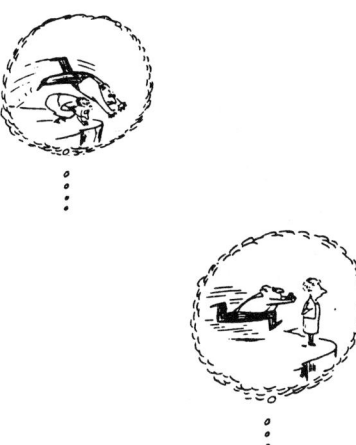

a) Beschreiben Sie die Szene genau.
b) Welche „Denkblase" paßt zu dem Mann? ... zu der Frau? Erklären Sie Ihre Antwort.
c) Wie ist es zu dieser Szene gekommen? Was ist geschehen? Worüber haben die beiden gesprochen?
   Sammeln Sie Ideen.
d) Schreiben Sie dann einen kurzen Bericht darüber.

Verschiedene Wahrnehmungen

S 3

a) Was sehen Sie? *Kreuzen Sie an.*

　　ein halbvolles Glas　　　　ein freundliches Gesicht　　　　eine junge Frau
　　ein halbleeres Glas　　　　ein ärgerliches Gesicht　　　　　eine alte Frau

b) Sehen „Reiche" anders als „Arme"? *Lesen Sie den Text.*

Es gibt ein sehr bekanntes Experiment im Bereich der Psychologie, den sogenannten „Münzversuch":

Man testete 2 Gruppen von sechsjährigen Jungen.

In der einen Gruppe waren Jungen aus ärmeren Familien, in der anderen Jungen aus Familien, die reicher waren.

1. Man zeigte den Kindern aus beiden Gruppen eine Geldmünze, z.B. eine 10-Pfennig-Münze. Dann nahm man die Münze wieder weg und die Kinder sollten sich erinnern, wie groß die Münze gewesen war.

2. Danach machte man dasselbe Experiment mit Münzen von verschiedenem Wert: zum Beispiel mit einer 50 Pfennig-Münze und einem 5 Mark-Stück.

3. Schließlich zeigte man den Kindern ein anderes Objekt: eine kleine, runde Scheibe aus gelbem Papier, ungefähr von der gleichen Größe wie eine Geldmünze.
Die Aufgabe war dieselbe wie bei den ersten beiden Experimenten: die Kinder sollten aus der Erinnerung schätzen, wie groß die Scheibe gewesen war.

c) Was wollten die Forscher, die dieses Experiment organisiert hatten, herausfinden?
Notieren Sie alle Fragen, die die Forscher (hier: die Psychologen) sich wahrscheinlich gestellt hatten.

d) Wie waren wohl die Ergebnisse dieses Experiments? Was denken Sie?
Was ist Ihrer Meinung nach richtig, was ist falsch?

	R	F
Die Kinder aus beiden Gruppen sahen		
– die Münzen so groß, wie sie wirklich waren	☐	☐
– die Münzen größer, als sie wirklich waren	☐	☐
Bei den Antworten gab es		
– keine Unterschiede zwischen den beiden Gruppen	☐	☐
– nur individuelle Unterschiede	☐	☐
Der Wert der Münze hatte einen Einfluß auf die Antworten.	☐	☐
Wenn man das Experiment mit den gelben Papierscheiben machte,		
– waren die Ergebnisse gleich.	☐	☐

e) Vergleichen Sie Ihre Antworten mit den anderen und begründen Sie sie.

f) Lesen Sie den folgenden Text, der das gleiche Experiment beschreibt.
Finden Sie eine Bestätigung für Ihre Vermutungen? Erklären Sie das Schaubild.

Sehen wir, was wir gerne sehen wollen?

Die amerikanischen Psychologen Bruner und Postman führten 1947 einen Versuch durch, der inzwischen als wichtiges Experiment in die Geschichte der Psychologie eingegangen ist: der sogenannte Münzversuch.

Die Forscher bildeten zwei Gruppen sechsjähriger Jungen. Die eine Gruppe bestand aus Kindern der oberen sozialen Schicht, die andere aus Kindern der untersten sozialen Schicht, deren Eltern in Notwohnungen wohnten.

Die beiden Psychologen zeigten den Kindern nacheinander Münzen verschiedener Größe. Dann entfernten sie jedesmal die Münze, und die Kinder wurden aufgefordert, die vermutete Größe der Münze mit einem verstellbaren Lichtkreis einzustellen. Als Ergebnis stellte sich heraus, daß alle Kinder dazu neigten, die Geldmünzen in ihrer Größe zu überschätzen. Noch überraschender war jedoch der Vergleich zwischen den beiden Gruppen: Die Kinder aus den armen Familien sahen die Geldstücke deutlich größer als die Kinder aus den reichen Familien.

Die Forscher nahmen dann statt der Geldmünzen Scheiben aus starkem Papier. Nun wurde die Größe im Durchschnitt richtig eingeschätzt.

Sehen wir also die Geldmünzen mit „anderen Augen" als Pappscheiben? Und sehen „Reiche" anders als „Arme"?

Verschiedene ähnliche Experimente beweisen tatsächlich: Wie, wann und was wir sehen, hängt davon ab, wer und was wir sind.

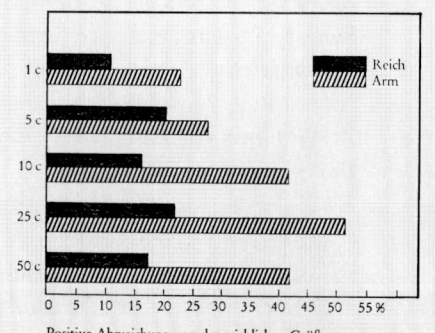

Positive Abweichung von der wirklichen Größe

Ergebnis des Versuchs: _____ Kinder sehen Münzen größer als _____ Kinder

g) Was sagt das über unsere Wahrnehmungen (hören, sehen, lesen, fühlen ...)?
Kennen Sie andere Beispiele in anderen Kontexten, wo verschiedene Personen dieselbe Sache verschieden wahrnehmen?

Wortschatz
Der lange Weg zur Wahrheit W 1

bemerken:	Ich habe nicht sofort **bemerkt**, daß etwas mit ihr nicht stimmte.
auffallen:	Doch dann **ist mir** ihr sonderbares Benehmen **aufgefallen**.
erfahren:	Dann **habe ich** von jemandem **erfahren**, daß sie eigentlich blond war.
entdecken:	Ich habe auch **entdeckt**, daß ihre Adresse falsch war.
herausfinden:	Schließlich **habe ich herausgefunden**, wie sie wirklich heißt.
erfinden:	**Sie hatte** ihren ganzen Lebenslauf von A bis Z **erfunden**.

a) Welche Verben passen? *Notieren Sie (oft sind mehrere Antworten möglich):*

1. etwas Sonderbares
2. die Wahrheit
3. eine neue Technologie
4. einen neuen Kontinent
5. einen neuen Apparat

a) erfahren a)
b) entdecken b)
c) bemerken c)
d) herausfinden d)
e) erfinden e)

6. einen Beweis
7. eine Neuigkeit
8. ein Geheimnis
9. eine Lüge
10. einen Fehler

b) Wortbildung: *Bilden Sie die Wörter und ergänzen Sie die Sätze.*

Handlung	:	erfahren	erfinden	entdecken
Person, die das tut	:	–	**der** Erfind**er**	_____
Ergebnis	:	**die** Erfahr**ung**	_____	_____

1. Die Firma sucht einen Personalchef mit _____.
2. Vielleicht war Kolumbus gar nicht der _____ Amerikas.
3. Wir haben ein tolles Restaurant in der Altstadt _____.
4. Wer hat das erste Auto _____?
5. Als sie die Tür öffneten, machten sie eine schreckliche _____.
6. Soll ich dir mal erzählen, was ich über den Chef _____ habe?
7. Das Geld ist eine _____ des Teufels.

Emotionen W 2

Welche Emotion paßt? *Ergänzen Sie.*

Er/Sie ...
1. war sprachlos   vor Freude
2. tanzte   vor _____
3. sprang in die Luft   _____
4. war weiß   _____
5. war rot   _____
6. konnte kaum sprechen   _____
7. er vergaß alles   _____
8. hatte keinen Appetit mehr   _____
9. weinte   _____
10. klatschte in die Hände   _____
11. konnte nicht schlafen   _____

Glück
Freude
Begeisterung
  (= Enthusiasmus)
Angst
Sorge
Ärger
Aufregung
Wut

28
Grammatik

G 1 Verb: das Futur

a) Wie wird das Buch zu Ende gehen? Was erwartet Gröger und Schlock in Kapitel 29?
Kreuzen Sie an:

- Sie **werden** endlich alles **verstehen**.
- Es **wird** wieder eine böse Überraschung für sie **geben**.
- Zaza **wird** wahrscheinlich wieder **verschwinden**.
- Nichts **wird geschehen**.

Futur:	werd**en**	+	*Infinitiv des Verbs*
ich	werd**e**		versteh**en**
du	wir**st**		geb**en**
er/es/sie	wir**d**		**sein**
wir	werd**en**		komm**en**
ihr	werd**et**		hab**en**
sie/Sie	werd**en**		werd**en** ...

Regel ▷ Das Futur braucht man nur, wenn die Bedeutung ohne das Futur nicht klar wird.

Man versteht auch ohne das Futur:
Er kommt **nächste Woche**.
Wenn du lieb bist, schenke ich dir etwas.
Heute abend gehen wir ins Kino.
In 3 Jahren mache ich mein Examen.

Man versteht besser mit dem Futur:
Ich **werde** das nie mehr wieder tu**n**!
Wann **wirst** du dort sein?
Wie **werden** sie wohl reagier**en**?
Sie **werden** wohl nicht bis ans Ziel komm**en**.

b) Die Zukunft eines Mädchens: Was die Hellseherin sieht:

Ein schöner Prinz kommt auf seinem weißen Pferd. Er bittet um die Hand des armen Mädchens. Das arme Mädchen ist sehr glücklich und sagt natürlich „ja". Der Prinz nimmt es mit in das Schloß seiner Eltern. Der alte König freut sich, aber die böse Königin wird wütend, weil das junge Mädchen so schön ist. Sie ruft die böse Hexe, und diese Hexe verwandelt das Mädchen in einen Schmetterling. ...

c) Was erklärt sie dem Mädchen? *Schreiben Sie:*
Ein schöner Prinz **wird** auf seinem weißen Pferd **kommen**. Er **wird** ...

Syntax: Nebensätze mit dem Infinitiv + „zu" G 2

Schlock versuchte, die Bänder **zu** verstecken.

a) Ergänzen Sie die Sätze.

> Angst davor haben   nie versuchen   oft vergessen   keine Lust haben
> es schrecklich finden   oft das Gefühl haben

Leute mit Kontaktschwierigkeiten:
1. Sie _____, Freunde und Bekannte an**zu**rufen.
2. _____, im Restaurant mit Fremden an einem Tisch **zu** essen.
3. _____, etwas **zu** probieren, was sie noch nie gegessen haben.
4. _____, neue Leute kennen**zu**lernen.
5. _____, ins Ausland **zu** fahren.
6. _____, nicht mit den anderen lachen **zu** können.

b) Check-Liste: Regeln, wenn man für längere Zeit wegfährt. *Formulieren Sie.*

> das Licht <u>aus</u>machen   die Blumen noch mal gießen   alle Rechnungen bezahlen
> meinen Freunden meine Adresse geben   alle wichtigen Sachen verstecken
> das Wasser <u>ab</u>stellen   die Türe <u>ab</u>schließen   dem Hausmeister Bescheid sagen ...

Habe ich nicht vergessen, ... ?   Habe ich daran gedacht, ... ?
1. ... das Licht auszumachen?   6. _____
2. _____   7. _____
3. _____   8. _____
4. _____   9. _____
5. _____   10. _____

c) Erfinder und Entdecker. *Ergänzen Sie die Sätze.*

> Alles, was ein Mensch sich
> vorstellen kann, werden
> andere Menschen verwirklichen.
>   *Jules Verne*

> auf dem Mond landen   fliegen können
>   Roboter erfinden
> die Geheimnisse des Universums <u>heraus</u>finden
>   andere Menschen auf anderen Sternen entdecken ...

Die Menschen haben immer davon geträumt, ...
1. ... auf dem Mond **zu** landen.
2. ... _____
3. ... _____
4. ... _____
5. ... _____
6. ... _____

G 3 Syntax: Nebensätze mit „als" und „wenn" (siehe auch K 26)

Vergangenheit	Das geschah **einmal**:	Er wollte **gerade** die Tonbänder einpacken, **als** jemand an die Zimmertür klopfte.
	Das geschah **mehrmals**:	**Jedesmal, wenn** diese Frau den Mund aufmachte, saßen sie wie zwei Vollidioten da.

(Einmal / Gerade)

Als er klein war,	**Als er größer wurde,**	**Als er 18 wurde,**	**Heute**
wollte er Kapitän werden.	wollte er Pilot werden.	wollte er Rock-Sänger werden.	ist er Apotheker.

(Immer / Jedesmal / Oft)

Wenn er ein Schiff sah,	**Wenn er ein Flugzeug sah,**	**Wenn er Rock-Musik im Radio hörte,**	**Wenn er den Bundeskanzler sieht,**
wollte er Kapitän werden.	wollte er Pilot werden.	wollte er Rock-Sänger werden.	möchte er Politiker werden.

a) Zu welcher Aussage passen die Kommentare (a–b)? *Notieren Sie.*

1. – Als er sie sah, wurde er weiß. b
   – Wenn er sie sah, wurde er rot.

   a) Er war sehr verliebt in sie!
   b) Er wußte sofort, daß sie gefährlich war.

2. – Als sie ankam, war er ganz nervös.
   – Wenn sie kam, lief er ihr entgegen.

   a) Er hatte sich Sorgen um sie gemacht.
   b) Er wollte immer der erste sein, der mit ihr sprach.

3. – Wenn er eine Rechnung sah, begann er zu schimpfen.
   – Als er die Rechnung sah, begann er zu schimpfen.

   a) Sie war voller Fehler.
   b) Deshalb wollte niemand mit ihm im Restaurant essen.

b) Eine Liebesgeschichte: „wenn" oder „als"? *Ergänzen Sie und erzählen Sie weiter.*

1. Sie hatte ihn zum ersten Mal gesehen, _____ sie 17 Jahre alt war.
2. _____ sie später daran zurückdachte, mußte sie oft lachen:
3. Wie dumm Mädchen doch sein können, _____ sie 17 Jahre alt sind.
4. _____ er sie angesprochen hatte, war sie rot geworden.
5. _____
6. _____

Syntax: Relativsätze mit Präpositionen. (Relativsätze: Kapitel 15) G 4

Das ist die Frau. Wir suchen **die** Frau.   Das ist das Haus. Sie wohnt **in dem** Haus.

Das ist die Frau, **die** wir suchen.   Das ist das Haus, **in dem** sie wohnt.

Präpositionen: +   *Relativpronomen:*

+ Akk oder + Dat	in an auf vor ...	+ Akk + Dat.	für ohne ... zu bei ...

	M	N	F	Pl.
Akk.	den	das	die	die
Dat.	dem	dem	der	denen

a) Was ist das wohl? *Bilden Sie die Nomen:*
1. eine Maschine, mit der man Kaffee macht: *eine Kaffeemaschine*
2. ein Apparat, mit dem man sich rasiert: _____
3. ein Album, in das man Fotos klebt: _____
4. ein Buch, in dem alle Telefonnummern stehen: _____
5. eine Brücke, über die nur Fußgänger gehen: _____
6. eine Wohnung, von der man träumen kann: _____
7. ein Gerät, durch das man sieht, was fern ist: _____
8. ein Platz, auf dem man Fußball spielt: _____

b) Wer möchte das nicht gerne sein! *Formulieren Sie:*
1. alle warten auf ihn :   jemand, auf den alle warten
2. alle sprechen von ihm: jemand, von _____
3. alle sind ratlos ohne ihn: jemand, _____
4. alle haben Respekt vor ihm: jemand, _____
5. man sagt nur Gutes über ihn: jemand, _____
6. für ihn ist nichts unmöglich: jemand, _____
7. alle haben Vertrauen in ihn: jemand, _____
8. jeder will mit ihm zusammen sein: jemand, _____

c) Was bedeuten diese Wörter wohl? *Erklären Sie:*

                        das ist/sind ...

1. der Gegenspieler: ein Spieler,   gegen den man spielt
2. das Mikroskop: ein Gerät,   durch _____
3. die Geschäftsreise: _____   bei _____
4. das Tabuthema: _____   über _____
5. Schulfreunde (Pl.):   _____   mit _____

28 Sprechen und Schreiben

S 1 Bücher, Bücher ...

 1

Günter Grass: Die Blechtrommel — Roman — dtv

2

Hannelore Schütz-Doinet Mut zur Lust — Frauen & Sex — humboldt

 3

APA GUIDES ÖSTERREICH

 4

MÄRCHEN DER WELT — Märchen von Brüdern und Schwestern — FISCHER

 5

rororo — **Friedrich Dürrenmatt** Der Verdacht

A In zahlreichen Märchen kann man das Schicksal des Märchenhelden erst aus der Beziehung zu den Geschwistern verstehen. So ist häufig der Jüngste scheinbar der Schwächste, am Ende erweist er sich aber oft als der Klügste. Brüder rivalisieren um Macht und Stärke, während es bei Schwestern meist um Schönheit und Eifersucht geht.

B „Über die Jahrhunderte hat dieses Land mehr elegante Architektur, Lebensart und große Komponisten hervorgebracht, als man von einem Land seiner Größe erwarten darf." So formuliert es in brillanter Untertreibung ein Reiseprospekt. Vielleicht haben Sie Lust, diese atemberaubende Landschaft einmal selbst zu erkunden?

C Lust statt Frust, Freude statt Schuldgefühle, Hingabe statt Ablehnung. Frauen zwischen 24 und 58 machen Mut für ein neues Lernen im Umgang mit Sexualität. In dem Ratgeber sammelt Hannelore Schütz-Doinet Erfahrungsberichte aus verschiedenen Seminaren mit Frauen aus allen sozialen Schichten und Lebensbereichen.

D Kriminalkommissar Bärlach begibt sich diesmal als Patient in die Macht eines verbrecherischen Arztes, um unter Lebensgefahr dessen dunkle Vergangenheit aufzudecken. Der Schweizer Dichter und Dramatiker enthüllt die pathologische Physiognomie und Psyche einer Zeit, die den Menschen an den Unmenschen ausliefert.

E Der Roman, der auch die Grundlage der berühmten Verfilmung lieferte, schildert aus der Perspektive des Oskar Matzerath ein deutsches Schicksal zwischen 1930 und 1950. Der Junge, der mit drei Jahren aufhört zu wachsen, macht mit der Trommel auf den Kleinbürgermief in seiner Heimatstadt Danzig aufmerksam.

a) Lesen Sie Titel (1–5) und Texte (A–E): Welche gehören wohl zusammen?
  1 ▪ 2 ▪ 3 ▪ 4 ▪ 5 ▪

b) Welche Fragen stellen Sie sich, wenn Sie jemandem ein Buch schenken wollen?
Notieren Sie gemeinsam alle Fragen, die man sich stellen soll.

c) Spielen Sie mit einer Person der Gruppe. Sie möchten ihr/ihm ein Buch schenken.
Welches der Bücher (1–5) wählen Sie? Warum? Wie gut kennen Sie sie/ihn? Wie beantworten Sie die Fragen (b) für sie/ihn?

d) „Beschenken" Sie jetzt Ihren Partner/Ihre Partnerin. Erklären Sie ihm/ihr, warum Sie dieses Buch gewählt haben. Finden Sie heraus, ob Sie mit Ihren Vermutungen recht hatten, oder ob Sie sich getäuscht haben.

Deklination G 1

1. Nomen

	Singular			Plural			
	Maskulinum	Neutrum	Femininum	-er	-e	-(e)n	-s
Nom.	Mann Herr	Kind	Frau	Männer	Leute	Herren Frauen	Babys
Akk.	Mann Herrn	Kind	Frau	Männer	Leute	Herren Frauen	Babys
Dat.	Mann Herrn	Kind	Frau	Männern	Leuten	Herren Frauen	Babys
Gen.	Mannes Herrn	Kindes	Frau	Männer	Leute	Herren Frauen	Babys

2. Adjektive vor dem Nomen

	Maskulinum	Neutrum	Femininum	Plural
Nom.	der neue Roman ein neuer Roman neuer Roman	das neue Buch ein neues Buch neues Buch	die neue Novelle eine neue Novelle neue Novelle	die neuen Texte neue Texte
Akk.	den neuen Roman einen neuen Roman neuen Roman	das neue Buch ein neues Buch neues Buch	die neue Novelle eine neue Novelle neue Novelle	die neuen Texte neue Texte
Dat.	dem neuen Roman einem neuen Roman neuem Roman	dem neuen Buch einem neuen Buch neuem Buch	der neuen Novelle einer neuen Novelle neuer Novelle	den neuen Texten * neuen Texten
Gen.	des neuen Romans eines neuen Romans * neuen Romans	des neuen Buchs eines neuen Buchs * neuen Buchs	der neuen Novelle einer neuen Novelle neuer Novelle	der neuen Texte neuer Texte

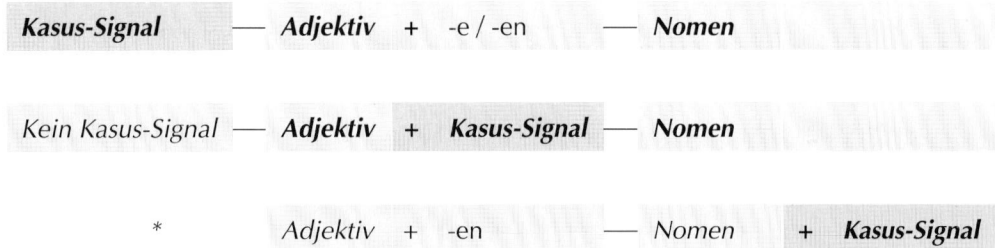

Kasus-Signal — *Adjektiv* + -e / -en — *Nomen*

Kein Kasus-Signal — **Adjektiv** + **Kasus-Signal** — *Nomen*

*   *Adjektiv* + -en — *Nomen* + **Kasus-Signal**

3. Pronomen:
einer, ...
keiner, ...
meiner, deiner, seiner, ...

Reflexivpronomen: mich, dich, sich, ...

	M	N	F	Pl.
Nom.	einer keiner meiner	ein(e)s kein(e)s mein(e)s	eine keine meine	welche keine meine
Akk.	einen keinen meinen	ein(e)s kein(e)s mein(e)s	eine keine meine	welche keine meine
Dat.	einem keinem meinem	einem keinem meinem	einer keiner meiner	welchen keinen meinen
Gen.	–			

	M	N	F	Pl.
Nom.	ich	du	er es sie sie/Sie	wir ihr
Akk.	mich	dich	sich	uns euch
Dat.	mir	dir		

G 2 Verben mit präpositionalen Objekten

Die beiden — sprechen — **mit** Zaza — **über** ihre Pläne. = *präposit. Objekte*

Regel: ▷ *Viele Verben können ein präpositionales Objekt haben.*
Die Präposition determiniert den Kasus des präpositionalen Objekts.

Beispiele:

Verben	+ Präposition + Dativ		Verben	+ Präposition + Akkusativ		Verben	+ Präposition + Akk. oder Dat.	
träumen	von	Dat.	bitten	um	Akk.	denken	an	Akk.
passen	zu	Dat.	warten	bis	Akk.	arbeiten	an	Dat.
anfangen	mit	Dat.	spielen	gegen	Akk.	warten	auf	Akk.
suchen	nach	Dat.	danken	für	Akk.	warnen	vor	Dat.
...		Dat.	...		Akk.	...		

Verb: Zeitformen

G 3

1. Das Präsens: (▷ Kapitel 17)

2. Das Präteritum:

Infinitiv:	sein	geben	wohnen	warten	haben	denken	können	-en
Präteritum-Signal:	Verb ≠ Infinitiv		Verb = Infinitiv + -(e)te		Verb ≠ Infinitiv + -te			**Endung**
ich	war	gab	wohnte	wartete	hatte	dachte	konnte	–
du	warst	gabst	wohntest	wartetest	hattest	dachtest	konntest	-st
er/es/sie	war	gab	wohnte	wartete	hatte	dachte	konnte	–
wir	waren	gaben	wohnten	warteten	hatten	dachten	konnten	-(e)n
ihr	wart	gabt	wohntet	wartetet	hattet	dachtet	konntet	-t
sie/Sie	waren	gaben	wohnten	warteten	hatten	dachten	konnten	-(e)n

3. Das Perfekt: (▷ Kapitel 17)

4. Das Plusquamperfekt:

Perfekt:	ich	bin	gekommen	ich	habe	gemacht
Plusquam-perfekt:	ich	war	gekommen	ich	hatte	gemacht
	du	warst	gegangen	du	hattest	gekauft
	er/es/sie	war	geflogen	er/es/sie	hatte	erklärt
	wir	waren	eingestiegen	wir	hatten	mitgenommen
	ihr	wart	gewesen	ihr	hattet	gehabt
	sie/Sie	waren	...	sie/Sie	hatten	...

5. Das Futur:

Futur:	werden	+	Infinitiv des Verbs
ich	werde		verstehen
du	wirst		geben
er/es/sie	wird		sein
wir	werden		kommen
ihr	werdet		haben
sie/Sie	werden		werden ...

G 4 Unregelmäßige Verben: Veränderungen des Verbstammes

A B C	Infinitiv A	Präteritum B	Perfekt C	Infinitiv A	Präteritum B	Perfekt C
	i	**a**	**u**	**e/i**	**a**	**o**
	finden	fand	gefunden	helfen	half	geholfen
	klingen	klang	geklungen	nehmen	nahm	genommen
	singen	sang	gesungen	sprechen	sprach	gesprochen
	springen	sprang	gesprungen	stehlen	stahl	gestohlen
	trinken	trank	getrunken	sterben	starb	gestorben
	verbinden	verband	verbunden	treffen	traf	getroffen
	verschwinden	verschwand	verschwunden	werden	wurde*	geworden
	...	...	...	...	...	...
	i	**a**	**o**	**i**	**a**	**e**
	beginnen	begann	begonnen	bitten	bat	gebeten
	gewinnen	gewann	gewonnen	liegen	lag	gelegen
	schwimmen	schwamm	geschwommen	sitzen	saß	gesessen
	...	...	...	...	...	...

A B A	A	B	A	A	B	A
	e/i	**a**	**e**	**a/ä**	**i(e)**	**a**
	essen	aß	gegessen	fallen	fiel	gefallen
	geben	gab	gegeben	fangen	fing	gefangen
	geschehen	geschah	geschehen	gefallen	gefiel	gefallen
	lesen	las	gelesen	halten	hielt	gehalten
	sehen	sah	gesehen	lassen	ließ	gelassen
	treten	trat	getreten	schlafen	schlief	geschlafen
	vergessen	vergaß	vergessen	laufen	lief	gelaufen
	...	...	...	...	...	...
	kommen*	kam	gekommen*	gehen*	ging	gegangen*
				rufen*	rief	gerufen*
	a/ä	**u**	**a**	stoßen*	stieß	gestoßen*
	(ein)laden	(ein)lud	(ein)geladen			
	fahren	fuhr	gefahren	*Verben mit *) : andere Formen*		
	schlagen	schlug	geschlagen			
	tragen	trug	getragen			
	waschen	wusch	gewaschen			
	...	...	...			

A B B	A	B	B	A	B	B
	ei	i(e)	i(e)	i(e)	o	o
	beweisen	bewies	bewiesen	bieten	bot	geboten
	bleiben	blieb	geblieben	ziehen	zog	gezogen
	entscheiden	entschied	entschieden	fliegen	flog	geflogen
	scheinen	schien	geschienen	gießen	goß	gegossen
	schneiden	schnitt	geschnitten	schießen	schoß	geschossen
	schreiben	schrieb	geschrieben	schließen	schloß	geschlossen
	schweigen	schwieg	geschwiegen	verlieren	verlor	verloren
	steigen	stieg	gestiegen	...	...	...
	streiten	stritt	gestritten	lügen*	log	gelogen
	übertreiben	übertrieb	übertrieben	wissen	wußte*	gewußt*
	vergleichen	verglich	verglichen			
	...	...	...			
	heißen	hieß	geheißen*			

	e	a	a
	denken	dachte	gedacht
	kennen	kannte	gekannt
	nennen	nannte	genannt
	rennen	rannte	gerannt
	stehen	stand	gestanden
	verstehen	verstand	verstanden
	...	...	...
	bringen*	brachte	gebracht
	haben*	hatte	gehabt
	tun*	tat	getan

				sein	war	gewesen

Modalverben

wollen	wollte	gewollt/ wollen
sollen	sollte	gesollt/ sollen
müssen	mußte	gemußt/ müssen
können	konnte	gekonnt/ können
dürfen	durfte	gedurft/ dürfen
mögen	mochte	gemocht/ mögen

Formen von Verben mit Präfixen = Formen der gleichen Verben ohne Präfix

kommen	kam	gekommen	
bekommen	bekam	bekommen	▷ *untrennbares Präfix: kein* **ge-**
ankommen	(an)kam (an)	angekommen	

G 5 Syntax: Position 1 im Hauptsatz (Aussage-Satz)

Position 1	Verb	...	(Verb)

Subjekt:

Position 1		Verb	...	(Verb)	
Ein Kollege		hat	ihr dieses Buch	gegeben	.
Ein Kollege ihres Freundes		hat	ihr dieses Buch	gegeben	.
Ein Kollege,	der ihr helfen wollte,	hat	ihr dieses Buch	gegeben	.

andere Satzelemente:

Position 1		Verb	...	(Verb)	
Gestern		hat	er ihr dieses Buch	gegeben	.
Dieses Buch		hat	er ihr gestern	gegeben	.
Das Buch,	das sie gerade liest,	hat	ihr ein Kollege	gegeben	.
Als sie ihren Kollegen um Rat fragte,		hat	er ihr dieses Buch	gegeben	.
Als er hörte,	daß sie Hilfe brauchte,	hat	er ihr dieses Buch	gegeben	.

Konjunktionen vor dem Hauptsatz:

		Position 1	Verb	...	(Verb)	
Satz 1 ...,	und / oder / aber / doch / denn	ein Kollege	hat	ihr das Buch	gegeben	.

G 6 Syntax: Positionen im Nebensatz

1. Nebensätze mit Konjunktionen

Glauben Sie nicht,	daß	ich	mir das alles	gefallen	lasse .
daß weil obwohl ... wenn als seit bis ... was wie wo ...	Subjekt	...			

2. Nebensätze mit Infinitiv + zu

Ich habe keine Lust,		mir das alles	gefallen	zu lassen .
		...		zu + Infinitiv

Syntax: Relativsätze — G 7

👁 *Funktion: Relativsätze ergänzen ein nominales Element.*

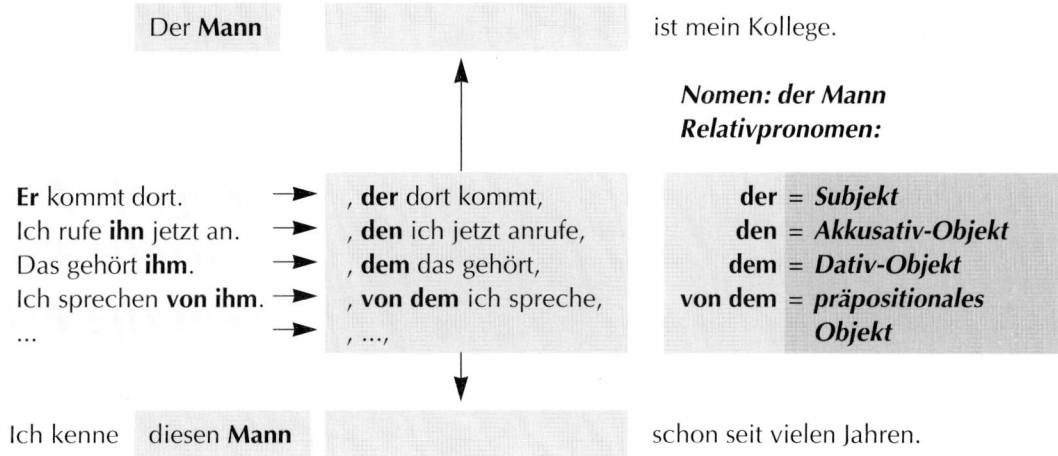

Er kommt dort. → , **der** dort kommt,	**der** = *Subjekt*
Ich rufe **ihn** jetzt an. → , **den** ich jetzt anrufe,	**den** = *Akkusativ-Objekt*
Das gehört **ihm**. → , **dem** das gehört,	**dem** = *Dativ-Objekt*
Ich sprechen **von ihm**. → , **von dem** ich spreche,	**von dem** = *präpositionales Objekt*
... → , ...,	

Ich kenne diesen **Mann** schon seit vielen Jahren.

K 1
Phonetik und Orthographie

1 Intonation: Frage und Antwort

a) Hören Sie und sprechen Sie nach.

1. Wo ist Paris?   Paris ist in Frankreich.
2. Wo ist Madrid?   Madrid ist in Spanien.
3. Wo ist Wien?   Wien ist in Österreich.
4. Wo ist Zürich?   Zürich ist in der Schweiz.

b) Hören Sie und sprechen Sie nach.

1. Sind Sie müde? ↗   Ja, ich bin müde. ↘
2. Schlafen Sie? ↗   Nein, ich schlafe nicht. ↘
3. Sind Sie Student? ↗   Ja, ich bin Student. ↘
4. Sind Sie musikalisch? ↗   Nein, ich bin nicht musikalisch. ↘

2 Phonetik: Konsonanten „ch" und „sch"

Was hören Sie? „ch" oder „sch"? Kreuzen Sie an ✗.

	ch	sch			ch	sch
Beispiel: kriti...		✗				
1. sportli...			5. i...			
2. musikali...			6. komi...			
3. Frankrei...			7. ni...t			
4. sympathi...			8. Mün...en			

3 Orthographie

Hören Sie und schreiben Sie.

Beispiel: Sind Sie m_ü_de?

1. Ich bin nerv__s.
2. Ich ____lafe ni__t.
3. Ist ____lock sympathi__?
4. H__ren Sie.
5. Gröger ist komi____.
6. Sind Sie in M__nchen?

K 2

Phonetik und Orthographie
Wortgrenzen   1

Hören Sie und markieren Sie (|). *Beispiel:* warten|finde|ich|normal

1. dietouristensucheneinhotel
2. siesindnervössiefindendieadressenicht
3. zweimännerwarteninderubahn
4. einefraukommtundsteigtein

Intonation: Fragen   2

Hören Sie und markieren Sie (↗ *oder* ↘). *Beispiel:* Wann kommen Sie ↘

1. Wo ist das Foto ____
2. Ist Schlock nervös ____
3. Was sind Gröger und Schlock ____
4. Sind sie Kollegen ____
5. Wer ist das ____
6. Ist das Zaza ____
7. Warum wartet sie ____
8. Warten Sie ____
9. Ist das normal ____
10. Was sagt der Mann ____

Phonetik: Konsonanten „sch" und „s"   3

a) *Was hören Sie? „sch" oder „s"? Kreuzen Sie an* ✗.

	sch	s		sch	s		sch	s
Beispiel: schlafe	✗							
schreibe			Schein			schön		
Start			Spion			Student		
Sprache			Stadt			schnell		
Chef			Sie			Spiel		
sein			charmant			Straße		

b) *Ordnen Sie.*

Ich höre „sch": schlafe ...
Ich höre „s": ____

c) *Hören und Schreiben: was ist charakteristisch?*

Ich höre „sch" und schreibe: s(t) ...

Orthographie: „i" oder „ie"? Schreiben Sie.   4

1. H__r __st das Foto.
2. W__ f__nden S__ das Foto?
3. __ch f__nde das Foto wunderbar.
4. Entschuld__gen S__, __ch n__cht.
5. Sehen S__, w__ s__ lächelt.
6. Und h__r b__n __ch, das s__nd S__

K 3
Phonetik und Orthographie

1 Intonation: Fragen

Hören Sie und markieren Sie (↗ oder ↘).

1. Sind Sie müde?___ Müde?_____ Ich?____ Nein, ich bin nicht müde.____
2. Schlafen Sie?____ Schlafen?___ Ich?____ Nein, ich schlafe nicht.____
3. Sprechen Sie?____ Sprechen?___ Ich?____ Nein, ich spreche nicht.____

2 Phonetik: Konsonanten „s", „sch", „z", „t"

Sie hören ein Wort und dann 3 verschiedene Wörter (a, b, c).
Wo hören Sie das Wort noch einmal? Kreuzen Sie an ✗.

	Wort	Wort a	Wort b	Wort c			Wort	Wort a	Wort b	Wort c
Beispiel:	Sie:		✗			3.	zehn:			
1.	Zahl:					4.	zu:			
2.	Tee:									

3 Phonetik: „-er" und „-e" am Wortende

a) Was hören Sie? „-er" wie in Gröger oder „-e" wie in Suche? Kreuzen Sie an ✗.

	-er	-e			-er	-e			-er	-e
Beispiel: find...		✗								
müd...				Vat...				Sprach...		
Partn...				Frag...				Sprech...		
Such...				wart...				Lehr...		

b) „-er" und „-e" am Wortende: Hören Sie zu und sprechen Sie nach.

Lehrer – lehre; höre – Hörer; Junge – junger; Sprecher – spreche

4 Orthographie: GROSS oder klein?

a) Die Schreibmaschine ist kaputt. *Korrigieren Sie.*

1. in der u-bahn sitzt ein mann.
2. er wartet und er liest ein buch.
3. warum ist er nervös? das ist die frage.
4. warten ist gefährlich.
5. ist der mann ein spion?
6. ich finde spione interessant.

b) „Sie" oder „sie"? *Schreiben Sie.*

1. Entschuldigen _____, wer sind _____?
2. Die Frau dort: wer ist _____?
3. Ich suche die Frau. Haben _____ _____ gesehen?
4. Das sind zwei Männer. Was sind _____? _____ sind Polizisten.
5. Die Agenten! Wo sind _____? Ich sehe _____ nicht.

K 4

Phonetik und Orthographie

Wortgrenzen 1

Hören Sie und markieren Sie (|). *Beispiel:* finden|sie|warten|normal

entschuldigensieichhabeeinefrageichsucheeinepersonimzugsieistblondundgefährlichich
binsehrnervösichfragesiewarumkommtdiefraunicht

Wortakzent 2

Hören Sie und markieren Sie den Akzent. Beispiel: Súche

1. Bruder, sportlich, müde, fragen, Antwort, Partnerin, Mädchen, Unsinn

2. informieren, Organisation, Argument, Station, Phantasie, telefonieren

Was ist charakteristisch?

Phonetik: Konsonanten am Wortende 3

a) Hören Sie „t" am Wortende? Markieren Sie: Ja ✗ *oder nein* .
Beispiel: lies... ✗

Buch...	sag...	Gel...	lehr...
buch...	sag...	fäll...	Lehr...
such...	frag...	Wel...	lehrs...

b) Konsonanten am Wortende: Sprechen Sie nach.
macht – machte – mach'; fliegt – Fliege – fliegen
sucht – Suche – such'; Rauch – rauchte – raucht

Phonetik: Vokal „ü" 4

Welches Wort hören Sie? Kreuzen Sie an ✗. *Beispiel:* für ✗
vier

| Tür | für | kühle | Stühle | Brüder | Mütter | müßt |
| Tier | vier | Kiele | Stiele | Bruder | Mutter | mußt |

Orthographie: „a" oder „ah"? 5

Schreiben Sie.
1. „Ihre F____rk____rten, bitte", s____gt der M____nn. **2.** „Ich h____be keine."
3. „Moment m____l, das kostet 60 M____rk". **4.** „Ich bez____le, ____ber ich h____be
eine Fr____ge: **5.** W____s kostet eine K____rte für die Str____ßenb____n?"

Zahlen, Zahlen, Zahlen 6

Lesen Sie laut: 2, 10, 12, 4, 14, 60, 6, 36, 63, 15, 55, 27, 112, 483, 838, 991

K 5
Phonetik und Orthographie

1 Wortakzent und Satzakzent

Hören Sie, sprechen Sie nach und markieren Sie den Akzent. *Beispiel:* V▼ater

Großvater – mein Großvater – mein Großvater kommt – mein Großvater kommt morgen

2 Satzakzent

Hören Sie und markieren Sie den Akzent im Satz. *Beispiel:* I▼ch bin nicht müde.

1. Was machen Sie hier? 2. Ich lerne deutsch. 3. Und wie finden Sie das Buch?

4. Ich finde es nicht gut. 5. Warum das denn? 6. Es ist so schwer. Das lerne ich nie.

3 Phonetik: Vokal „ö"

Welches Wort hören Sie? Kreuzen Sie an ✗.

Beispiel:	schön		hört		lösen		Hölle		Möhre	
	schon	✗	Herd		lesen		Helle		Meere	
	schön		Röte				Nöte		Möhre	
	schon		rote				Note		Moore	

4 Phonetik: Vokal „ä"

Welches Wort hören Sie? Kreuzen Sie an ✗. *Beispiel:* sehen ✗
säen ☐

| wegen | | Teller | | Segen | | kenne | | Beeren | | Reeder | |
| wägen | | Täler | | sägen | | Kähne | | Bären | | Räder | |

5 Orthographie

a) Schreiben Sie die Vokale.

Ein M__dchen erz__hlt: ich habe v__r Br__der und k__ne Schw__ster. Ein Br__der ist sp__rtl__ch. Er l__ft schnell. Ein Br__der h__rt __mmer M__sik und schl__ft. Nat__rlich ist er m__sik__lisch, aber er ist auch __mmer m__de. Ein Br__der f__hrt M__torrad. Er ist s__hr nerv__s. M__n V__ter sagt: ich m__chte s__chs T__chter und k__ne S__hne. S__hne machen Probl__me.

b) Lesen Sie den Text laut.

c) Hören Sie und schreiben Sie die Endung: „e", „en" oder „er"?

mein____, Berlin____, Kart____, such____, Kind____, Sach____, jung____, sprech____, Tier____, Sprach____, Lehr____, Brot____, Les____, entschuldig____, wart____, hab____, Text____, bitt____

K 6

Phonetik und Orthographie

Wortakzent: komponierte Nomen   1

a) Hören Sie und markieren Sie den Akzent. *Beispiel:* Fáhrkarte

Unterschrift, Filmstar, Zeitungsartikel, Wortschatz, Postbote, Namensschild,

Fahrkartenautomat, Großmutter, Postamt, Straßenbahn, Muttersprache

b) Was ist charakteristisch? Komponierte Nomen haben den Akzent _____

Phonetik: Konsonant „ch" und „ch"   2

a) Hören Sie zu und sprechen Sie nach.

ich ach ach ich ach ich

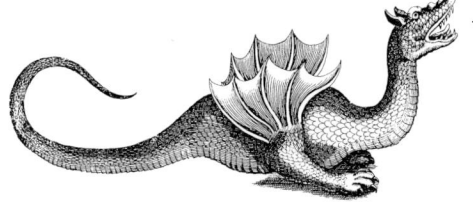

Ach, ich bin der freche Drache.

b) Hören Sie „ch" wie in „ich" oder „ch" wie in „ach"? Kreuzen Sie an X.

	ich	ach		ich	ach		ich	ach
nicht			doch			Bäche		
Bücher			spreche			möchte		
Bach			Tochter			dich		
suche			Dichter			macht		

Was ist charakteristisch? Nach Vokal „i", „ü", ...

c) Sprechen Sie nach.

1. Vielleicht, vielleicht auch nicht.
2. Ich suche dich natürlich.
3. Sprechen Sie nach.
4. Das mache ich doch nicht.

Das Alphabet   3

A wie Anton	H wie Heinrich	O wie Otto	U wie Ulrich
B wie Berta	I wie Ida	P wie Paula	V wie Viktor
C wie Cäsar	J wie Julius	Q wie Quelle	W wie Wilhelm
D wie Dora	K wie Kaufmann	R wie Richard	X wie Xanthippe
E wie Emil	L wie Ludwig	S wie Siegfried	Y wie Ypsilon
F wie Friedrich	M wie Martha	Sch wie Schule	Z wie Zacharias
G wie Gustav	N wie Nordpol	T wie Theodor	

a) Buchstabieren Sie.

Beispiel: Maier = M wie Martha, A wie Anton, I wie Ida, E wie Emil, R wie Richard

Schmidt = ...   Oppenheimer = ...   Krafczyk = ...

b) Und wie heißen Sie? ...

K 7
Phonetik und Orthographie

1 Wortakzent: Verben mit Präfixen

a) Hören Sie und markieren Sie den Akzent.

Beispiel: erzählen

verstehen   einsteigen
erklären   herkommen
anhören   erwarten
weglaufen   abgeben

b) Ist das Präfix „trennbar" oder „untrennbar"?
Schreiben Sie die 1. Person.

Beispiel: ich erzähle
ich ......

c) Akzent und Präfix: was ist charakteristisch?

2 Intonation: Frage oder keine Frage?

Hören Sie und ergänzen Sie „?" oder „.".

1. Träumst du___
2. Antworten Sie___
3. Wir fragen mal___
4. Schlafen Sie___
5. Entschuldigen Sie___
6. Ich gehe ins Kino___
7. Du gehst ins Kino___
8. Sie kennen uns___

3 Phonetik: Diphthonge (au, eu/äu/oi, ei/ai)

a) Was hören Sie: au – eu – ei? Sprechen Sie nach und kreuzen Sie an X.

	au	eu	ei		au	eu	ei		au	eu	ei
1.				4.				7.			
2.				5.				8.			
3.				6.				9.			

b) Suchen Sie Reim-Paare. Beispiel: Haus – Maus, Seiten – ...

| Haus | Mai | Leute | Schreiber | Maus | Häute | Seiten | schlau | Weiber |
| Bräute | leiten | Klaus | Niveau | Meute | heute | Frau | Leiber | frei |

4 Phonetik: Konsonanten „f", „w", „b"

Sie hören ein Wort und dann drei verschiedene Wörter (a, b, c).
Wo hören Sie das Wort noch einmal? Kreuzen Sie an X.

	Wort	Wort a	Wort b	Wort c
Beispiel:	finde:		X	
1.	Fälle:			
2.	Wein:			
3.	wer:			
4.	vier:			

„f"   „b"

K 8

Phonetik und Orthographie
Wortakzent und Satzakzent   1

Hören Sie zu und sprechen Sie nach.
  drei
  Es ist drei Uhr.
  Es ist drei Uhr zehn.
  Es ist drei Uhr fünfundzwanzig.

Phonetik: Konsonant „r"   2

a) *Wo hören Sie „r"? Markieren Sie.   Beispiel:* r̲ot
  richtig, arbeiten, Lehrer, wir, hören, ihre, charakteristisch, Uhr, ihr, wer
  Was ist charakteristisch? Am Wortende …

b) *„-r" am Wortende: Hören Sie zu und sprechen Sie nach.*
  Er hat sicher Kinder.   Wer kommt vor ihr?

Phonetik: „-en" oder „-in" am Wortende?   3

Welches Wort hören Sie? Kreuzen Sie an ✗.

  Studenten   Piloten   Dozenten   Kollegen   Ärzte   Autoren
  Studentin   Pilotin   Dozentin   Kollegin   Ärztin   Autorin

Orthographie   4

a) *Hören Sie und schreiben Sie:* „sch", „s" oder „ch"?
  ma____en, Kir____e, lä____eln, Bü____e, Kir____e, Bü____er, Wä____e,
  Bä____e, wa____e, Va____e, wa____, wa____, wa____en, Kü____e

b) „s" *oder* „sch"? *Schreiben Sie.*
  1. Die ____tudenten ____prechen viele ____prachen.
  2. Oft ____pielen meine ____üler Karten.
  3. Er findet ____port phantasti____.
  4. Ver____tehen Sie ____nell?
  5. ____reiben finde ich sehr ____wer.
  6. Sie ____läft ____on wieder.

c) „f", „ph" *oder* „v"? *Schreiben Sie.*
  Lieber Martin,
  ___ielen Dank ___ür den Brie___. Ich ___inde ihn sehr ___reundlich. Wir wollen dein ___est
  ___antastisch ___eiern. Leider will Eva nicht kommen. ___ielleicht ist sie wütend.
  Aber ich ___erstehe ihre Moti___e nicht. Ich ___rage sie: Was ist dein Moti___? Aber sie
  antwortet nicht. Ich ___rage mich: Wer ___ersteht die ___rauen?
  Herzliche Grüße, Anna.

K 9
Phonetik und Orthographie

1 Wortgrenzen

Hören Sie und markieren Sie die Wortgrenzen (|):

meinteichsagteichsagteermeinteersagteichmeinteichsagteermeinteer

Nach Ernst Jandl

2 Satzakzent

a) Hören Sie die Sätze 1.–5. und markieren Sie den Akzent (▼).   **b) Welche Ergänzung paßt?**

1. Schreiben Sie ein Märchen für Ihre Tochter ...   c   a) ... oder für Ihren Sohn?
2. Schreiben Sie ein Märchen für Ihre Tochter ...   b) ... oder erzählen Sie?
3. Schreiben Sie ein Märchen für Ihre Tochter ...   c) ... oder eine andere Person?
4. Schreiben Sie ein Märchen für Ihre Tochter ...   d) ... oder einen Krimi?
5. Schreiben Sie ein Märchen für Ihre Tochter ...   e) ... oder mehrere Märchen?

3 Phonetik: Konsonant „h"

a) Wo hören Sie „h"? *Markieren Sie.*   Beispiel: <u>h</u>undert.

Hand, habe, verstehe, froh, wohl, sieht, gefährlich, gehen, heute, ihre, wohin, Zahl, Herren, haha!

b) Welches Wort hören Sie? *Kreuzen Sie an ✗.*   Beispiel: er
her ✗

| Abend | eben | und | ihr | offen | alle |
| habend | heben | Hund | hier | hoffen | Halle |

c) Sprechen Sie nach.

1. Hallo, heißen Sie Huber?
2. Haben Sie ein Haus hier in Hamburg?
3. Oho! Aha!
4. Heute laufen hundert Herren hin und her.
5. Hören Sie her!
6. Hahaha!

4 Orthographie: „h" oder kein „h"?

Schreiben Sie.

1. Die Ba__n fä__rt.
2. Wo__ wo__nen Sie?
3. Sie__ sie__t i__n nicht, sie__ lie__st ein Buch.
4. Wir le__ben gefä__rlich.
5. I__r se__t mü__de aus.
6. Mein So__n schlä__ft hie__r se__r unru__ig.
7. We__n su__cht i__r?
8. Ich ne__me ein Bie__r.

K 10

Phonetik und Orthographie
Intonation: Satz und Nebensatz 1

Hören Sie die zwei Sätze a) und b).
Notieren Sie: Wo paßt der Satz mit „daß"/„ob" ✗? Wo ist der Satz zu Ende •?

1a) Ich glaube nicht ☐ , daß das Projekt gut läuft.
1b) Ich glaube nicht ☐

2a) Maier träumt ☐ , daß er das Geld findet.
2b) Maier träumt ☐

3a) Ich weiß nicht ☐ , ob das Geld im Koffer ist.
3b) Ich weiß nicht ☐

4a) Ich frage mal ☐ , ob der Koffer im Taxi ist.
4b) Ich frage mal ☐

Phonetik und Orthographie: lange und kurze Vokale (1) 2

a) Wo hören Sie das erste Wort noch einmal? Kreuzen Sie an ✗.

Wort	Wort a	Wort b	Wort c	Wort	Wort a	Wort b	Wort c
Beispiel: bitte:	☐	✗	☐	3. Hölle:	☐	☐	☐
1. Herr:	☐	☐	☐	4. fühlen:	☐	☐	☐
2. bist:	☐	☐	☐				

b) Hören Sie zu und sprechen Sie nach.
bist – Biest; biete – bitte; in – ihn;
wen – wenn; denn – den; Herr – Heer;
fühlen – füllen; Hütte – Hüte;

> Wenn hinter Fliegen Fliegen fliegen,
> fliegen Fliegen Fliegen nach.

c) Lange Vokale (ē, ī) oder kurze Vokale (ĕ, ĭ)?
Hören Sie zu und markieren Sie. Beispiel: lēsen

geht, Geld, zehn, wen, nett, wenn, sehen, denn; bist, Biest, viel, Film, in, ihn, Bier, Bild

d) Ordnen Sie:
Lange Vokale: _lesen ..._
Kurze Vokale: _____

e) **Orthographie:** Was ist charakteristisch?
Nach langen Vokalen kommt oft ...
Nach kurzen Vokalen ...

> Man muß das Leben eben nehmen,
> wie das Leben eben ist.

K 11
Phonetik und Orthographie

1 Wortakzent: Verben

a) Hören Sie und markieren Sie den Akzent.
Beispiel: ˈarbeiten

diskutieren   einkaufen   sagen
erwarten   aufwachen   telefonieren
träumen   erzählen   zuhören

b) Wie heißt das Partizip?
Beispiel: gearbeitet

_____ _____ _____
_____ _____ _____
_____ _____ _____

c) Akzent im Infinitiv und „ge" im Partizip: was ist charakteristisch?

2 Intonation: Frage oder Bitte/Befehl?

Hören Sie und schreiben Sie „?" oder „!".

1. Kommen Sie__   4. Schlafen Sie__   7. Antworten Sie__
2. Essen Sie__   5. Du gehst nach Hause__   8. Fragen wir__
3. Gehst du weg__   6. Sie kommen doch morgen__

3 Phonetik und Orthographie: lange und kurze Vokale (2)

a) Hören Sie zu und sprechen Sie nach.
wann – Wahn; Stall – Stahl; kam – Kamm;
wohne – Wonne; Sonne – Sohne; Ofen – offen;

b) Lange Vokale (ā, ō, ū) oder kurze Vokale (ă, ŏ, ŭ)? Hören Sie und markieren Sie.
Beispiele: Frāge, ăcht

Mann, Zahl, fahren, fallen, sagen, Haar, passen
wohl, kommt, wo, Folge, wollen, wohnen
Zug, dumm, Kurs, sucht, rufen, Nummer

> Wer die Wahl hat, hat die Qual.

c) Orthographie: Was ist ein Signal für lange Vokale? Was ist ein Signal für kurze Vokale?

4 Orthographie

a) Lange Vokale und kurze Vokale (mit und ohne Signal). Hören Sie und schreiben Sie.

Der S__om__mer k____mt. ____le f____ren weg. Mein M____n und ich f____ren an das Meer. Da hat m____n v____l zu t____n. Wir m____sen die K____fer packen, einen Z____g s____chen und zwei F____rk____rten k____fen. H____fentlich verg____sen wir den P____ß nicht! Wir w____nen in einem H____tel. Da s____en wir das M____r. H____fentlich ist g____tes W____ter.

b) „ü" oder „y"? Schreiben Sie.

„Institut f__r Ps__choanal__se" steht an der T__r, und f__nf verschiedene S__mbole sind __ber den Buchstaben. Ich öffne die T__r. Ein Mann sitzt da und fragt: „Bin ich Ihnen s__mpathisch? Ich sage: "F__r mich sind Sie anon__m, ich kenne Sie nicht. Aber ich finde Sie d__namisch und nicht uns__mpathisch". „Sie l__gen nat__rlich", sagt er w__tend, „alle unsere Sch__ler l__gen oder __bertreiben. F__r sie sind L__gen t__pisch."

K 12

Phonetik und Orthographie
Intonation und Satzakzent

1

🎧 Hören Sie zu und sprechen Sie nach.
  Er liest.
  Er liest ein Buch.
  Er hat ein Buch gelesen.
  Er hat ein Buch von Goethe gelesen.
  Er hat gestern abend ein Buch von Goethe gelesen.

Phonetik: Konsonantenkombination „qu"

2

🎧 Wo hören Sie das erste Wort noch einmal? *Kreuzen Sie an* ✗.

	Wort a	Wort b	Wort c
Beispiel: quer:		✗	
1. Qual			
2. wer			
3. Quelle			

Phonetik: Konsonant „ng"

3

🎧 Welches Wort hören Sie? *Kreuzen Sie an* ✗.

| singen | rangen | gongen | ringen | Rängen |
| sinnen | rammen | kommen | rinnen | rennen |

Orthographie

4

Punkt, Punkt, Komma, Strich:
Fertig ist das Mondgesicht!

🎧 a) Satzzeichen: Hören Sie zu und ergänzen Sie „," oder „." oder „?".
  Wenn ich frühstücke höre ich immer Radio ich finde daß man schon am Morgen wissen muß was in der Welt passiert ist warum ich keine Zeitung lese das dauert zu lange finde ich und ist zu kompliziert schauen Sie wenn ich zum Beispiel meinen Tee koche brauche ich beide Hände aber die Ohren sind immer frei ich frühstücke zwar immer mit meinem Mann aber der spricht morgens nicht er ist ein Morgenmuffel so sagt man in Deutschland wenn Leute morgens nichts sprechen und nichts hören wollen

b) „äu" oder „eu"? Schreiben Sie.
  1. Der Verk____fer ist sehr fr____ndlich.
  2. Kommen h____te viele L____te zu ____ch?
  3. Mein Fr____nd ist ein schneller L____fer.
  4. Die H____ser hier sind sehr n____ und groß.
  5. Was bed____tet das?
  6. L____ft ihr Baby schon?
  7. Ich suche einen K____fer für mein Auto.
  8. Seine Fr____ndin tr____mt oft.

227

K 13
Phonetik und Orthographie

1 Phonetik: Konsonantenkombinationen am Wortanfang

a) *Hören Sie „r"? Markieren Sie: Ja* X *oder nein* . *Beispiel:* Frau X

1. ⬛ 2. ⬛ 3. ⬛ 4. ⬛ 5. ⬛ 6. ⬛ 7. ⬛

b) *Lesen Sie laut.*
Schlick, Schlack, Schlock! klick, klack! plitsch, platsch!
kling, klang! brumm, brumm! pfui, pfui! blablabla! bravo, bravo, bravo!

2 Silben und Silbentrennung

a) *Hören Sie und markieren Sie die Silben.*
Beispiel: Sommerregen → Som|mer|re|gen

Kinder, einschlafen, hoffentlich, wiederholen, aufwachen, Beschreibung, Erklärung

b) *Silbentrennung: Lesen Sie die Beispiele.*
Schnee-mann, Fahr-kar-te, er-klä-ren,
rau-chen, aus-se-hen, kom-men, Er-zäh-lung,
be-grün-det, zei-gen, Rei-hen-fol-ge,
ge-fähr-lich, Hand-lung, wei-ter-ge-hen ...

Was ist charakteristisch?
Am Anfang der Silbe steht ein ...
Bei zwei und mehr Konsonanten trennt man ...
Komponierte Nomen trennt man ...

> Wann kommen sie? Ich glaube, für Ihren Kollegen ist das wichtig. Viele Grüße. Hans-Peter

> Wahrscheinlich treffe ich ihn morgen. Warten sie bitte am Bahnhof auf mich. Monika.

3 Orthographie

Hören Sie und schreiben Sie die Endungen.

Zwei Kind_____ woll_____ ein_____ Schneemann bauen.
Sie nehm_____ ein_____ Schauf_____ und fang_____ an.
Wie macht ma_____ ein_____ Schneemann ein_____ Nase?
Sie frag_____ ein_____ Mann.
Er gibt d_____ Kind_____ seine Zigarre für die Nase.
Dann fehl_____ noch ei_____ Hut.
Die Kind_____ nehm_____ ihr_____ Vater ein_____ Hut weg
und geben ih_____ de_____ Schneemann.
Der Hut paßt de_____ Schneemann gut
und er gefällt de_____ Kind_____.
Aber d_____ Mutt_____ erzähl_____ sie nicht,
woher d_____ Hut komm_____.

K 14

Phonetik und Orthographie

Satzakzent 1

Hören Sie die Sätze 1. bis 4. Markieren Sie den Akzent und ergänzen Sie.

> a) manchmal   b) am Donnerstag   c) die Chefin   d) in einem Restaurant

Die Sekretärin arbeitet am Sonntag immer im Büro.
1. Nein. Nicht die Sekretärin arbeitet am Sonntag immer im Büro, sondern ...
2. Nein. Die Sekretärin arbeitet nicht am Sonntag immer im Büro, sondern ...
3. Nein. Die Sekretärin arbeitet am Sonntag nicht immer im Büro, sondern ...
4. Nein. Die Sekretärin arbeitet am Sonntag nicht im Büro, sondern ...

Phonetik: Vokale am Wortanfang 2

Hören Sie zu und sprechen Sie nach.

In Ulm und um Ulm und um Ulm herum.
Auch am Abend arbeiten also Agenten aus Amerika.
Ihr erwartet also immer eine Antwort.

Orthographie: „ss" oder „ß"? 3

a) *„ss" oder „ß"? Schreiben Sie.*
1. Wir e___en be___er mit einem Me___er.   2. Du mu___t deinen Pa___ abholen.
3. Wir mü___en einen Brief verfa___en.   4. Viele Grü___e an die drei___ig flei___igen Studentinnen.   5. Er schickt ihr einen Gru___.   6. Ich wei___, da___ die Stra___e da vorne aufhört.   7. Wi___en Sie, da___ jetzt bald Schlu___ ist?   8. Wie hei___en diese wei___en Blumen?   9. Intere___ieren Sie sich für gro___e Romane?   10. Nicht anfa___en! Das Wa___er ist ganz hei___!   11. Haben Sie das gewu___t?   12. Das pa___t mir nicht.

b) *Wie ist die Regel? Kreuzen Sie an.*

	ss	ß
nach langem Vokal (ā, ē, ī ...) und nach ei, au, eu: am Wortende:	☐	☐
nach kurzem Vokal (ă, ĕ, ĭ ...) und vor Vokal:	☐	☐
nach kurzem Vokal (ă, ĕ, ĭ ...) und vor Konsonant:	☐	☐

Orthographie: Druckfehler! Korrigieren Sie. 4

Ich wohne in einer schönen grossen Wonung in einem alten haus. Ich habe fier Zimmer. Mein Bat ist groß und hat ein Fensta zum Hof. Die Küche ist etwas klain, aber für das Früschtück ist sie groß genuk. Mein Schlahfzimmer get auf die Strasse und ist leida laut, denn vor dem haus stet eine Ampel. Im Wohnzimmer habe ich einen Fernzeher und einen Esstisch. In meinem Arbaitszimer binn ich nicht gerne. arbeit gefellt mir nicht. Und das virte Zimmer? Daß ist noch leer. da habe isch keine idee. Da muss ich noch übalegen.

Lösungsschlüssel

Hinweis: Der Lösungsschlüssel gibt nur für diejenigen Übungen Lösungen an, die eine eindeutige Lösung zulassen. Bei Übungen, die mehrere Lösungen zulassen, gibt es keine Eintragung, bzw. überall dort, wo die Antworten der Phantasie bzw. dem Sprachvermögen der Teilnehmer überlassen sind, werden mögliche Lösungen mit ein oder zwei Beispielen angedeutet und mit *Beispiel* markiert. Das heißt, die angegebenen Lösungen sind nur ein Vorschlag.

Kapitel 0

W 1 a) international: Tennis, nervös, Kamera, Sport, Psyche, System, Auto, normal
deutsch (_____ = charakteristisch): das Wort, der Bus, schwimmen, dreißig, schlafen, die Straße, Fußball, trinken
englisch: the street, sleep, the word
spanisch: el pueblo, la muchacha
französisch: la voiture, la leçon, la couture, le métro   holländisch: ijs
italienisch: la macchina, il biglietto, l'idea   finnisch: kiittämättömän

W 2 a) Japan / der Iran / Indien / China / Korea ist in Asien. Ukraine / Rußland ist in Europa. Kanada / Mexiko / Argentinien ist in Amerika. Ägypten / Kenia / Marokko ist in Afrika.
b) Belgien / England / Frankreich / Holland / Irland / Luxemburg ist im Westen.
Dänemark / Estland / Finnland / Lettland / Norwegen / Schweden ist im Norden.
Bulgarien / Polen / Rumänien / die Tschechische Republik / Slowenien / die Ukraine / Ungarn ist im Osten.
Griechenland / Italien / Österreich / Portugal / die Schweiz / Spanien / die Türkei ist im Süden.
c) Bayern ist in Süddeutschland. Süddeutschland ist in Deutschland. Deutschland ist in Europa.
d) Norddeutschland; Westdeutschland; Ostdeutschland; Süddeutschland; ...

W 3 a) Das ist Steffi Graf / Ludwig van Beethoven / Romy Schneider / Albert Einstein.

G 1 a) Deutsch: der Artikel   das Genus   die Arktis/Antarktis
der Marien-   die Türkei
platz   das Bier   die USA
b) die Sekretärin – der Präsident – der Minister – die Professorin – die Diva – der Direktor – die Autorin – die Mutter – der Vater – der Lehrer

S   Die Donau ist in Süddeutschland/Österreich.   Leipzig ist in Ostdeutschland.
München ist in Süddeutschland.   Das Saarland ist in Westdeutschland. ...

Kapitel 1

W 1 a) nicht aktiv; nicht interessant; nicht positiv; nicht elegant
musikalisch – nicht musikalisch; kritisch – nicht kritisch; sympathisch – nicht sympathisch; ruhig – nicht ruhig
b) müde – dynamisch; positiv – negativ; aktiv – passiv

W 2 a) dynamisch: sportlich, positiv, ...
b) Mann: Direktor, Vater, ...

G 1   *andere Beispiele:*
Verben: schlafen – bin – ist – sind   paßt – ergänzen
Pronomen: Sie – Ich – Das
Nomen: Schlock – Kollegen   Beispiel – Gröger – Adjektiv – Grammatik – Vater – Direktor – ...
Adjektive: nervös – müde   aktiv – passiv – interessant – musikalisch – ...

G 2 a) Sie = Gröger; ich = Gröger
b) Sie = Gröger; Sie = Gröger & Schlock; sie = Gröger & Schlock; Sie = Gröger & Schlock
c) Ja, sie sind nervös.   Schlafen sie?   Nein, sie schlafen nicht.   Ja, ich bin müde.

G 3   1. (Nein), ich schlafe nicht.   3. Ist Leipzig in Deutschland?   Ja, Leipzig ist in Deutschland.
2. Sind Sie Student?   4. Ist der Roman interessant?   Nein, der Roman ist nicht interessant.

Kapitel 2

Ü 1 a) das Alphabet – die Medizin – logisch – technisch – die Grammatik – utopisch – die Psychologie – der Egoist – realistisch – idealistisch
b) -ie/-ik: die *(Femininum)*   -ist: der *(Maskulinum)*

Ü 2 *Frage/Antwort:* korrekt, sonderbar, aggressiv, normal, gefährlich, kompliziert
Person: müde, sonderbar, exotisch, arrogant, passiv, chaotisch, dynamisch, aggressiv, normal, korrekt, gefährlich, kompliziert
Situation: sonderbar, chaotisch, normal, gefährlich, kompliziert

G 1 a) *Beispiele:*
Das ist ein Land.   Das Land ist exotisch.   Das sind Straßen.   Die Straßen sind unruhig.
Das ist ein Auto.   Das Auto ist elegant.   Das ist eine Stadt.   Die Stadt ist ruhig.
b) eine Dame – die Kreuzdame; ein As   die Karte – das Karo-As – ein König – eine Dame – es ist eine Dame –
die Kreuz-Dame – es ist die Kreuz-Dame

G 2 a) wir: ich, Sie, sie   c) Sie – sie – wir

G 3 a) ich: bin   schlafe lese warte   b) charakteristisch:
wir: sind suchen finden   ich: -e
Sie: sind sehen schlafen suchen   wir/sie/Sie *(Pl.)*: -en
sie *(Sg.):* ist   telefoniert lächelt   sie *(Sg.):* -t
sie *(Pl.):* sind suchen
c) Was suchen Sie hier? / Ich suche ein Foto. / Sie suchen ein Foto? / Das finde ich sonderbar. / Warum lächeln Sie? /
Ich sehe das Foto. / Bitte, wo ist das Foto? / Das sage ich nicht. / Sie sind ein Biest.

G 4 *Beispiele:* Aggressiv diskutieren / charmant sein / immer lächeln / Spione suchen / in der U-Bahn schlafen / ...

G 5 b) Suchen Sie bitte das Foto! / Warten Sie bitte hier! / Lächeln Sie bitte nicht! / Fragen Sie bitte eine Partnerin!
c) Schreiben Sie bitte.   Ich schreibe / wir schreiben Texte.
Sprechen Sie bitte.   Ich spreche / wir sprechen.
Hören Sie bitte.   Ich höre / wir hören die Texte.
Suchen Sie bitte.   Ich suche / wir suchen Information(en) [im Text].

G 6 a) 1c, 2a, 3f, 4e, 5d, 6a/g, 7b
b) Wo warten die Männer? / Was lesen Sie? / Wie finden Sie das Buch? / Warum sind Sie nervös?
c) Wer ist immer nervös? / Wer findet das Foto? / Wer findet die Person sympathisch? / Wer wartet in der U-Bahn? / Was ist nicht gefährlich? / Was ist in Norddeutschland?

S 2 Wer schreibt die Karte?   Ian und Betty schreiben die Karte.
Wer ist der Adressat?   Frau Tober ist der Adressat.
Wo sind Ian und Betty?   Sie sind in Heidelberg.
Wie ist der Deutschkurs?   Der Deutschkurs ist interessant.
Warum sind Ian und Betty müde?   Immer deutsch sprechen ist nicht einfach.
Was machen Ian und Betty?   Sie lesen Texte, sehen Video-Programme und diskutieren.

Kapitel 3

Ü 1 b) eins, zwei, drei, vier, fünf, sechs, sieben, acht, neun, zehn, elf, zwölf   c) Es ist: fünf Uhr/acht Uhr/elf Uhr/neun Uhr
d) 3 + 2 = 5; 6 + 2 (zwei) = 8; 7 + 4 = 11 (elf); 5 + 6 (sechs) = 11; 10-1 (eins) = 9; 12-10 = 2 (zwei); 3 x 2 = 6 (sechs); 2 x 6 (sechs) = 12

Ü 2 dumm ↔ intelligent: 4 = intelligent; ruhig ↔ nervös: 3 = ruhig, 6 = sehr sehr nervös; langsam ↔ schnell: 5 = sehr schnell,
1 = sehr sehr langsam; freundlich ↔ aggressiv: 5 = sehr aggressiv; dunkel ↔ hell: 2 = sehr dunkel; falsch ↔ richtig: 3 = falsch

Ü 3 *Zeit:* immer, es geht los, schnell, langsam, ruhig, warten, Moment, ...

Ü 4 *Beispiele:* 2. Ich schlafe nicht. 3. Warten Sie! 4. Steigen Sie ein! 5. Das ist keine Frau. 6. Ich sehe sie nicht. 7. Wunderbar!
8. Sie ist nicht hier. 9. Das ist das Foto.

W 5   ..., aber die Frau dort ist dunkel. / ..., und lesen Sie die Texte. / ..., aber ich habe keine Zeit. / ..., oder warten Sie? / ..., aber sie steigen nicht ein.

W 6 a) jung-alt; groß-klein; schlank-dick
   b) – schlank, jung + groß, alt + klein; – groß, jung + schlank, alt + dick; – alt, schlank + klein, dick + groß

G 1 a)

	der	das	die	die (Pl.)
Personen:	Präsident	Biest	Frau	Männer
	Minister		Ministerin	Kollegen
	Journalist		Journalistin	Diplomaten
	Filmstar		Spionin	
Andere Nomen:	Zug	Foto	U-Bahn	Fotos
		Bild		
	Singular	Genus	Grammatik	Themen
	Plural	Pronomen	Uhrzeit	Konflikte
	Dialog	Nomen	Atmosphäre	

   b) *Genussignale:* der/er; das/es; die/sie; die/sie   c) ich – wir; Sie – Sie; er/es/sie – sie

G 2 a) ich – Ich – Sie – er – Er – Ich – ich – Wir – Sie – sie – wir – es – Sie – Sie – er(sie) – sie(er) – ich – Ich – er – Er – Sie
   b) ich suche; er/es/sie fährt; wir/sie/Sie steigen ein; er/es/sie findet; wir/sie/Sie hören

G 3 a) *Subjekt:* das Taxi – Wir – Es – Das – wir
   b) Sie machen schnell. – Die Züge sind kaputt. – Warten Sie hier? – Natürlich schlafe ich.
   c) 1. Ich; 2. die Männer; 3. Sie; 4. sie; 5. Sie; 6. sie; 7. Die Frau; 8. Der Zug; 9. sie; 10. Wir; 11. er; 12. Sie
   d) *Subjekt-Positionen:* 1 – 3 – 3 – 2
   e) Ich bin müde.   Kommen Sie auch?   Warum sind sie hier?   Da kommt sie.

S 2   es paßt: a) Park, b) Sekretärin, c) Baby, d) Computer

Kapitel 4

W 1   gehen-kommen, suchen-finden, da sein-weg sein, einsteigen-aussteigen, fragen-antworten

W 2   interessieren; das Argument, das Telefon, der Transport; phantasieren; organisieren; der Alarm – alarmieren; der Import – importieren

W 3   *Beispiele:* 2) Sehen Sie das nicht? Das ist evident.   3) Bitte! Ich bitte Sie.   4) Ich verstehe das nicht. Ich finde das sonderbar.
   5) Sehen Sie das nicht? Das ist evident.

W 4   *Beispiele:* Ich bin so nervös. – Wer ist das? – Ist das nicht hier? – Ist das korrekt?

W 5 a) 14: vierzehn, 15: fünfzehn, 18: achtzehn, 19: neunzehn, 40: vierzig, 50: fünfzig, 60: sechzig, 70: siebzig, 80: achtzig, 90: neunzig, 100: hundert
   b) 47, 136, 302   c) 83, 25, 212, 98
   d) sechsundsechzig, hundertfünfundvierzig, hundertneunundneunzig, siebenhunderteinundachtzig, neunhundertneunundneunzig, achthundertsieben

W 6 a)

	viel Respekt: Meine Damen und Herren!	
	Herr Gröger! Frau Tauber!	
Hallo!		Hallo, Gisela!
unpersönlich ←————————————→		*persönlich*
Mein Herr!		Mama!
Sie da!		Gröger!
	wenig Respekt	

b) 1: autoritär; 2: korrekt; 3: unhöflich; 4: höflich; 5: freundlich.
c) Entschuldigen Sie bitte, wo ist die Kantstraße? – Wie bitte? – Die Kantstraße bitte, wo finde ich die Kantstraße? – Entschuldigen Sie, ich habe keine Zeit. – (Bitte).

G 1 a) 1d; 2a; 3e; 4c; 5b
b) ungefährlich/nichts/gehen/keine Karte/nicht sein
d) *Neutrum:* kein, ein; *Femininum:* kein**e**, ein**e**; *Plural:* kein**e**
f) *Beispiele:* ein Student, kein Student, keine Studenten, etc.
g) Ja, er hat ein Auto.   Nein, er hat kein Auto.   Ja, ich habe Zeit.   Nein, ich habe keine Zeit.
Ja, das ist eine Dame.   Nein, das ist keine Dame.   Ja, das ist Whisky.   Nein, das ist kein Whisky.
Ja, das sind Polizisten.   Nein, das sind keine Polizisten.   Ja, sie sind Journalisten.   Nein, sie sind keine Journalisten.

G 2 a) *Beispiele:* Machen Sie kein Foto. Warum suchen Sie keine Arbeit? Haben Sie keine Idee? Sind Sie nicht müde? Gehen Sie nicht so schnell!
b) Wir haben kein Geld. – Haben Sie kein Geld? – Wir sind nicht in Berlin. – Wir verstehen die Grammatik nicht. – Verstehen Sie die Grammatik nicht? – Sie sind nicht immer höflich. – Wir haben keine Uniform. – Finden Sie die Adresse nicht?
c) ... wir akzeptieren keine Traveller-Schecks – habe keine Kreditkarte – keine – keine – keine Dollars. – nicht? – keine – keine – nicht.

G 3 a) meine Karte, Ihre Adresse, sein Text, mein Zug, ihre Bonbons, ihre Mutter, sein Buch, ihr Mann, seine Frau, ihr Geld
b) Ihr Foto – mein Foto – sein (Ihr) Foto – sein (Ihr) Foto – mein Foto – Ihr Foto – Ihre Frage – ihr Foto – mein – mein – ihr – sein.

S 1 2. Haben Sie Zigaretten? 3. Haben Sie Devisen? 4. Ist das Ihr Wagen? 5. Ist das Ihr Mann? 6. Ihre Pässe (bitte)! 7. Ihre Pässe.

S 2 Ich suche keine Station. / Ich kaufe keine Fahrkarte. / Ich entwerte die Fahrkarte nicht. / Ich warte nicht. / Ich steige nicht ein. / Ich habe kein Problem. / Ich lese die Instruktionen nicht noch einmal.

S 3 *Beispiele:* Chef: Das ist meine Firma. Ich bin der Chef. Das ist meine Chefsekretärin und das ist ihre Sekretärin. Das ist mein Chauffeur. Das sind meine Arbeiter. Das ist mein Personal.
Chefsekretärin: Das ist meine Sekretärin. Ich bin Chefsekretärin. Das ist mein Chef. Das ist seine Firma. ...

Kapitel 5

W 1 a) Mädchen – Junge – Jungenname   b) der – die – das – die

W 2 a) Großeltern: Großvater   Großmutter   Großvater   Großmutter
Eltern: Vater   Mutter
Kinder: Sohn   Tochter
                Bruder   Schwester
Sohn: Das sind meine Großeltern. Das ist mein Vater, das ist meine Mutter. Das ist meine Schwester.
Mutter: Das ist mein Mann. Das sind seine Eltern, und das sind mein Vater und meine Mutter. Das sind meine Kinder. Das ist mein Sohn, das ist meine Tochter.
b) Junge ↔ Sohn; Kinder ↔ Schwester; Mädchen ↔ Junge; Tochter ↔ Vater

W 3 a) schon groß sein; schon alt sein
b) *Beispiele:*
2. ... Sie ist noch jung. Sie ist schon eine Frau.   5. Das ist noch ein Baby. Es ist noch klein.
3. ... Er ist noch jung. Er ist schon ein Mann.   6. Sie sind schon alt.
4. Sie ist noch ein Kind. Nein, sie ist schon ein Mädchen.   7. Sie ist schon alt. Sie ist noch jung.

W 4 a) 2a, 3c, 4b, 5c, 6d, e, 7a   b) 1e, 2d, 3f, 4c, 5a, 6b

W 5 a) das eine (andere) Kind – beide Frauen – der eine (andere) Student – die eine (andere) Quittung – der eine (andere) Mann – beide Eltern – beide Polizisten – beide Fotos – die eine (andere) Tochter

W 6 a) hin – Wohin? – Wo...hin? – her – Woher? – Wo...her?   1. her 2. hin 3. hin und her 4. hin 5. her 6. hin 7. Woher 8. Wohin
b) 1. Wohin gehen Sie?/Wohin geht ihr? 2. Wo arbeitet er? 3. Woher ist der Satz? 4. Wo warten Sie immer? 5. Woher kommt sie? 6. Wohin fahren sie?

W 7 a) 2. die Eltern kennen   3. die Firma kennen   4. ..., wie das Kind heißt.   5. wissen, wo der Vater arbeitet
6. wissen, wo die Familie wohnt   7. nicht wissen, wo die Familie wohnt
Wissen: was in Deutschland passiert, wie das funktioniert, warum sie nicht hier ist, das, was das Wort bedeutet
Kennen: Paris, das Buch, die Frau, Deutschland, es, das Wort „Regenbogen"
c) *Beispiele:*
Ich kenne das Buch – Wir wissen, was in Deutschland passiert – Ich kenne die Frau nicht – Wir kennen die Frau, die Sie suchen – Kennen Sie Deutschland? – Ich weiß, wie das funktioniert – Ich weiß nicht, warum sie nicht hier ist – Kennen Sie es? – Das weiß ich nicht – Kennen Sie das Wort ‚Regenbogen'? – Ich weiß (nicht), was das Wort bedeutet.

G 1 a)
die Karte – Karte<u>n</u>	der Sohn – Söhn<u>e</u>	c) Karten	Polizisten	Söhne
das Kind – Kind<u>er</u>	das Mädchen – Mädchen	Kontrollen	Optimisten	Züge
das Foto – Foto<u>s</u>	der Polizist – Polizist<u>en</u>	Schulen	Diskussionen	Pläne
die Frau – Frau<u>en</u>	der Mann – Männ<u>er</u>	Fragen	Informationen	Texte
die Mutter – Mütter	der Moment – Moment<u>e</u>	Jungen	Erklärungen	Elemente
das Biest – Bies<u>ter</u>	die Quittung – Quittung<u>en</u>		Antworten	Filme
der Bruder – Brüder	die Tochter – Töchter		Studenten	
die Sprache – Sprach<u>en</u>	der Text – Texte			

b) *Was auffällt: Variation! Femininum oft -(e)n; Worte mit -er keine Plural-Endung*

G 2 a)
		b)		c)			
ich	reserviere, wohne, mache	-e:	ich	ich	laufe	spreche	sehe
du	kennst, suchst, sagst	-st:	du	du	läufst	sprichst	siehst
er/es/sie	reserviert, wohnt, macht	-t:	er/es/sie, ihr	er/es/sie	läuft	spricht	sieht
wir	kennen, suchen, sagen	-en:	wir, sie, Sie, *Infinitiv*	wir	laufen	sprechen	sehen
ihr	reserviert, wohnt, macht			ihr	lauft	sprecht	seht
sie	kennen, suchen, sagen			sie	laufen	sprechen	sehen

G 3 b) Ich bin wütend. Ich warte schon eine Stunde hier. Warum bist du / seid ihr nicht da? Warum kommst du / kommt ihr nicht? Was machst du / macht ihr so lange? Ich telefoniere, aber du antwortest / ihr antwortet nicht, ich schreibe, aber du liest / ihr lest die Briefe nicht. Warum? Findest du / Findet ihr sie nicht interessant? Hast du / Habt ihr andere Projekte? Weißt du / Wißt ihr denn, was du willst / ihr wollt? Ich gehe jetzt, ich habe keine Zeit mehr.

G 4 Wen fragen wir? die Polizisten – Wen kennt sie? sie – Was wissen wir? das – Was sagen wir nicht? das – Wen sieht er? Einen Kontrolleur – Wen machen Kinder nervös? mich – Wen liebt sie? Kinder – Wen finde ich nett? Kinder

G 5 a) *Subjekt:* er, Sie, Ich, ein Kontrolleur, Die Kinder, ich, Sie, Sie, Das
Objekt: sie, –, die Kinder, –, mich, Das, ihn, einen Kontrolleur, –
b) *Subjekt (Nominativ):* e<u>r</u> ich **sie** da<u>s</u> ein **die**   *Objekt (Akkusativ):* ih<u>n</u> mich **sie** da<u>s</u> ein<u>en</u> **die**

G 6 a) Wer <u>ist</u> das? – Wie <u>heißt</u> er? – Was <u>macht</u> er hier? *[Direkte Frage: Verb = Position 2; indirekte: Verb = Endposition]*
b) Wissen Sie, wie das funktioniert? – Ich verstehe nicht, warum du wartest. – Wissen Sie, wohin diese U-Bahn fährt? – Ich weiß nicht, wen ihr sucht. – Ich verstehe nicht, woher Sie dieses Foto haben. – Wissen Sie, was er hier will?

S 1 a) *Beispiel:* Er lacht immer, aber wir laufen hin und her. Er ist freundlich, aber wir antworten nicht. Er fragt, wer Goethe ist. Wir kennen die Antwort, aber sagen nicht, was wir wissen. Er versteht Kinder, aber wir finden die Schule nicht interessant. Wir wollen spielen, und er ist nicht wütend. Er liest seine Zeitung, und wir machen, was wir wollen.

Kapitel 6

1 28. 2.: der achtundzwanzigste zweite – 31. 8.: der einunddreißigste achte – 24. 12: der vierundzwanzigste zwölfte – 12. 9: der zwölfte neunte

2 a) B: zweite; C: dritte; D: vierte; E: fünfte; F: sechste ...
b) VW: Volkswagen – Fa.: Firma – Dr.: Doktor – Nr.: Nummer – DM: Deutsche Mark – Str.: Straße – m: Meter – BRD: Bundesrepublik Deutschland – z. B.: zum Beispiel – Ing.: Ingenieur – Pf: Pfennig – D: Deutschland – PS: Postskript – Fr.: Frau – ev.: evangelisch – kath.: katholisch – kg: Kilo(gramm) – qm: Quadratmeter – Hr.: Herr – km: Kilometer – cm: Zentimeter – usw: undsoweiter – U-bahn: Untergrund-Bahn

3 Beispiele: SUCHE, GUT, SIE, MICH, ICH, ALT, HALT, LESER, METER ...

4 a) Ein Tag (24 St.) – Ein Jahr (12 M.) – Eine Woche (7 T.) – Ein Monat (4 W.) – 100 J.= ein Jahrhundert
b) 3600 S. = eine Stunde – 525 600 M. = 365 Tage = 1 Jahr – 36 520 T. = 100 Jahre = ein Jahrhundert

5 1e, 2a, 3f, 4d, 5b, 6c

6 1. schon wieder – 2. vielleicht – 3. sicher – 4. endlich

7 a) rot-gelb-grün b) rot + blau = violett; rot + gelb = orange; blau + gelb = grün; alle Farben = weiß
c) Frankreich = blau, weiß rot; Spanien = rot, gelb, rot; Deutschland = schwarz, rot, gold; Polen = weiß, rot; Österreich = rot, weiß, rot d) 1b, 2e, 3d, 4a, 5c, 6f

8 a) ein Polizeiauto – ein Starfoto – ein Türschild – eine Haustür – ein Postbote – ein Großvater – der Unsinn; das Land – das Land – der Apparat – die Bahn – der Apparat – das Buch

G 1 a) Meine Damen und Herren! Steigen Sie ein? – Wir haben keine Zeit. Gehen wir! – Inge und Klaus! Kommt mal her! – Inge! Komm bitte mal her! – Das ist mein Brief. Öffne ihn nicht!
b) Nur bei ‚du' andere Endung, Pronomen steht im Imperativ nach dem Verb.
c) Öffnen wir die Tür! – Lest bitte den Text! – Schreib(e) drei Sätze! – Antworte bitte! – Lauft nicht weg!

G 2 a) 2. sie (die Frau) kennen 3. ein Schild mit Namen finden 4. die Tür öffnen 5. einen Park suchen 6. keine Fahrkarten haben 7. den Brief öffnen 8. ihn wütend machen 9. die Kinder rufen 10. sie fragen 11. es (nicht) finden 12. eine Idee haben
b) Akk.: 2. sie 3. das Schild 4. die Tür 5. den Park 6. die Fahrkarte 7. den Brief 8. ihn 9. die Kinder 10. sie 11. es 12. die Idee
Nom.: 2. sie 3. das Schild 4. die Tür 5. der Park 6. die Fahrkarte 7. der Brief 8. er 9. die Kinder 10. sie 11. es 12. die Idee
c) Nom.: ein/der/er ein/das/es eine/die/sie (keine)/die/sie
Akk.: einen/den/ihn ein/das/es eine/die/sie (keine)/die/sie
d) Nur im Maskulinum sind die Formen verschieden.
e) Ich lese den Brief. – Ich finde den Text einfach. – Ich frage ihn. – Ich kenne sie gut. – Ich verstehe Sie nicht. – Ich habe keine Zeit. – Ich sehe keine Polizisten. – Ich finde es schwer. – Ich suche den Park. – Ich habe den Beweis.
f) keinen Sinn haben: Akk. M.; Akk.signal wie: einen   dieses Haus sehen: Akk. N.; Akk.signal wie: das
ihren Namen finden: Akk. M.; Akk.signal wie: einen   dieses Z sehen: Akk. N.; Akk.signal wie: das
g) Bei „ich", „du", „wir", „ihr" und im Maskulinum

G 3 a) eine Technik; den Text; Informationen; ein Problem; die literarische Qualität; den Text; der Text / er; den Kontext; ein Bild; Illustrationen; Informationen; einen Titel; er; das Thema; es; der Text; eine Idee; Wörter; ihren Sinn; ein Wort; kein Problem; ein Wörterbuch

S 1 Beispiel: Die Gäste: 2. Ich nehme Orangensaft; 3. Einen Tee bitte; 4. Für mich ein Glas Wein; K. Wir wollen Limonade. Der Ober: Gut, also einen Orangensaft, einen Tee, ein Glas Wein und Limonade. Ist der Tee für Sie? – Nein, der Orangensaft ist für mich.

S 2 a) Hier ist Westberlin. Dort ist die Mauer. Drüben ist Ostberlin. Hier / Da ist das Café, ... Es gibt draußen immer ... Also warte ich drinnen, dort ...
Jetzt bin ich wieder hier. Das Café ist noch da, aber die Mauer ist weg. Warum bist Du nicht hier? Ich suche Dich drinnen, ich suche Dich draußen, ...

Kapitel 7

W 1 a) *Anrede persönlich:* Liebe Helga/Lieber Franz, Liebe Frau Kuhlmann, Lieber Herr Kuhlmann
  formell: Sehr geehrter Herr Kuhlmann, Sehr geehrte Damen und Herren
  Gruß persönlich: Herzlich/Mit herzlichen Grüßen Euer, Mit freundlichen Grüßen
  formell: Mit freundlichen Grüßen
 b) *Anrede:* 1. Liebe ..., 2. Sehr geehrte Damen und Herren, 3. Liebe Kollegen, 4. Liebe Frau .../Sehr geehrte Frau ...,
  Gruß: 1. Herzlich/Mit herzlichen Grüßen Dein(e) ... 2. Mit freundlichen Grüßen (...) 3. Mit herzlichen/freundlichen Grüßen Ihr(e) 4. Mit freundlichen Grüßen (...)

W 2

		Kommentar (Beispiel)
a) Vorsicht! ...	b) Keine Angst!	Ich weiß doch, ...
... Pistole?	Sicher ist sicher!	Es ist hier gefährlich!
... ins Casino.	Viel Glück!	Vielleicht gewinnen Sie.
... bei Erika	Schon wieder?!	Das ist diese Woche schon das vierte Mal!
... Fahrkarte ...?	Hin und zurück!	Ich fahre heute abend zurück.
... Resultate?	Alles läuft prima!	Wir verkaufen sehr gut!

W 3 a) Es ist Tag. Es ist hell – Es ist dunkel. Es ist Nacht.
 b) vormittags: neun Uhr, elf Uhr; mittags: zwölf Uhr, dreizehn Uhr; nachmittags: fünfzehn Uhr; abends: achtzehn Uhr, zwanzig Uhr, einundzwanzig Uhr; nachts: null Uhr, ein Uhr, vier Uhr
 c) *Beispiel:* Um 7 Uhr morgens stehe ich auf. Um 7 Uhr abends esse ich. Um 11 Uhr vormittags arbeite ich. Um 11 Uhr abends lese ich.

W 4 a) wo? bei, in; woher? aus; wohin? nach, durch; wann? um; wie lange? bis; wie? ohne; für wen? für
 b) *Beispiele:* Wohin fährt der Zug? – Er fährt nach Warschau/Berlin. Für wen ist das Geld? – Es ist für Sie und für den Joker. Wo finden wir das Geld? – Sie finden es bei Professor S. Wann sind sie wieder da? – Um zwölf sind sie wieder da. Bis wann wartet er? – Er wartet bis 10 Uhr. Bei wem wartet er? – Er wartet bei Harry. Wo warte ich? – Sie warten in Warschau.
 c) *Beispiele:*
  bei Familie K. wohnen   nach Deutschland fahren/kommen
  in Hamburg sein/schlafen/arbeiten/aussteigen/wohnen bei Löwenbräu arbeiten
  ohne Geld glücklich sein   für seine Kinder Schokolade kaufen
  um 7 Uhr hier sein/fahren   zu Familie K. fahren
  bis morgen warten   nach Hause fahren/kommen
  durch den Park laufen/fahren   in Deutschland arbeiten/wohnen/einen Job suchen
  für mich einen Brief haben   zu Klaus fahren
 e) durch den Suez-Kanal – bei BMW – in Moskau – ohne Kollegen – für seine Freundin – bis Mittag – nach Katmandu

G 1 a) *Beispiele:* ... meine Tochter ... Ihre Chefin ... unsere Schule ... deine Wohnung ... ihre Karte ... eure Schwester ...
 b) M.Nom.: -; M.Akk.: -en; N.Nom.: -; N.Akk.: -; F.Nom.: -e; F.Akk.: -e; Pl.Nom.: -e; Pl.Akk.: -e
 c) 1c, d, h, (g); 2g, (c, d, h); 3e, (a, b, f); 4e, (f)

 d)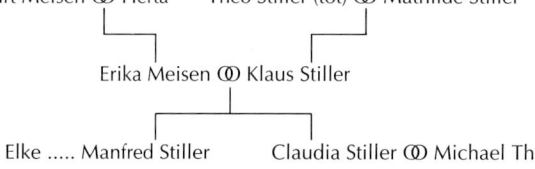

 Beispiel: Elke: Das ist mein Freund Manfred. Das ist seine Familie: Claudia ist seine Schwester. Ihr Mann heißt Michael Thaler. Seine Eltern sind Erika und Klaus Stiller. Manfred hat noch drei Großeltern. Ein Großvater, Theo Stiller, ist tot.
 Manfred: Das ist meine Familie. Claudia ist meine Schwester. Ihr Mann heißt Michael Thaler ...
 e) *Beispiele:* Kurt Meisen: ... Meine Frau hat auch keine Probleme. Sie hat zwei Fabriken. Ihr Bankkonto ist prima.
 Der arme Freund: ..., aber ich habe kein Haus. Und ich habe kein Bankkonto. Auch meine Frau hat kein Geld. ...
 Der Konkurrent: ..., aber sein Bankkonto ist nicht OK. Seine Frau hat Probleme: ihre Fabriken verkaufen wenig. ...
 Der Revolutionär: ..., aber eure Frauen haben nichts. Ihre Fabriken machen viel Geld, und ihre Bankkonten sind voll. ...

3 a) abholen, abholen, abgeben, zurückfahren
   b) 2. Sie holt den Paß ab.   II. Sie nimmt den Zug nach W.
      3. Sie trifft den Freund in Warschau.   III. Sie kommt durch die Kontrolle.
      4. Sie fährt nach „X".   IV. Sie gibt das Paket ab.
      5. Sie nimmt den Zug nach Berlin.   V. Sie fährt zurück.
   c) *Aussage-Satz:* Er macht den Brief schnell auf.   *W-Frage:* Warum macht er den Brief schnell auf?
      Satz-Frage: Macht er den Brief schnell auf?   *Bitte:* Machen Sie den Brief (bitte) schnell auf!
   d) Das sagt der Lehrer: Das machen Sie:
      2. Machen Sie das Buch auf S. 22 auf.   Wir machen das Buch auf S. 22 auf.
      3. Sehen Sie zuerst das Bild an.   Wir sehen zuerst das Bild an.
      4. Lesen Sie dann den Text durch.   Wir lesen dann den Text durch. (Dann lesen wir den Text durch.)
      5. Machen Sie das Buch wieder zu.   Wir machen das Buch wieder zu.
      6. Erklären Sie das Thema.   Wir erklären das Thema.
      7. Schreiben Sie einen Kommentar.   Wir schreiben einen Kommentar.
      8. Geben Sie den Kommentar beim Lehrer ab.   Wir geben den Kommentar beim Lehrer ab.
      9. Warten Sie auf das Resultat.   Wir warten auf das Resultat.

5 2 a) *Beispiel:* Peter und Monika sind in Istanbul. Sie haben Probleme. Ihre Pässe und ihre Fahrkarten sind weg. Ihr Auto ist kaputt. Das Konsulat ist zu. Vielleicht macht die Zollkontrolle Probleme. Sie haben wenig Geld. Vielleicht fahren sie schwarz, aber das ist sehr gefährlich. Also fahren sie per Autostopp nach Wien. In Wien nehmen sie den Zug nach Frankfurt. In Frankfurt telefonieren sie. Vielleicht holt X sie ab?
   b) Liebe(r) X,   wir sind in Istanbul. Wir haben Probleme. Unser Paß und unsere Fahrkarten sind weg. Unser Auto ist kaputt. Das Konsulat ...
      Mit herzlichen Grüßen   Peter und Monika

Kapitel 8

2 a) langsam-schnell; nah-weit; billig-teuer; jung-alt; kurz-lang; neu-alt; arm-reich

3   *Beispiel:* A: Ich habe etwas gegen Rock-Musik.   B: Warum denn?
    A: Ich finde Rock-Musik nicht kreativ.   B: Ich habe nichts gegen Rock-Musik. Ich finde Rock-Musik wunderbar.

4 a) (der) Student -en   (die) Studentin -nen   (der) Arbeiter -   (die) Arbeiterin -nen
  b) 1. Präsident -en   Präsidentin -nen   4. Fahrer -   Fahrerin -nen
     2. Jurist -en   Juristin -nen   5. Professor -en   Professorin -nen
     3. Minister -   Ministerin -nen   6. Käufer -   Käuferin -nen

5 a) *Beispiel:* Niederlande   Niederländer -   Niederländerin -nen   niederländisch
  b)   Österreich   Österreicher -   Österreicherin -nen   österreichisch
                  Argentinien   Argentinier -   Argentinierin -nen   argentinisch
                  Kanada   Kanadier -   Kanadierin -nen   kanadisch
                  Mexiko   Mexikaner -   Mexikanerin -nen   mexikanisch
                  Afrika   Afrikaner -   Afrikanerin -nen   afrikanisch
                  Brasilien   Brasilianer -   Brasilianerin -nen   brasilianisch
                  die Türkei   Türke -n   Türkin -nen   türkisch
                  Rußland   Russe -n   Russin -nen   russisch
                  Schweden   Schwede -n   Schwedin -nen   schwedisch

6   *Beispiele:* 2. Sie sind (vielleicht) gefährlich.   3. Ich habe genug Geld. / Sie sind gefährlich.   4. Sie sind unhöflich / gefährlich.
    5. Sie sind sehr interessant. / Sie gefallen mir nicht.   6. Er ist sonderbar!

7 b) 2. 07.30 oder 19.30   3. 06.40 oder 18.40   4. 02.35 oder 14.35   5. 10.49 oder 22.49   6. 09.23 oder 21.23

G 1 a) *Personalpronomen:* Nom.: ich   du   er   sie   es   wir   ihr   sie
                            Akk.: mich   dich   ihn   sie   es   uns   euch   sie
       Possessivartikel: mein   dein   sein   ihr   sein   unser euer   ihr
       beides: ihr

G 1 c) ●●● Das ist unser Spielplatz!   ●●● Euer Spielplatz! Ihr seid wohl verrückt.   ●●● Wir spielen immer hier. Geht weg oder wir rufen unsere Eltern!   ● Hört ihr das! Sie wollen ihre Eltern rufen. Ohne ihre Eltern haben sie Angst.   ●●● Dieser Spielplatz ist nur für uns.   ●●● Nur für euch? Warum denn?   ●●● Wir wohnen hier. Da drüben ist unser Haus.   ● Mein Onkel wohnt auch hier!   ● Ich kenne deinen Onkel aber nicht.   ● Ich kenne deine Eltern auch nicht.   ● Natürlich nicht, du wohnst ja auch nicht hier. Wir kennen euch nicht!   ● Dieser Spielplatz ist für alle, nicht nur für euch.   ≡ Seid vorsichtig! Mein Vater ist Sportlehrer.   ● : Dein Vater ist Sportlehrer! Glaubst du denn, ich habe Angst? Mein Onkel ist Boxer. Gegen meinen Onkel hat dein Vater keine Chance!   ● Kommt, wir gehen. Das hat keinen Sinn. Die wollen uns nur provozieren. Wir spielen zu Hause. Gebt unseren Ball zurück, dann gehen wir.   ●●● Eu(e)ren/Euer Ball? Das ist doch unser Ball! .....

G 2 a) Woher kommen Sie? Ich schreibe, woher ich komme.   Wie lange bleiben Sie? ..., wie lange ich bleibe.
Wie heißen Sie? ..., wie ich heiße.   Wann fahren Sie zurück? ..., wann ich zurückfahre.
Wo wohnen Sie? ..., wo ich wohne.   Warum fahren Sie nach X? ..., warum ich nach X fahre.
Wie alt sind Sie? ..., wie alt ich bin.   Wieviel Geld haben Sie mit? ..., wieviel Geld ich mithabe.
Wohin fahren Sie? ..., wohin ich fahre.

b) *Das Verb steht im indirekten Fragesatz am Satzende.*

Kapitel 9

W 1 a) 1. kommst du endlich zurück   2. zahle den Kredit zurück   3. bringe die Bücher zurück   4. fahre nicht zurück
   b) 1. bring deinen Freund auch mit   2. mitmachen   3. mitarbeiten   4. kommst du mit
   c) *Beispiele:* das Paket aufmachen/zumachen: Er macht das Paket auf/zu.
      wie Zaza aussehen: Sie sieht wie Zaza aus.
      eine Antwort ankreuzen: Er kreuzt eine Antwort an.

W 2 a) die Menschen: wach sein, aufwachen   die Sonne: scheinen, aufgehen, untergehen   die Menschen: einschlafen, schlafen
      der Mond: scheinen
   b) 1. Es ist Morgen: Die Sonne geht auf. Die Menschen wachen auf.   2. Es ist Tag: Die Sonne scheint. Die Menschen sind wach.
      3. Es ist Abend: Die Sonne geht unter. Der Mond geht auf. Die Menschen schlafen ein.   4. Es ist Nacht: Der Mond scheint. Die Menschen schlafen.

W 3   1f, 2d, 3e, 4b, 5h, 6g, 7c, 8a,   9. Er hat kein Geld mehr.   10. Hier ist endlich was los.   11. Wir haben noch Zeit.
      12. Ich bin sehr, sehr müde.

W 4   *Beispiel:* Am Montag ist Elternabend in der Schule. Am Dienstag kommt Klaus. ...

G 1   *Beispiele:*
   a) 1. Wir hatten Pech. Wir hatten kein Geld mehr.   2. Ich hatte ein Examen.   3. Ich hatte keine Zeit.   4. Es war Abend.
   b) 1. Bei wem/Wo warst du/waren Sie?   2. Wie lange war er dort?   3. Warum hatte er soviel Geld?   4. Wo waren Sie/warst du?

G 2 a) 1. ohne sie   2. für mich   3. durch den Park   4. gegen diesen Snob   5. um halb acht   6. bis fünf Uhr   7. Ohne ihre Puppe   8. gegen diesen Plan

G 3   1. aus: Ich komme aus Polen.   2. in: Ich arbeite in Bonn.   3. in: Ich rufe in Hamburg an.   4. bei: Ich arbeite bei IBM.
      5. über: Ich spreche über Politik.   6. von: Ich träume von Greta Garbo.   7. von (über)/nach: Ich fahre von (über) Köln nach Paris.   8. nach: Ich telegrafiere nach Madrid.   9. mit: Ich tanze mit Erika Walzer.   10. vor: Vor zehn Uhr wache ich nicht auf.

Kapitel 10

W 1 a) fallen – fliegen – fahren – springen – gehen – steigen   b) 2. fliegt   3. fällt – steigt   4. fällt   5. fällt – steigt   6. springen
   c) 1e, 2a, 3b, 4d, 5c, 6i, 7h, 8j, 9f, 10g

Ü 2 2. wird heiß   3. wird voll   4. wird leer   5. wird warm/heiß   6. wird kalt   7. wird dunkel

Ü 3 2. sinnlos   3. wortlos   4. respektlos   5. schlaflos   6. ruhelos   7. keine Arbeit (haben)   8. keine Bedeutung (haben)
9. humorvoll   10 bedeutungsvoll   11. phantasievoll   12. effektvoll

Ü 4 *Beispiele:* 1. [1] Wir kommen morgen zurück. 2. [3] Der Lehrer erklärt ein Wort. 3. [3] Ich entwerte die Karte (und steige ein).
4. [1] Ich wache spät auf. 5. [1] Die Schüler sehen müde aus. 6. [3] Wir bezahlen die Rechnung nicht. 7. [1] Vorsicht!
Fassen Sie den Apparat nicht an! 8. [3] Vergleichen Sie die Beispiele.

Ü 5 a) 1. Sie träumt immer.   2. Ich sehe ihn oft.   3. Er kommt manchmal.   4. Hier wird es nie hell.
b) *Beispiele:* Eis essen, das mache ich nur manchmal. Opern hören, das mache ich nicht oft.

G 1 a)   M   N   F   Pl.
     Nom.:   dieser   dieses   diese   diese
     Akk.:   diesen   dieses   diese   diese
b) Jeder Mann, jede Frau, jedes Kind, jeder Vater, jede Mutter, jedes Mädchen will glücklich sein. Ich ... jeden Sonntag, jede Woche, jedes Jahr.
c) 1. Welchen Zug nehmen Sie / nimmst du?   2. Welches Wort kennst du / Kennen Sie nicht?
3. Welchen Wein trinken Sie / trinkst du gern?   4. Welches Haus ist es?   5. Welche Sprachen lernst du / lernen Sie?

G 2 a) *Akkusative:* in die Schule gehen – auf die Straße fallen – in die U-Bahn einsteigen – auf das Dach steigen – in den Aufzug steigen
b) wohin? in den Aufzug steigen – in die Schule gehen – in die U-Bahn einsteigen
             auf die Straße fallen – auf das Dach steigen   *Kasus: Akkusativ*
   wo?   in dem(im) Bahnhof halten – in der Schule lernen – in dem (im) Aufzug sein
             auf der Straße liegen – auf dem Dach stehen   *Kasus: Dativ*
c) *Akkusativ:* in/auf den/das/die X laufen/gehen/steigen/fallen   *Dativ:* in/auf dem/dem/der X stehen/bleiben/sitzen/liegen
d) 1. in die Schule   2. in den Park   3. in die Kantstraße   4. in den Bus   5. auf den Mond   6. in das Büro

G 3 1. Er träumt, daß die U-Bahn nicht hält.   5. Er weiß nicht, ob er in Berlin oder New York ist.
     2. Er träumt, daß Zaza im Aufzug steht.   6. Er weiß nicht, woher das Geld kommt.
     3. Er träumt, daß er weglaufen will.   7. Er weiß nicht, ob das Zaza oder eine Puppe ist.
     4. Er träumt, daß er das Geld verloren hat.   8. Er weiß nicht, ob der Traum eine Bedeutung hat.

Kapitel 11

Ü 1 a) 1b, 2b, 3a, 4c, 5e, 6b, 7d   b) 2. Seinen Chef duzt man nicht.   3. In der Schule spielt man nicht.
                                          4. In ein Buch schreibt man nicht.   5. Briefe von anderen Leuten liest man nicht.

Ü 2 senden: sprechen, schreiben, sagen, rufen, zeigen; empfangen: fühlen, lesen, hören, sehen

Ü 3 a) der/die Schläfer/-in   schlafen   der Schlaf   der/die Läufer/-in   laufen   der Lauf
        der/die Träumer/-in   träumen   der Traum   der/die Tänzer/-in   tanzen   der Tanz
        der/die Käufer/-in   kaufen   der Kauf   der/die Sprecher/-in   sprechen   die Sprache
        der/die Anfänger/-in   anfangen   der Anfang   der/die Spieler/-in   spielen   das Spiel
        der/die Beginner/-in   beginnen   der Beginn   der/die Fahrer/-in   fahren   die Fahrt
        der/die Erzähler/-in   erzählen   die Erzählung   der/die Erfinder/-in   erfinden   die Erfindung
        der/die Sender/-in   senden   die Sendung   der/die Bewohner/-in   wohnen   die Wohnung
     b) Entschuldigung, Beschreibung, Bezahlung, Erwartung

G 1 a) 3. träumen – geträumt + haben 4. haben – gehabt + haben 5. denken – gedacht + haben 6. ankommen – angekommen + sein
       7. finden – gefunden + haben 8. diskutieren – diskutiert + haben 9. reden – geredet + haben 10. fahren – gefahren + sein

G 2 a) erklären   erklärt   –   =   erklär   -t
       haben   gehabt   ge-   =   hab   -t
       ankommen   angekommen   an-ge- =   komm   -en
    b) 1. geträumt 2. geworden 3. aufgewacht 4. bezahlt 5. eingeschlafen 6. erzählt 7. gedacht 8. gekauft
       9. kopiert 10. gewesen 11. gestohlen 12. geantwortet 13. weggelaufen 14. verstanden 15. mitgebracht
       16. gegangen 17. gelächelt 18. gearbeitet 19. geblieben 20. gewußt

c) *Beispiele:* 1. Verbklasse: a) kopieren → kopiert b) – – –
2. Verbklasse: a) erzählen → erzählt b) bezahlen → bezahlt
3. Verbklasse: a) aufwachen → aufgewacht b) weglaufen → weggelaufen
4. Verbklasse: a) träumen → geträumt b) stehlen → gestohlen

G 3 a) warten ▪ schreiben ▪ lesen ▪ herkommen ✗ untergehen ✗ einsteigen ✗ abfahren ✗ geben ▪ laufen ✗ werden ✗ sehen ▪ aufgehen ✗ spielen ▪ denken ▪ fliegen ✗ hören ▪
b) 2. ausgesehen haben 3. eingestiegen sein 4. gewohnt haben 5. verloren haben 6. gerufen haben 7. angerufen haben 8. geklingelt haben 9. losgegangen sein 10. kritisiert haben 11. vergangen sein 12. erwartet haben 13. gerannt sein 14. angekreuzt haben 15. aufgegangen sein 16. geöffnet haben

G 5 (1) bin ... gewesen. (2) habe ... angerufen. (3) habe ... gefragt. (4) habe ... geträumt. (5) habe ... erklärt. (6) hat ... geantwortet. (7) bin ... gegangen. (8) hat ... gewohnt. (9) habe ... geklingelt. (10) hat ... erwartet. (11) habe ... erzählt. (12) bin ... eingestiegen. (13) ist ... gefahren. (14) ist ... geworden. (15) haben ... gewartet. (16) habe ... gesehen. (17) hat ... ausgesehen. (18) hat ... gefragt. (19) bin ... aufgewacht. (20) hat ... gelächelt. (21) haben ... gestohlen. (22) hat ... gerufen. (23) habe ... verstanden. (24) gewesen ist.

Kapitel 12

W 1 a)
1, 2, ...	1 Kännchen	1 Tasse	1 Glas	1 Stück	1 Scheibe	1 Gramm	etwas
2 Brötchen	Tee	Kaffee	Wasser	Zucker	Wurst	Zucker	Wurst
1 Ei	Kaffee	Tee	Tee	Brot	Brot	Salz	Schinken
1 Grapefruit	Milch	Schokolade	Orangensaft	Butter	Käse	Marmelade	Honig
		Milch		Käse	Schinken	Butter	Müsli

b) *Beispiele:* kalorienreich: Schokolade, 3 Semmeln, Zucker, Butter, Käse, Wurst, Schinken, Honig, Marmelade, Ei; kalorienarm: Grapefruit, Orangensaft, Wasser, Salz, Scheibe Brot, Müsli, Joghurt

W 2 a) das Lachen, das Wissen, das Leben, das Warten
b) Hier ist (das) Halten, Fotografieren, Essen verboten.   Hier ist (das) Spielen, Schwimmen, Parken, Rauchen erlaubt.

W 3 *Kritik:*   *Kompliment:*
1. Du bist schon wieder zu spät.   Du hast lange gearbeitet.
2. Heute warst du sehr aggressiv.   Du warst wunderbar.
3. Das finde ich nicht gut.   Das finde ich wunderbar.
4. Er ist uninteressant.   Er ist bescheiden und vorsichtig.
5. Ich finde sie unattraktiv.   Ich finde sie sehr attraktiv.
6. Ich fühle mich nicht wohl.   Ich freue mich.

W 4 a) *Beispiele:* 1. a) Das denkt Klaus: Ich bin doch alt genug! b) Das denkt sein Vater: Du bist noch zu jung.
2. a) Das denkt er: Drei Koffer sind zu viel. b) Das denkt sie: Drei Koffer sind zu wenig.
3. a) Der Hotelier: Das ist nicht zu teuer. b) Der Gast: Das ist zu teuer.
4. a) Sie: Das ist lang genug. b) Er: Das ist zu kurz.

G 1 a) *Subjekt / Adressat:* Das Brot / mir – Sie / mir – Ich / Ihnen – Das Essen / ihm – Es / ihm – Der Lehrer / ihnen – Ich / ihr – Gröger / ihm – Ich / dir – Wir / euch – Sie / ihm – Das / uns
b) *Dativ:* mir, dir, ihm, ihr, ihm, uns, euch, ihnen / Ihnen
c) Du bringst es ihr. Sie zeigt es ihm. Er schreibt es ihnen. Sie sagen es euch. Ihr erklärt es mir. Ich glaube euch nicht.

G 2 a) *Beispiele:* Verb + Modalverb   Partizip + Hilfsverb   Präfix + Verb
versuchen wollen   gekommen sein   auf - wachen
schreiben können   gekauft   haben   ab - schreiben
b) *Infinitiv-Gruppe oder Nebensatz; Satz-Frage oder Bitte; Aussage oder W-Frage*
c) nach Berlin fahren wollen   weglaufen   gut geschlafen haben
1. Wir wollen nach Berlin fahren.   Wir laufen weg.   Wir haben gut geschlafen.
2. Wann/Warum wollt ihr nach Berlin fahren? Warum lauft ihr weg? Warum habt ihr gut geschlafen?
3. Willst du nach Berlin fahren?   Läufst du weg?   Hast du gut geschlafen?
4. Frag sie doch, ob sie nach Berlin fahren will. Frag sie doch, ob sie wegläuft. Frag sie doch, ob sie gut geschlafen hat.

Kapitel 13

1 d) *Beispiele:* der Sommerhimmel: Er ist schön blau.
der Regenmantel: Man bleibt trocken.
der Schneeregen: Der Regen ist sehr kalt.
der Herbstnebel: Gibt es oft im Herbst.
das Herbstwetter : Es regnet viel. Es ist sehr naß.
die Wintermode: Die trägt man im Winter.
die Regenwolke: Daraus kommt Regen.
der Frühlingsmonat: April, Mai
...

2 b)

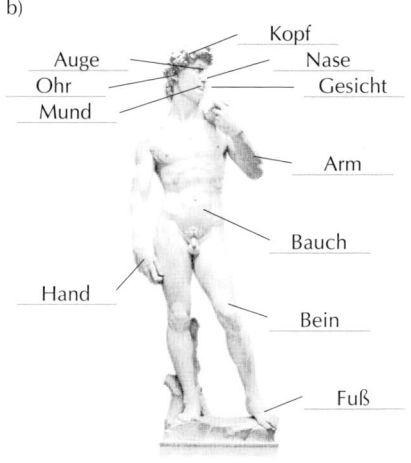

Kopf, Auge, Ohr, Mund, Nase, Gesicht, Arm, Bauch, Hand, Bein, Fuß

c) 1c, 2g, 3h, 4e, 5a, 6i, 7b, 8f, 9d, 10j

d) Erklärung:
Ich habe Bauchschmerzen. Du hast vielleicht zu viel gegessen!
Ich habe Augenschmerzen. Du hast vielleicht zu viel gelesen!
Ich habe Ohrenschmerzen. Du hast vielleicht zu viel Deutsch gehört!

W 3 1b, 2e, 3f, 4d, 5c, 6a — 7. Können Sie Deutsch sprechen?
8. Kann ich den Zucker mal haben? 9. Kann ich hier telefonieren?

W 4 a) 1b, 2c, 3e, 4d, 5a, 6 Ich höre gerne Rock-Musik. Sie gefällt mir. ...
b) 1. gehört 2. fehlt 3. paßt 4. schmeckt 5. Gefällt

1

	Position: 1	2	3	...	Endposition
Er schreibt der Chefin einen Brief.			X		
Er schreibt diesen Brief seiner Chefin.					X
Der Chefin hat er doch schon gestern geschrieben.	X				
Abends schreibt er der Chefin immer einen Brief.				X	

2 a) 2. der Chefin – die Chefin; 3. dem Kind – das Kind; 4. Einer Chefin – eine Chefin; 5. den Männern – die Männer; 6. Kindern – Kinder; 7. dem Schneemann – der Schneemann; 8. Einem Kind – ein Kind; 9. Müttern – Mütter; 10. der Frau – die Frau; den Mädchen – die Mädchen. – Der Dativ Plural endet bei den Nomen immer auf -n!
Pronomen – Artikel: die *3. Person Singular und Plural* (er/es/sie – sie) *und die Sie-Form haben auch im Dativ dieselben Endungen:* ihm-dem/einem, ihr-der/einer, ihnen-den, Ihnen-den. Kasus-Signal im Dativ ist oft -m.
b) 1. Frauen wie ihnen 2. Einer Frau wie ihr 3. Einem Erzähler wie Ihnen 4. Einem Freund wie dir 5. Einem Kind wie ihm

3 a) geben, schenken, sagen, kaufen, bringen, ...   **b)** helfen, gefallen, passen, gehören, schmecken, fehlen, ...
c) 1. Das tut mir weh. Das tut ihm/ihr/ihnen weh.
2. Es ist mir zu kalt. Das ist ihm/ihr/ihnen zu kalt.
3. Das macht mir Spaß. Das macht ihm/ihr/ihnen Spaß.
4. Das macht mir Angst. Das macht ihm/ihr/ihnen Angst.
5. Es ist mir zu heiß. Es ist ihm/ihr/ihnen zu heiß.
6. Es geht mir gut. Es geht ihm/ihr/ihnen gut.
7. Das ist mir egal. Das ist ihm/ihr/ihnen egal.

4 a) 1. Ich sage dir nicht, warum ich das mache.
2. Ich verstehe natürlich, daß das verboten ist.
3. Es ist noch nicht sicher, ob er wirklich morgen kommt.
4. Er hat nicht geschrieben, wie lange er bleiben will.
b) 1. a) Ich glaube nicht, daß das erlaubt ist.
2. a) Alle sind zufrieden, wenn sie Erfolg haben.
3. a) Wir sind verloren, wenn wir den Aufzug nicht finden.
4. a) Ich verstehe nicht, warum sie wütend ist.
5. a) Er weiß auch nicht, ob das verboten ist.
b) Daß das erlaubt ist, glaube ich nicht.
b) Wenn sie Erfolg haben, sind alle zufrieden.
b) Wenn wir den Aufzug nicht finden, sind wir verloren.
b) Warum sie wütend ist, verstehe ich nicht.
b) Ob das verboten ist, weiß er auch nicht.

Kapitel 14

W 1 a) Normalerweise tragen
Frauen keine: Anzüge, Krawatten, Westen.
Männer keine: Blusen, Kleider, Kostüme, Röcke.
Jungen keine: Anzüge, Blusen, Kostüme, Krawatten, Röcke.
Mädchen keine: Anzüge, Krawatten, Westen.
b) 1. ... einen Anzug mit Weste und Krawatte.   2. ... ein Kleid.   3. ... ein Kostüm.   4. ... eine Jeans und ein Hemd.
5. ... ein Rock und ein Pullover.   6. ... eine Jacke, Jeans und Sandalen.
c) *Beispiele:* 1. Er zieht den Anzug aus und zieht eine Jeans an.
2. Sie zieht das Kostüm und ihre Schuhe aus. Dann zieht sie ihre Bluse aus und ein T-Shirt an.
3. Sie zieht ihr Kleid aus und zieht einen Pullover und eine Jeans an.
4. Er zieht seine Sandalen aus. Dann zieht er Strümpfe und Stiefel an.

W 2 a) *Beispiele:* Leder: Stiefel, Schuhe, Jacken;   Wolle: Anzüge, Hosen, Kostüme, Pullover;   Baumwolle: Röcke, Hemden, Jeans, T-Shirts, Krawatten;   Seide: Hemden, Strümpfe, Kleider;   Nylon / Perlon: Hemden, Strümpfe
b) 1. ... ist ein Anzug zum Schlafen.   2. ... ist ein Kleid für den Abend.   3. ... ist eine Jacke aus Leder.   4. Ein Sommerkleid ist ein Kleid für den Sommer.   5. Ein Seidenhemd ist ein Hemd aus Seide.   6. Ein Sonnenhut ist ein Hut gegen die Sonne.
7. Ein Nachthemd ist ein Hemd für die Nacht.
c) Minirock, Frühlingsjacke, Sommerschuhe, Tennishose ...
d) *Beispiele:* 1. Jungen tragen keine Röcke, sondern Hosen.   2. Im Büro trägt man kein Nachthemd, sondern einen Anzug.

W 3 a) 2. das Glück, 3. der Brief, 4. der Bruder, 5. der Mund, 6. der Mann, 7. die Person, 8. menschlich, 9. herzlich, 10. monatlich, 11. geschäftlich, 12. beruflich, 13. schriftlich, 14. sommerlich
b) a) mündlich reklamieren   e) herzlich danken   i) menschlich bleiben
   b) freundlich lächeln   f) monatlich bezahlen   j) persönlich kennen
   c) brieflich antworten   g) glücklich reagieren   k) brüderlich teilen
   d) geschäftlich reisen   h) schriftlich informieren l) sommerlich aussehen
c) 2. Wahrscheinlichkeit, 3. Herzlichkeit, 4. Menschlichkeit, 5. Freundlichkeit, 6. Möglichkeit, 7. Männlichkeit, 8. Verständlichkeit
d) *Das Genus von Nomen auf „-keit" ist immer Femininum!*

W 5 a) Ich __will__ Deutsch   Ich __kann__ Deutsch lernen.   Ich __muß__ Deutsch
lernen. Ich finde   Hier ist ein   lernen. Hier spricht
Sprachen interessant.   Goethe-Institut. Ich bin doch   man nur Deutsch.
                                             nicht dumm!
c) 1. Der Vogel kann fliegen, aber er kann nicht klettern.   2. Der Affe kann klettern, aber er kann nicht fliegen.
3. Der Marabu kann laufen, aber er kann nicht schwimmen.   4. Der Elefant kann trompeten, aber er kann nicht springen.
5. Der Fisch kann schwimmen, aber er kann nicht laufen.   6. Der Seehund kann tauchen, aber er kann nicht springen. ...

G 1 a) du gehst / sprichst / fährst / wartest / hast / bist   b) *Charakteristisch:* spr<u>i</u>chst – spr<u>i</u>ch!; wart<u>e</u>st – wart<u>e</u>!
c) 1. a) Hör zu!   b) Hört zu!
   2. a) Antworte!   b) Antwortet!   3. a) Kreuz an!   b) Kreuzt an!
   4. a) Schreib!   b) Schreibt!   5. a) Lies ...!   b) Lest ...!
   6. a) Frag ...!   b) Fragt ...!   7. a) Ergänze ...! b) Ergänzt ...!

G 2 b) 1. s. Schema S. 133; *Vokalvariation:* in allen Singularformen; keine Endung bei „ich, er/es/sie"

Kapitel 15

W 1 a) *Beispiele:* die Küche: kochen, frühstücken, essen
das Schlafzimmer: schlafen, träumen, allein sein, sich anziehen, sich ausruhen, eine Pause machen
das Kinderzimmer: spielen, lernen, die Schularbeiten machen
das Wohnzimmer: essen, mit Freunden sprechen, lesen, fernsehen, Musik hören, mit der Familie zusammen sein, nichts tun
das Arbeitszimmer: lesen, lernen, allein sein, Briefe schreiben, nachdenken
das Bad/Badezimmer: duschen, allein sein, nachdenken, singen
der Garten: schlafen, mit Freunden sprechen, lesen, träumen, spielen, mit der Familie zusammen sein, frühstücken, essen
c) *Beispiele:* Es gibt sicher ... einen Küchentisch / Küchenstuhl / Küchenschrank, ... einen Wohnzimmertisch / Wohnzimmersessel / Wohnzimmerschrank, ... einen Gartentisch / Gartenstuhl, ... einen Kindertisch / Kinderstuhl, ein Kinderbett, ... einen Bücherschrank, ein Bücherregal, ... einen Kleiderschrank, ... einen Schlafzimmerschrank / Schlafzimmerteppich

Ü 2
a)   Was er fühlt (1):   (2):
   1. „Wann kommst du endlich?!"   X
   2. „Hoffentlich kommt er jetzt nicht!"   X
   3. „Vielleicht kommt sie auch mit."   X
   4. „Leider kann ich nicht kommen."   X
   5. „Er ist wahrscheinlich schon angekommen."   X
   6. „Wir sind sicher zu spät."   X
   7. „Glücklicherweise ist er nicht gekommen."   X
   8. „Ich möchte lieber nicht mitkommen."   X
b) 1. leider – 2. sicher – 3. Hoffentlich – 4. Glücklicherweise – 5. endlich – 6. Wahrscheinlich – 7. lieber – 8. Vielleicht

Ü 3 a) *Beispiele:* alt aussehen, schnell laufen, höflich grüßen/antworten, herzlich danken, sauer schmecken, falsch singen, süß lächeln, dunkel werden, müde klingen, arm aussehen, kalt bleiben, kurz leben
   b) laut   wohnen   = eine Wohnung haben, die sehr laut ist   kalt   danken = man dankt, aber bleibt sehr formell
      sauer lächeln   = man lächelt, aber man ist wütend   schnell leben = man lebt, aber hat für nichts Zeit

Ü 4 a)

```
                    oben




 links                                    rechts
                                  hinten
                          vorne
                          unten
```

Ü 5 a) 1. rechts; 2. von oben nach unten; 3. nach vorne; 4. von Norden nach Süden; 5. von unten nach oben; 6. von Süden nach Norden;
   b) 1. nach unten; 2. nach oben; 3. raus; 4. rein;

Ü 6 a) sitzen – hängen – stecken – stehen – liegen

Ü 7 a) wo? – sitzen, hängen, stehen, liegen, stecken   wohin? – setzen, hängen, stellen, legen, stecken
   b) 1. Ich hänge das Foto an die Wand.   2. Ich stelle das Foto auf den Tisch.   3. Ich stecke das Foto in das Album.
      4. Ich lege das Foto auf den Küchentisch.   5. Ich stecke das Foto in meine Tasche.

G 1 b) + c) *Position* (wo? → *Dativ!*): 2. stehen; 3. sein; 4. stehen; 5. stehen; 7. wohnen; 9. stehen; 11. stehen; 13. stehen
   Richtung (wohin? → *Akkusativ*): 1. fahren; 6. (sich) stellen; 8. gehen; 10. stellen; 12. hängen

G 2 a) *Im Relativsatz steht das Verb in der Endposition.*
   b) 1. a) Die Frau lächelt.   b) Die Frau steht am Fenster.
      2. a) Schlock kennt den Mann.   b) Der Mann wohnt neben Zaza.
      3. a) Das Ding ist rund.   b) Er hat das Ding in der Hand.
      4. a) Sie gehen in ein Zimmer.   b) Das Zimmer ist dunkel.
      5. a) Er kennt die Personen.   b) Die Personen stehen am Fenster.
   c) 1. Jemand, der nervös ist, kann ...   2. Ein Kind, das lügt, wird ...   3. Leute, die nicht recht haben, sprechen ...   4. Jemand, der Angst hat, ist ...   5. Ein Mann, der keinen Erfolg hat, sieht ...   6. Jungen und Mädchen, die verliebt sind, stehen ...   7. ...

Kapitel 16

Ü 1 a) Ich möchte gern   Im Unterricht soll   Natürlich darf ich
       korrekt sprechen. ...   ich Deutsch sprechen, ... auch in meiner ...
   b) 1. Ich möchte das tun.   2. Ich darf das tun.   3. Ich soll das tun.
   c) *Beispiel:*   Sprecher: ein Kind X
      1. Das muß ich   : a) Ich muß zur Schule gehen.   b) Ich muß nicht Geld verdienen.
      2. Das darf ich   : a) Ich darf spielen.   b) Ich darf nicht lügen.
      3. Das soll ich   : a) Ich soll früh ins Bett gehen. b) Ich soll nicht schon um 6 Uhr aufstehen.
      4. Das kann ich   : a) Ich kann schon bis 10 zählen. b) Ich kann noch nicht lesen.
      5. Das möchte ich : a) Ich möchte groß sein.   b) Ich möchte nicht so wie die Erwachsenen sein.
   d) 1c/f; 2a; 3e; 4d; 5c/f; 6b

Ü 2 a) 1. etwas Rundes   2. etwas Teures   3. etwas Gutes   4. etwas Schönes   5. etwas Sonderbares
   b) 1. etwas Interessantes   2. etwas Schlechtes   3. nichts Neues   4. etwas Wichtiges

243

W 3 1. a) Nein, ich war noch nie in Paris. b) Doch, ich war (schon) in Paris.
2. a) Nein, man darf hier nicht rauchen. b) Ja, man darf hier rauchen.
3. a) Nein, ich habe es nicht gehört. b) Doch, ich habe es gehört.
4. a) Nein, ich will/möchte nicht mitkommen. b) Doch, ich will/möchte mitkommen.
5. a) Nein, ich habe kein Geld mehr. b) Doch, ich habe noch 200 Mark.
6. Findest du sie nicht nett?
7. Hast du das noch nicht gewußt?
8. Findest du denn nichts schön?

W 5 1d, 2a, 3c, 4a/c, 5b/d, 6d

W 6 2. Er raucht eine Zigarette nach der anderen. 3. Er schreibt ein Buch nach dem anderen. 4. Sie hat einen Freund nach dem anderen. 5. Sie kauft ein Kleid nach dem anderen. 6. ...

G 1 a) *Nom.:* der – das – die – die; *Akk.:* den – das – die – die; *Dat.:* dem – dem – der – denen
b) 1. Er ist heute nervös. Der ist heute aber nervös! 4. Ich will nichts von ihr hören. Von der will ich nichts hören!
2. Ich kenne ihn schon. Den kenne ich doch schon! 5. Sie tippt sehr schnell. Die möchte ich als Sekretärin haben!
3. Ich spiele nicht mit ihnen. Mit denen spiele ich nicht! 6. Es schmeckt mir gut. Das möchte ich noch einmal essen!

G 2 a) *Siehe Tabelle S. 133*
b) können, dürfen, sollen: *Vokalvariation Singular/Plural (a-ö, u-ü), und bei „ich" und „er, es, sie" keine Endung.*

G 3 1. a) Sie hat nicht gedurft. b) Sie hat nicht mitkommen dürfen.
2. a) Ich habe noch ins Büro gemußt. b) Ich habe noch ins Büro gehen müssen.
3. a) Ja, ich habe das (Gespräch mit ihm) gewollt. b) Ja, ich habe endlich einmal mit ihm sprechen wollen.
4. a) Nein, ich habe fast alles gekonnt. b) Nein, ich habe fast alle Fragen beantworten können.

G 4 1. Lassen Sie das bleiben. 2. Heute können wir spazierengehen. 3. Man lernt interessante Leute kennen.
4. Warum bleibst du dauernd stehen?

Kapitel 18

W 1 a) Schweinekotelett: 9; Rinderzunge: 2; Lammkeule: 15; Schweinshaxe: 9; Rinderschmorbraten: 2; Brathähnchen: 6; Zigeunerschnitzel (vom Rind): 2; Wiener Schnitzel (vom Schwein): 9; Frisches Fischfilet: 7; Kabeljau (frisch aus der Nordsee): 7; Rumpsteak: 2; Mast-Hähnchen: 6; Schweinebraten: 9; Entenbrust: 3; Kalbsnierenbraten: 2; Hühnerbouillon: 13; Hasenrücken: 1; Kalbsbraten: 2
b) In Deutschland ißt man Rind-, Kalb-, Schweine-, Lamm- und Hasenfleisch, auch Huhn, Hähnchen, Ente und Fisch. Man ißt in der Regel kein Fleisch von Vögeln, Fröschen, Pferden, Katzen, Hunden, Känguruhs und Schlangen.

W 2 a) Gemüse: 1, 5; Nudeln: 1; Kartoffeln: 1, 2; Brot: 4; Kuchen: 4; Salat: 5; Obst: 5; Fisch: 1, 2, 3; Fleisch: 1, 2, 3; Wurst: 1, 2, 3; Schinken: 1; Eier: 1, 2
b) *Beispiele:* Nudeln kocht man. Kartoffeln kann man kochen oder braten. Brot und Kuchen bäckt man. Salat ißt man meistens roh. Auch Obst kocht man nicht. Fisch und Fleisch kann man kochen, grillen oder braten.

W 3 a) Die richtige Reihenfolge: 2., 5., 8., 1., 7., 10., 3., 9., 12., 11., 4., 6.
b) In einem Fastfood: 1. Zuerst wählt man die Speisen und Getränke aus. 2. Dann bestellt man Speisen und Getränke. 3. Man bezahlt. 4. Man sucht einen Tisch. 5. Man ißt und trinkt die Speisen und Getränke.
In der Kantine einer Firma: 1. Zuerst wählt man die Speisen und Getränke aus. 2. Dann nimmt man die Speisen und Getränke. 3. Man bezahlt. 4. Man sucht einen Tisch. 5. Man ißt und trinkt die Speisen und Getränke. 6. Man bringt das Tablett mit Teller und Besteck (Messer, Gabel, Löffel) zurück.
c) 1c, 2a, 3g, 4f, 5e, 6b, 7d, 8h

W 4 Sollen wir das Licht ausmachen? Sie sollen nie Alkohol trinken.
Sollen sie bald zurückkommen? Der Roman soll ein Bestseller sein.
Soll er das sofort machen? Es soll dort viele Probleme geben.

W 5 1e, 2g, 3c, 4d, 5b, 6f, 7a

G 1 a) 1. der Kellner; 2. das Land; 3. der Student; 4. meine Freundin; 5. diese Kinder; 6. die Firma; 7. der Monat; 8. der Agent; 9. die Bücher; 10. die Wohnung

b)
	M	N	F	Pl.
Nom.	der Kellner	der Agent	das Land	die Freundin	die Bücher
Gen.	des Kellners	des Agenten	des Landes	der Freundin	der Bücher

c) Das Nomen im Genitiv hat nur bei Maskulinum und Neutrum eine andere Form. Maskulinum und Neutrum sind im Genitiv gleich, das Nomen bekommt -(e)s, im Maskulinum (Agent = ‚internationales' Wort!) auch -en.

d) 1. der Beginn des Film(e)s; 2. die Sprachen der Europäer; 3. der Titel des Buches; 4. die Erklärung der Lehrerin; 5. der Erfinder des Radios; 6. die Autorität der Eltern; 6. das Büro des Präsidenten

e) 1. Zazas Tasche; 2. Deutschlands Klima; 3. Englands Königin / die Königin Englands; 4. Peters Familie; 5. H. Bölls Romane / die Romane H. Bölls; 6. Amerikas Entdecker / der Entdecker Amerikas

G 2 a) 1. aber/doch; 2. aber/doch; 3. denn; 4. aber/doch; 5. denn

b) *Beispiele:*
1. Heute habe ich wenig Zeit,   (a) denn   ich habe ein volles Programm.   (b) doch   vielleicht machst du schnell?
2. Ich habe alles verstanden,   (a) denn   mein Deutsch ist prima.   (b) aber   ich will es nicht machen.
3. Morgen kann ich leider nicht,   (a) denn   ich habe keine Zeit.   (b) aber   übermorgen geht es wohl.
4. Hier gefällt es mir gut,   (a) denn   hier ist es schön.   (b) doch   es ist sehr heiß.

G 3 a)
Verb/Adjektiv	+ Präp.	Akk.	Dat.			Akk.	Dat.
2. wütend (sein)	über	X		7. glücklich sein	über	X	
3. warten	auf	X		8. höflich sein	zu		X
4. denken	an	X		9. etwas haben	gegen	X	
5. träumen	von		X	10. zufrieden sein	mit		X
6. fragen	nach		X	11. antworten	auf	X	

Kapitel 19

W 1 a) *Beispiele:* 1. d, e; 2. a, d; 3. e, g, h; 4. e, h; 5. a, d; 6. b, c, h, j; 7. b, c, i; 8. f, h; 9. b, e, g; 10. c, i, l; 11. b, e, k.
Man füllt ein Formular aus. Man schreibt eine Telefonnummer auf. Man notiert ein Wort. Man unterschreibt einen Brief. Man verfaßt einen Bericht. Man beschreibt eine Szene. Man formuliert einen Satz. Man macht ein Gedicht. Man trägt eine Notiz ein. Man ergänzt einen Satz. Man unterstreicht ein Wort. Man streicht eine Antwort durch.

W 2 a) Damentasche, Kindertasche/Schultasche, Herrentasche, Reisetasche
b) ... Frauen   : einen Rasierapparat, einen Taschenrechner, ein Taschenmesser, Kaugummi, ...
   ... Männern : einen Spiegel, einen Lippenstift, einen Kamm, Medikamente, Parfüm, Kaugummi, eine Sonnenbrille
   ... Kindern : einen Rasierapparat, Parfüm, Schlüssel, ein Scheckheft, einen Personalausweis, ein Feuerzeug, Geld, Zigaretten, einen Fahrplan, einen Lippenstift, Medikamente, Fotos, eine Sonnenbrille

W 3   2b, 3f, 4c, 5h, 6i, 7a, 8d, 9e

W 4   1. meistens ..... fast nie; 2. sofort ..... später; 3. ungefähr ..... genau; 4. ziemlich ..... nicht besonders; 5. vor allem ..... auch; 6. auf jeden Fall ..... auf keinen Fall

G 1 a) komme – öffne – mache – höre – müssen – sprechen – gehe – sitzen – kenne – trinken – essen – weiß – soll – will – steht – sieht – sagt

b) *Verb ≠ Infinitiv:* kommen, sprechen, gehen, sitzen, trinken, essen, aufstehen, ansehen
   Verb = Infinitiv + -te: öffnen, anmachen, hören, sollen, wollen, sagen
   Verb ≠ Infinitiv + -te: müssen, kennen, wissen

d) 2. Er mußte das sofort machen.   3. Hier durfte man nicht fotografieren.   4. Natürlich wollten wir anrufen.   5. Aber wir konnten die Nummer nicht finden.   6. Ihr solltet doch den Bericht schreiben!   7. Ich war gerade bei meinem Chef. 8. Wir hatten ein Problem mit dem Auto.

G 2 a) *1. Dat.-Objekt; 2. Subjekt; 3. Akk.-Objekt; 4. Dat.-Objekt; 5. Akk.-Objekt; 6. Dat.-Objekt; 7. Dat.-Objekt; 8. Subjekt; 9. Dat.-Objekt; 10. Dat.-Objekt; 11. Akk.-Objekt; 12. Akk.-Objekt; 13. Subjekt; 14. Subjekt*

b)
	M	N	F	Pl.
Nom.	der	das	die	die
Akk.	den	das	die	die
Dat.	dem	dem	der	denen

c) *Das Relativpronomen ist wie der bestimmte Artikel ‚der/das/die' – nur der Dativ Plural ist anders: ‚denen'.*

d) 2. Etwas Trinkbares ist etwas, das man trinken kann.   3. Etwas Machbares ist etwas, das man machen kann.
4. Etwas Sinnloses ist etwas, das keinen Sinn hat.   5. Etwas Sinnvolles ist etwas, das (einen) Sinn hat.

e) *Beispiele:*
   2. ein Realist   : Das ist jemand, der nicht an Wunder glaubt.
   3. ein Philosoph   : Das ist jemand, den man nicht immer versteht.
   4. ein Star   : Das ist jemand, den alle kennen.
   5. ein Pragmatiker   : Das ist jemand, den nur das Konkrete interessiert.
   6. ein Intellektueller : Das ist jemand, der viel nachdenkt.
   7. ein Optimist   : Das ist jemand, dem nichts Angst macht.

f) 2. Das ist der Hut, den Gröger trägt.   3. Das ist der Bericht, den der Agent schreibt.   4. Das ist die Marke, die mein Auto hat.
5. Das ist das Personal, das in der Firma arbeitet.   6. Das ist die Bedeutung, die das Wort hat.

g) 1. dem; 2. den; 3. dem; 4. der; 5. die; 6. der; 7. ...; 8. denen; 9. die; 10. die; 11. denen; 12. die; 13. die

Kapitel 20

W 1 1c, 2a/b, 3f, 4e, 5h, 6l/i, 7c/d, 8a/b, 9j, 10f/k, 11g, 12i

W 2 a) 1d, 2c, 3e, 4a, 5b, 6g, 7f   b) 1. dagegen; 2. Deshalb; 3. deshalb; 4. dagegen; 5. dagegen; 6. deshalb

W 3 1. eine Nebenrolle; 2. ein Hauptgewinn; 3. ein Hauptpunkt; 4. ein Nebenfluß; 5. eine Hauptfunktion; 6. eine Nebenstraße;
7. der Hauptbahnhof; 8. eine Nebensache

W 4 1. sie kennen einander; 2. sie wissen nichts voneinander; 3. sie haben etwas füreinander; 4. sie spielen gegeneinander;
5. sie stehen nebeneinander; 6. sie kommen nacheinander

W 5 Wunderbar! [c]; Verdammt! [a]; Prima! [c]; Scheiße! [a]; Leider! [b]; Verflixt! [a]
Wie schön! [c]; Schade! [b]; Endlich! [c]; So ein Pech! [b]; Super! [c]; Herrlich! [c]

G 1 a) Ich wasche ...   Ich wasche ...
   (das Auto)   : __es__   (der Sohn)   : __ihm__   die Haare
   (die Hose)   : __sie__   (die Gäste) : __ihnen__ die Füße
   (der Hund)   : __ihn__   (die Puppe) : __ihr__   das Gesicht
   (die Gläser) : __sie__   (das Kind)   : __ihm__   die Ohren
   (ich selbst) : __mich__   (ich selbst) : __mir__   die Hände

b) *Beispiele:* 1d/g, 2c, 3f, 4a, 5c, 6d/e/g/i, 7b, 8e/i, 9i, 10e, 11a, 12f/h

c) 1. Beeilen Sie sich!   2. Ärgern Sie sich nicht!   3. Machen Sie sich keine Sorgen!   4. Wasch dir die Hände!   5. Zieht euch an!

d) 1. Sie lieben sich.   2. Wir helfen uns.   3. Wir rufen einander an = Wir rufen uns an.   4. Er findet sie nett, sie findet ihn nett:
Sie finden einander nett

G 2 1. ob; 2. daß; 3. warum; 4. Wenn; 5. Warum; 6. wann; 7. weil; 8. daß; 9. weil; 10. Wer; 11. ob; 12. daß

Kapitel 21

W 1 a) 1. Zimmerchen; 2. Häuschen; 3. Söhnchen; 4. Türchen; 5. Pünktchen; 6. Hütchen
b) 1. das Buch; 2. die Frau; 3. der Teller; 4. die Kanne; 5. das Brot; 6. die Blume

W 2 1. weiter; 2. weiter-; 3. wieder; 4. wieder-; 5. weiter; 6. wieder, weiter-; 7. weiter

W 3 1. unglaublich / schrecklich / ziemlich / sehr; 2. völlig / vollkommen; 3. vollkommen / völlig; 4. sehr / schrecklich /
ziemlich; 5. unglaublich / ziemlich / sehr; 6. völlig; 7. ziemlich / sehr

4 a) 2. ... braucht man Freunde; 3. ... braucht man eine Lösung; 4. ... braucht man Hilfe; 5. ... braucht man keine Hilfe;
6. braucht man eine Erklärung
   b) 1. Ruhe; 2. brauche ich gute Nerven; 3. kein Geld; 4. Freunde, Essen und Trinken; 5. einen starken Kaffee; 6. ein Glas Milch

5 a) *Beispiele:* 1. eine Kreditkarte, einen Scheck, Banknoten; 2. braucht man Münzen; 3. braucht man einen Scheck, eine Kreditkarte; 4. braucht man eine Kreditkarte; 5. braucht man Bargeld; 6. braucht man Münzen
   b) *Beispiele:*   c) Vorteile: Nachteile:
      normal   1. mit seiner Arbeit verdienen   keine Probleme mit der Polizei   mühevoll
                2. von seinen Eltern erben   man braucht nicht zu arbeiten   man wird faul
                3. auf der Straße finden   ist einfach   Unsicherheit über den Besitzer
                4. aus einer Tasche stehlen   man braucht nicht zu arbeiten   Probleme mit Moral und Polizei
      weniger   5. Falschgeld machen   man hat alles, was man braucht   Probleme mit Moral, Mafia und Polizei
      normal   6. im Lotto gewinnen   überraschend, ehrlich   man hat keine Idee, was man mit so viel
                                                                                            Geld machen soll

1 a) mit ihm zu sprechen – ins Kino zu gehen – nachts durch den Park zu gehen – die Fragen zu beantworten – nicht mehr zu rauchen – zu spät zu kommen
   b) ihn heute anzurufen – mit dir auszugehen – nachts spazierenzugehen – das Formular auszufüllen – uns nicht warten zu lassen – nicht kommen zu können

1 b) *Beispiele:* 1S, 2K, 3K, 4S, 5K, 6T, 7K, 8S, 9S, 10S, 11K, 12K, 13T, 14S, 15S, 16K, 17S, 18S, 19S, 20K, 21S, 22S
   c) 1. *Artikel + Nomen:* man zählt Objekte.   12. *Artikel + Nomen oder Pronomen:* eine Sache/etwas ist riskant.
      2. *Adjektiv:* nach ‚sind': wir sind arm, reich, froh, etc. 13. *Nomen:* man informiert eine Person.
      3. *Nomen:* jemand sagt etwas.   14. *Pronomen oder Artikel + Nomen:* = ‚die'.
      4. *Nomen/Pronomen:* nach Präposition   15. *Pronomen:* = ‚die'
      5. *Artikel + Nomen:* maskuline Person, ‚der' in 6.   16. *Possessivartikel:* Geld gehört jemandem.
      6. *Artikel + Nomen:* ‚der'.   17. *Verb:* Imperativ!! oder Nomen
      7. *Adjektiv:* Mein ..... Schlock.   18. *Verb:* ‚ich' = Subjekt.
      8. *Adjektiv:* ist ...; ‚gefährlich'in 9.   19. *Adjektiv:* ‚ist' ... .
      9. *Fragewort* ‚Warum': ...?, ‚Weil' in 10.   20. *Adverb:* wie sahen Gröger und Schlock sich an?
      10. *Konjunktion:* ‚Weil' 2 x, Logik.   21. *Adverb:* Zeit (zuerst ..., dann ..., ...).
      11. *Adverb:* intensivierte Frage.   22. *Verb:* Handlung.

Kapitel 22

1 2. schön wie ein Bild   3. klar wie Glas   4. weich wie Butter   5. stark wie ein Bär   6. groß wie ein Riese   7. eiskalt
   8. zuckersüß   9. steinhart   10. messerscharf   11. haushoch   12. grasgrün   13. rosenrot   14. himmelblau
   15. zitronengelb   16. schneeweiß.   Andere Farbnuancen: *Beispiele:* 17. ..., blutrot   18. ..., wasserblau   19. ..., tannengrün
   20. ..., wollweiß   21. ..., herbstgelb
   b) 2d/e, 3e, 4a, 5b
   c) 1. blutrote; 2. steinharte; 3. rätselhafte / wunderschöne; 4. fehlerhafte; 5. himmelblaue; 6. blitzschnelle; 7. wunderschöne / fehlerhafte; 8. eiskalte / wunderschöne; 9. riesengroßen; 10. schneeweißen; 11. schmerzhaften; 12. dunkelblonden;
   13. zuckersüßen

1 a) 1. bis zum (zu dem); 2. bis zum (zu dem); 3. bis zum (zu dem); 4. bis zu meiner Abfahrt
   b) 1. bis zum; 2. bis an; 3. bis vor; 4. bis über

2 1b) Seit du mir geschrieben hast, mache ich mir keine Sorgen mehr.   2b) Seit wir miteinander gesprochen haben, fühle ich mich besser.   3b) Ich arbeite noch, bis wir essen gehen.   4b) Wir warten hier, bis der Zug ankommt.

3 a) 2. die wunderschön ist; 3. der fremd war; 4. der komisch war; 5. die fremd waren; 6. der blau ist; 7. das schön ist;
   8. das billig ist; 9. die klein sind; 10. der gut ist; 11. der neu ist; 12. der bekannt ist
   b) *Das Adjektiv vor dem Nomen:* Endung -e/-er/-es/-en; das Adjektiv zusammen mit „ist": keine Endung
   c) *Artikel + Kasus-Signal:* 2. di<u>e</u> -e; 4. eine<u>n</u> -en; 6. diese<u>n</u> -en; 7. da<u>s</u> -e; 9. Di<u>e</u> -en; 11. de<u>m</u> -en; 12. de<u>s</u> -en
      Artikel „ein"/kein Artikel: 3. ein -er; 5. – -e; 8. ein -es; 10. – -er
   d) *Das Deklinationsschema gehört zur Gruppe Artikel + Kasus-Signal*

247

e) *Beispiele:* 1. große; 2. gute; 3. blonde; 4. blaue; 5. schreckliche; 6. roten; 7. dunklen; 8. schrecklichen/autoritären/guten; 9. guten; 10. schweren
f) 1. kleinen; 2. gefährliche; 3. kalten; 4. runden; 5. schönen; 6. kalter

G 4 a) Akk.   den Dicken   das Kleine   die Blonde   die Deutschen
    Dat.   dem Dicken   dem Kleinen   der Blonden   den Deutschen
    Gen.   des Dicken   des Kleinen   der Blonden   der Deutschen
    1. Das Kleine ... 2. Die Blonde ... mit dem Großen 3. Der Große ... des Kleinen.
b) 1. Karl den Großen; 2. Zaza, die Blonde; 3. Greta Garbo, die Geheimnisvolle
c) *Beispiele:* 1. Die guten Weine sind meistens auch die teuren Weine. 2. Der große Bruder spielt nicht gerne mit dem kleinen Bruder. 3. Die letzten Blumen sind oft die schönsten Blumen. 4. Das rote Kleid paßt gut zu dem grünen Kleid. 5. Die gekauften Nudeln sind nicht so gut wie die selbstgemachten Nudeln.

G 5   *Beispiele:* 1. bekam er einen Schlüssel. 2. esse ich und lese die Zeitung. 3. sind wir traurig gewesen. 4. lebten wir auf einem Dorf. 5. wollte ein Mann sie küssen. 6. war ich in Paris. 7. klingelte es. 8. gehe ich zu Eva.

S 1 a)

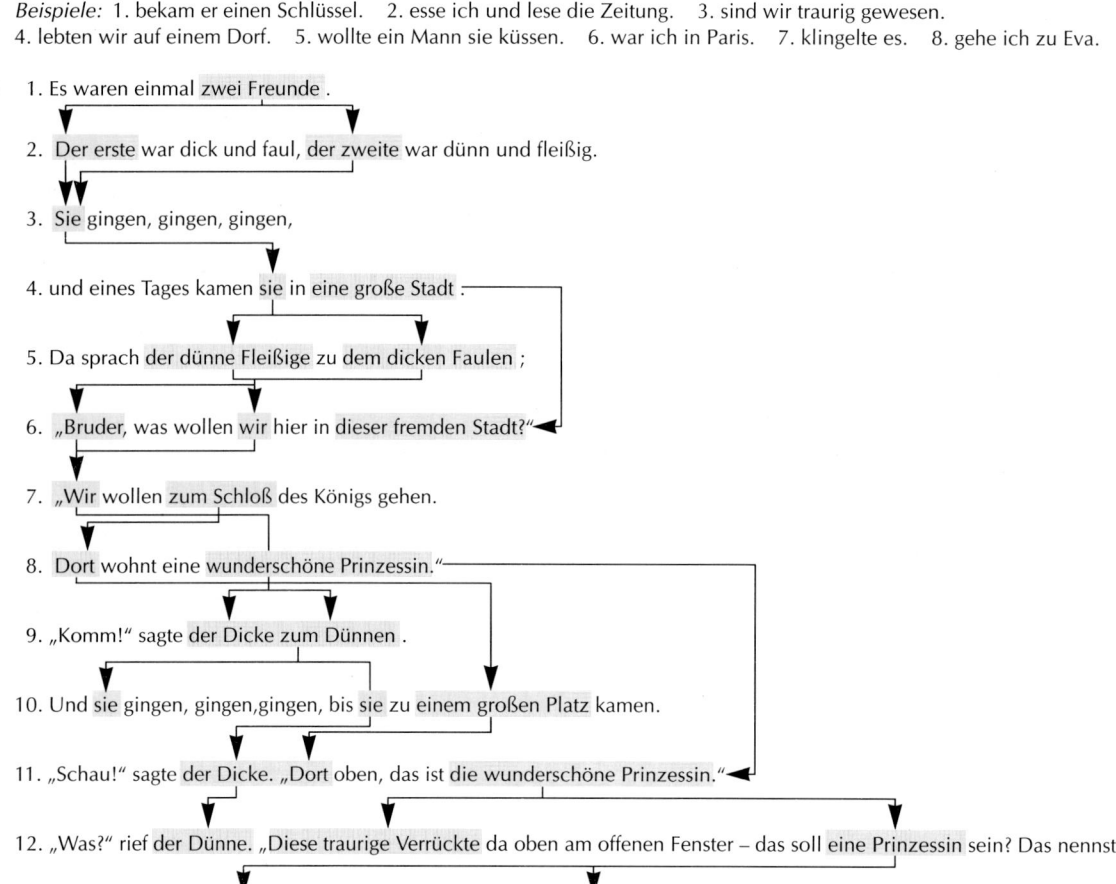

1. Es waren einmal zwei Freunde.

2. Der erste war dick und faul, der zweite war dünn und fleißig.

3. Sie gingen, gingen, gingen,

4. und eines Tages kamen sie in eine große Stadt.

5. Da sprach der dünne Fleißige zu dem dicken Faulen;

6. „Bruder, was wollen wir hier in dieser fremden Stadt?"

7. „Wir wollen zum Schloß des Königs gehen.

8. Dort wohnt eine wunderschöne Prinzessin."

9. „Komm!" sagte der Dicke zum Dünnen.

10. Und sie gingen, gingen, gingen, bis sie zu einem großen Platz kamen.

11. „Schau!" sagte der Dicke. „Dort oben, das ist die wunderschöne Prinzessin."

12. „Was?" rief der Dünne. „Diese traurige Verrückte da oben am offenen Fenster – das soll eine Prinzessin sein? Das nennst du eine wunderschöne Prinzessin? Das ist doch nur eine arme Köchin!"

Kapitel 23

Ü 1 a) 1. tagelang; 2. wochenlang; 3. monatelang; 4. jahrelang
b) 1. feiertags; 2. montags; 3. dienstags; 4. mittwochs; 5. donnerstags; 6. freitags; 7. samstags; 8. werktags; 9. morgens; 10. vormittags; 11. mittags; 12. nachmittags; 13. abends; 14 nachts; 15. werktags, von morgens bis nachmittags; 16. (samstags und) sonntags; 17. (abends und) nachts; 18. Morgens öffnen sie und nachmittags / abends schließen sie; 19. freitagabends / samstags / samstagnachmittags / ...
c) 1. monatlich; 2. täglich; 3. jährlich
Beispiele: 4. einmal stündlich hin und her gehen; 5. einmal täglich spazierengehen; 6. einmal wöchentlich überhaupt nichts machen; 7. einmal monatlich ins Theater / Kino gehen; 8. einmal jährlich sich vom Arzt kontrollieren lassen

Ü 2 b) Es gibt ...:   Jedes Kind bekommt:
 1. ... 3 Kinder: ein Drittel   4. ... 2 Kinder: die Hälfte
 2. ... 5 Kinder: ein Fünftel   5. ... 6 Kinder: ein Sechstel
 3. ... 12 Kinder: ein Zwölftel   6. ... 1 Kind: das Kind bekommt die ganze Torte ... und Bauchschmerzen.
c) 1. b/e; 2. a; 3. c/d/f

Ü 3 1. Bescheid sagen; 2. wußte schon Bescheid; 3. geben Ihnen schriftlich Bescheid; 4. Bescheid geben/sagen

Ü 4 a) früh – früher; schnell – schneller; wenig – weniger; intelligent – intelligenter; sonderbar – sonderbarer; dunkel – dunkler; teuer – teurer; klein – kleiner; voll – voller; schlimm – schlimmer; einfach – einfacher; schön – schöner; wichtig – wichtiger; elegant – eleganter; groß – größer; alt – älter; jung – jünger; warm – wärmer; kalt – kälter; arm – ärmer; dumm – dümmer
b) gern → lieber   gern Walzer tanzen, aber lieber Tango tanzen
   viel → mehr   viel lesen, aber mehr fernsehen
   gut → besser   gut sprechen können, aber besser lesen können
c) 1b) Ich mache nicht so viele Fehler wie du. 2b) Du machst nicht so viele Fehler wie ich. 3a) Hamburg ist kleiner als Berlin. 4a) Er ist jünger als seine Schwester. b) Er ist noch nicht so alt wie sie. 5a) Das Brot hier schmeckt nicht besser als bei uns. b) Bei uns schmeckt es so gut wie hier.

Ü 5 a) 1c, 2b, 3c, 4a, 5c, 6c, 7a, 8c
c) *Beispiele:* 1. Das Flugzeug ist schneller, aber auch teurer als das Auto und der Zug.
2. Zu Fuß gehen ist langsamer, aber viel angenehmer als mit dem Auto zu fahren.
e) *Beispiele:* 1. Im Bus ist es nicht erlaubt, mit dem Fahrer zu sprechen. Im Zug ist es erlaubt, ein Tier mitzunehmen.
2. Im Auto ist es gefährlich, Alkohol zu trinken. 3. Im Auto ist es schwierig, hin und her zu gehen.
f) 1f, 2e, 3c, 4a, 5b, 6d, 7h, 8g, 9

G 1 1. Er steht singend unter der Dusche. 2. Sie kam grüßend ins Zimmer. 4. Er springt lachend in die Luft. 5. Das Kind lief weinend nach Hause. 6. Sie haben die Einladung dankend angenommen.

G 2 a) 1b. schlafenden; 2a. schreiende, b. schreienden; 3a. wartende, b. wartenden; 4a. weinenden, b. weinenden; 5a. schimpfende, b. schimpfenden;
b) 1. dasselbe; 2. denselben; 3. dasselbe; 4. denselben; 5. derselben; 6. dieselbe; 7. ...

G 3 a) 1. Am einunddreißigsten ...; 2. Am ersten Mai ist Tag der Arbeit; 3. Am dritten Oktober ist der Tag der deutschen Einheit; 4. Am fünfundzwanzigsten Dezember ist Weihnachten; 5. Am ... ... ist mein Geburtstag; 6. ...
b) der Zweite, der Zweite, der Dritte, der Dritte, dem Zweiten, der Dritte, dem Zweiten, dem Ersten, der Zweite

Kapitel 24

Ü 1 a) **1. Sachen:** 2. mit: Womit? damit; 3. bei; Wobei? dabei; 4. von: Wovon? davon; 5. für: Wofür? dafür; 6. um; Worum? darum; 7. an: Woran? daran; 8. über: Worüber? darüber;
Beispiel: 9a) an mein Examen b) daran; 10a) von einem Auto b) davon;
2. Personen: 2. mit: Mit wem? mit ihm / ihr ...; 3. bei: Bei wem? bei ihm / ...; 4. von: Von wem? von ihm / ...; 5. für: Für wen? für ihn / sie ...; 6. um: Um wen? um ihn / ...; 7. an: An wen? an ihn / ...; 8. über: Über wen? über ihn / ...;
Beispiel: 11a) an meine Chefin b) an sie; 12a) von meinem Kollegen b) von ihm
b) 1. dagegen; 2. davon; 3. darüber; 4. Dabei; 5. dafür

W 2 a) 2c: die Wiener Staatsoper; 3e: die Salzburger Festspiele; 4j: der Hamburger Hafen; 5b: das Münchner Oktoberfest; 6f: der Berliner Humor; 7h: das Heidelberger Schloß; 8a: die Bonner Politiker; 9d: der Kölner Dom; 10i: die Leipziger Industriemesse

b) 2. Münchner; 3. ein Berliner; 4. zwei Hamburgerinnen; 5. zwei Leipziger

G 1 a)
1. das sonderbare Verhalten
2. auf einer ruhigen Landstraße
3. (ein Taxi) mit offenem Fenster
4. mit unserem neuen Freund
5. eilige Passagiere
6. mit kaputtem Motor
7. der starke Verkehr
8. (der Begleiter) der blonden Dame
9. unser neues Projekt
10. ein elegantes Hotel
11. an einem schönen Frühligstag
12. mein lieber Gröger
13. mit beiden Männern
14. (der Fahrer) des ersten Wagens
15. nervöse Musik
16. ein schöner Frühlingstag
17. mit hoher Geschwindigkeit
18. mit freundlichen Grüßen

b) **Artikel + Kasus-Signal**; Adj. + -e/-en; Nomen: 2. (auf) einer ruhigen Landstraße; 4.; 7.; 8.; 11.; 14.;
Kein Kasus-Signal; Adj. + Kasus-Signal; Nomen: 10. ein elegantes Hotel; 5.; 6.; 9.; 12.; 13.; 15.; 16.; 17.; 18.

G 2 a) Das schmeckt gut: griechische Oliven; französischer Käse; deutscher Wein; russischer Kaviar; holländisches Bier; italienische Pizza
Kaufen Sie lieber ... keine holländischen Oliven; keinen russischen Käse; keinen englischen Wein; keinen italienischen Kaviar; kein griechisches Bier; keine deutsche Pizza

b) 1. dicken – blauer; 2. dünnen – ein dicker Fauler; 3. häßlichen – schöner; 4. großen – kleine; 5. alten – junges; 6. pures – graue; 7. hartes Brot in süßen Kuchen; 8. schlechtes Bier in guten Wein; 9–12: ...

c) *Beispiele*: Idealbilder: heiße Sonne, leerer Strand, blaues/grünes/warmes Meer, ...
Horrorvision: grüne Sonne, voller Strand, schwarzes Meer, ...

Kapitel 25

W 1 a) Größe (+ → –): Mehrbettzimmer → Doppelzimmer → Einzelzimmer
Komfort (+ → –): mit Fernseher → mit eigener Toilette → mit Bad → mit Dusche → ohne fließendes Wasser
Service (+ → –): mit Vollpension → mit Halbpension → mit Frühstück

b) *Beispiele*: 1. Ein Doppelzimmer ist teurer als ein Einzelzimmer. 2. Ein Zimmer mit Halbpension ist nicht so teuer wie ein Zimmer mit Vollpension. 3. Ein Zimmer ohne fließendes Wasser ist billiger als ein Zimmer mit Dusche.

W 2 a) 1. zum Empfang gehen 2. nach einem Zimmer fragen 3. ein Anmelde-Formular ausfüllen/sich einschreiben 4. einen Paß oder Personalausweis zeigen 5. den Schlüssel bekommen 6. sein Gepäck ins Zimmer bringen oder bringen lassen

G 1 a) 1b. Als der Zug hielt, stieg sie aus. 2b. Als er den Roman ausgelesen hatte, machte er das Licht aus. 3b. Als das Wetter besser wurde, konnten wir endlich losgehen. 4b. Als ich 10 Jahre alt war, wollte ich Kapitän werden.

b) 1b. Wir gehen spazieren, obwohl es regnet. 2b. Ich nehme noch ein Stück Kuchen, obwohl ich keinen Hunger mehr habe. 3b. Er hörte sich ihre Geschichte an, obwohl er keine Zeit hatte. 4b. Sie dankte ihm lächelnd, obwohl sie keine gelben Rosen mochte.

G 2 a) ... hatte die Haustür aufgeschlossen und war in die Küche gegangen. Dort hatte sie den Brief auf dem Tisch gefunden. Sie hatte sofort die Schrift erkannt, aber sie hatte ihn liegen lassen. Sie hatte sich ein Bier aus dem Kühlschrank geholt und hatte aus dem Fenster in die dunkle Nacht geschaut. Dann hatte sie wieder an den Brief gedacht. Sie hatte ihn vom Küchentisch genommen. Sie hatte sich auf die Treppe vor dem Haus gesetzt.

b) *Beispiele*: 1. Er wurde ganz rot, weil er noch nie geküßt hatte.
2. Sie kam erst sehr spät, weil ihr Auto kaputt gegangen war.
3. Wir konnten nicht in dem Hotel bleiben, weil wir kein Zimmer reserviert hatten. 4. ... 5. ...

G 3 a) **Artikel:** *Femininum:* eine (neue) Idee, die Idee; *Plural:* gute Freunde, die Freunde;
Pronomen: *Neutrum:* das, es, ein(e)s, mein(e)s, kein(e)s; *Femininum:* die, sie, eine, meine, keine; *Plural:* die, sie, welche, meine, keine

b) 1. keins; 2. welche; 3. Ihren; 4. unseres; 5. unsere; 6. meinem; 7. ein(e)s; 8. welche (keine); 9. welche; 10. meiner; 11. keinen

Kapitel 26

1 a) 1. Onkel; 2. Die Schwester meines Vaters / meiner Mutter; 3. Schwager; 4. der Sohn (m)eines Onkels und (m)einer Tante; 5. Der Vater meines Großvaters / Der Großvater meines Vaters; 6. Großtante; 7. der Sohn (m)eines Bruders oder (m)einer Schwester
b) 2. Schwägerin; 4. Tante; 7. Enkeltochter; 9. Schwiegervater; 11. Schwiegersohn

2 a) 1b, 2d, 3c, 4a   b) klatschen – blubbern – klirren – brausen – zischen – prasseln
c) 1e, 2b, 3c, 4f, 5a, 6d
d) eine Kuh: muht; ein Bär: brummt; ein Vogel: „singt"; ein Huhn: gackert; ein Frosch: quakt; eine Katze: miaut

3 Beispiele: (2) damals: 1958–1959; (3) Vorher / (4) Da: 1952/53–1958; (5) Einige Jahre später: 1963–65; (6) Anfang der dreißiger Jahre: 1930–32; (7) damals: 1963–65; (8) später / (9) da: 1978–79

4 a) Familienname; Vorname; Geburtsname; geboren; Staatsangehörigkeit; Familienstand; Wohnort; Schulbildung; Berufsausbildung; jetzige Tätigkeit

G 1 a)

M		F		N	
der	ein	die /	eine	das	(ein)etwas
Deutsche	Deutscher	Deutsche		Deutsche	Deutsches
Verwandte	Verwandter	Verwandte		Verwandte	Verwandtes
Blonde	Blonder	Blonde		Blonde	Blondes
Gute	Guter	Gute		Gute	Gutes
Fremde	Fremder	Fremde		Fremde	Fremdes	...

b) 1. ein Alter   2. ein netter Alter   3. ein netter, weißhaariger Alter   4. ein süßes Kleines   5. entfernte Verwandte   6. ein blonder blauäugiger Deutscher   7. ein netter Bekannter   8. eine freundliche Angestellte   9. der große schlanke Schwarzhaarige   10. diesen sonderbaren Fremden   11. viele Deutsche   12. eines guten Bekannten   13. meine Bekannten und Verwandten   14. Für einen Reichen – für einen Armen.

G 2 a) 1. Wenn du lieb bist, ...   3. Wenn du dein Zimmer aufgeräumt hast, ...
2. Wenn du deine Aufgaben gemacht hast, ...   4. Wenn du nicht mehr fragst, ...
b) 1. Jedesmal wenn jemand vorbeischwamm, hörte man dieses Klatschen.
2. Jedesmal wenn jemand Wasser in seinen Whisky schüttete, hörte man dieses Klatschen.
3. Jedesmal wenn jemand ins Wasser sprang, hörte man dieses Klatschen.
c) 1. wann; 2. Wenn; 3. Wann; 4. Wenn; 5. wenn; 6. wenn

Kapitel 27

W 1 a) 2g, 3f, 4i, 5b, 6c, 7e, 8a, 9h, 10l, 11j, 12k
b) 2. Davor haben sie Angst. 3. Darüber ärgern sie sich. 4. Darum machen sie sich Sorgen. 5. Darüber werden sie wütend. 6. Darüber freuen sie sich oder darüber sind sie traurig. 7. = 6.

W 2 1. irgendwer; 2. irgendwann; 3. irgendwohin; 4. irgendwen; 5. Irgendwer/Irgendjemand; 6. irgendwo/irgendwann

W 3 b) Beispiele: Initiative: feststellen, behaupten, melden, äußern
Reaktion: widersprechen, antworten, bezweifeln, bestätigen, erwidern, zugeben, bedauern
beides: erklären, sagen, vermuten, behaupten
c) eine Information   melden, bestätigen, bezweifeln, (bedauern)
einen Fehler   vermuten, feststellen, erklären, bezweifeln, zugeben, bedauern, melden
eine Tatsache   feststellen, bezweifeln, bestätigen
einem Gesprächspartner   widersprechen, antworten, erwidern
etwas   sagen, äußern, vermuten, feststellen, behaupten, antworten, erklären, bezweifeln, bestätigen, zugeben, melden
d) 2. behauptet; 3. meint; 4. fragt sich; 5. wundert sich; 6. will wissen; 7. bedauert; 8. ärgert sich; 9. erklärt; 10. schlägt vor

G 1 1. Jungen; 2. Löwe; 3. Herrn; 4. Studenten; 5. Menschen; 6. Optimist; 7. Zeuge; 8. Zeugen; 9. Bären, Prinzen; 10. Mensch, Affen; 11. Affe, Menschen; 12. Namen; 13. Name

G 2 a) 1. war   2. wollte   3. bedauerte   4. hatte
b) *Satz 2:* Hauptsatz – Nebensatz 1 – Nebensatz 2
Satz 4: Hauptsatz ... – Nebensatz 1 – ... Hauptsatz – Nebensatz 2
Satz 1: Nebensatz 1 – Hauptsatz – Nebensatz 2
Satz 3: Hauptsatz – Nebensatz 1 ... – Nebensatz 2 – Nebensatz 3 – ... Nebensatz 1

d) Hauptsatz ... ——Nebensatz 1—— ... Hauptsatz ——Nebensatz 2——Nebensatz 3

S 1 a) *Beispiele:* 1 sich kennenlernen   2 zusammen ausgehen   3 sich ineinander verlieben   4 zusammen schlafen   5 einander lange Briefe schreiben   6 sich bei den Eltern vorstellen   7 zusammenleben   8 heiraten   9 Kinder bekommen   10 sich immer öfter streiten   11 sich trennen(?)

Kapitel 28

W 1 a) 1. a, b, c, d; 2. a, b, d; 3. e; 4. b; 5. e; 6. b, d; 7. a; 8. a, b; 9. b, e; 10. b, c, d
b) Handlung   :   erfahren   erfinden   entdecken
Person, die das tut :   –   der Erfinder   der Entdecker
Ergebnis   :   die Erfahrung   die Erfindung   die Entdeckung
1. Erfahrung; 2. Entdecker; 3. entdeckt; 4. erfunden; 5. Entdeckung; 6. erfahren; 7. Erfindung

W 2 *Beispiele:* 2. vor Freude; 3. vor Begeisterung; 4. vor Wut/vor Angst; 5. vor Aufregung; 6. vor Aufregung/vor Glück/vor Ärger; 7. vor Aufregung; 8. vor Angst; 9. vor Glück / vor Wut; 10. vor Freude; 11. vor Sorge/Angst

G 1 c) *Beispiel:* Ein schöner Prinz wird auf seinem weißen Pferd kommen. Er wird um die Hand des armen Mädchens bitten. Das arme Mädchen wird sehr glücklich sein und wird natürlich „ja" sagen. Der Prinz wird es mit in das Schloß ...

G 2 a) *Beispiele:* 1. Sie vergessen oft, ...   2. Sie finden es schrecklich, ...   3. Sie versuchen nie, ...   4. Sie haben Angst davor, ...   5. Sie haben keine Lust, ...   6. Sie haben oft das Gefühl, ...
b) *Beispiele:* 1. ... das Licht auszumachen?   2. ... die Blumen noch mal zu gießen?   3. ... das Wasser abzustellen?   4. ... die Türe abzuschließen?   5. ... dem Hausmeister Bescheid zu sagen?   6. ... alle wichtigen Sachen zu verstecken?
c) *Beispiele:* 2. ... fliegen zu können;   3. ... Roboter zu erfinden;   4. ... die Geheimnisse des Universums herauszufinden;   5. ... andere Menschen auf anderen Sternen zu entdecken;   6. ... auf dem Mond zu landen

G 3 a) 1. Als ... b; Wenn ... a; 2. Als ... a; Wenn ... b; 3. Wenn ... b; Als ... a
b) 1. als; 2. Wenn; 3. wenn; 4. Als

G 4 a) 1. eine Kaffeemaschine; 2. ein Rasierapparat; 3. ein Fotoalbum; 4. ein Telefonbuch; 5. eine Fußgängerbrücke; 6. eine Traumwohnung; 7. ein Fernsehgerät; 8. ein Fußballplatz
b) Jemand, ... 2. von dem alle sprechen; 3. ohne den alle ratlos sind; 4. vor dem alle Respekt haben; 5. über den man nur Gutes sagt; 6. für den nichts unmöglich ist; 7. in den alle Vertrauen haben; 8. mit dem jeder zusammensein will
c) 2. ein Gerät, durch das man kleine Objekte sieht; 3. eine Reise, bei der man Geschäfte macht; 4. ein Thema, über das man nicht spricht; 5. Leute, mit denen man als Schüler befreundet war

S 1 a) 1 E, 2 C, 3 B, 4 A, 5 D

Lösungsschlüssel für die Übungen zur Phonetik und Orthographie

K 1 2: 1. sportlich ✗ 2. musikalisch ✗ 3. Frankreich ✗ 4. sympathisch ✗ 5. ich ✗ 6. komisch ✗ 7. nicht ✗ 8. München ✗
3: 1. nervös 2. schlafe nicht 3. Schlock sympathisch 4. Hören 5. komisch 6. München

K 2 1: 1. die|touristen|suchen|ein|hotel 2. sie|sind|nervös|sie|finden|die|adresse|nicht 3. zwei|männer|warten|in|der|ubahn 4. eine|Frau|kommt|und|steigt|ein
2: 1.↘ 2.↗ 3.↘ 4.↗ 5.↘ 6.↗ 7.↘ 8.↗ 9.↗ 10.↘
3a: schreibe ✗, Start ✗, Sprache ✗, Chef ✗, sein ✗, Schein ✗, Spion ✗, Stadt ✗, Sie ✗, charmant ✗, schön ✗, Student ✗, schnell ✗, Spiel ✗, Straße ✗
3c: s(t), s(p), sch(l), sch(r), sch(n), sch(a, e ...), ch(a, e...) in internationalen Wörtern
4: 1. Hier ist 2. Wie finden Sie 3. Ich finde 4. Entschuldigen Sie ich nicht 5. Sie wie sie 6. hier bin ich sind Sie

K 3 1: 1.↗↗↗↘ 2.↗↗↗↘ 3.↗↗↗↘
2: 1. ✗ 2. ✗ 3. ✗ 4. ✗
3a: müde ✗, Partner ✗, Suche ✗, Vater ✗, Frage ✗, warte ✗, Sprache ✗, Sprecher ✗, Lehrer ✗
4a: 1. In der U-Bahn sitzt ein Mann. 2. Er wartet und er liest ein Buch. 3. Warum ist er nervös? Das ist die Frage. 4. Warten ist gefährlich. 5. Ist der Mann ein Spion? 6. Ich finde Spione interessant.
4b: 1. Sie Sie 2. sie 3. Sie sie 4. sie Sie 5. sie sie

K 4 1: entschuldigen|sie|ich|habe|eine|frage|ich|suche|eine|person|im|zug|sie|ist|blond|und|gefährlich|ich|bin|sehr|nervös|ich|frage|sie|warum|kommt|die|frau|nicht
2: 1. Bruder, sportlich, müde, fragen, Antwort, Partnerin, Mädchen, Unsinn; 2. informieren, Organisation, Argument, Station, Phantasie, telefonieren
Charakteristisch: deutsche Wörter: Akzent am Anfang; internationale Wörter: Akzent am Ende.
3a: Buch, bucht ✗, sucht ✗, sag, sagt ✗, fragt ✗, Geld ✗, fällt ✗, Welt ✗, lehrt ✗, Lehrer, lehrst ✗
4: Tier, für, kühle, Stiele, Brüder, Mutter, müßt
5: 1. Fahrkarten sagt Mann 2. habe 3. mal Mark 4. bezahle aber habe Frage 5. Was Karte Straßenbahn

K 5 1: Großvater – mein Großvater – mein Großvater kommt – mein Großvater kommt morgen
2: 1. Sie 2. deutsch 3. Buch 4. nicht 5. das 6. so nie
3: hört, lesen, Hölle, Meere, schön, rote, Note, Möhre
4: wegen, Teller, sägen, kenne, Bären, Räder
5a: Mädchen erzählt vier Brüder keine Schwester Bruder sportlich läuft Bruder hört immer Musik schläft Natürlich musikalisch immer müde Bruder fährt Motorrad sehr nervös Mein Vater möchte sechs Töchter keine Söhne Söhne Probleme
5b: meine, Berliner, Karten, suche, Kinder, Sache, junge, sprechen, Tiere, Sprachen, Lehrer, Brote, Leser, entschuldige, warten, habe, Texte, bitte

K 6 1a: Unterschrift, Filmstar, Zeitungsartikel, Wortschatz, Postbote, Namensschild, Fahrkartenautomat, Großmutter, Postamt, Straßenbahn, Muttersprache
1b: Komponierte Nomen haben den Akzent auf dem 1. Wort.
2b: nicht ✗, Bücher ✗, Bach ✗, suche ✗, doch ✗, spreche ✗, Tochter ✗, Dichter ✗, Bäche ✗, möchte ✗, dich ✗, macht ✗
Charakteristisch: nach Vokal „i", „ü", „e", „ä", „ö": „ch" wie in „ich"; nach Vokal „a", „u", „o": „ch" wie in „ach".

K 7 1a: verstehen, erklären, anhören, weglaufen, einsteigen, herkommen, erwarten, abgeben
1b: ich verstehe, ich erkläre, ich höre an, ich laufe weg, ich steige ein, ich komme her, ich erwarte, ich gebe ab
1c: *Charakteristisch: Verb hat Akzent → Präfix untrennbar; Präfix hat Akzent → Präfix trennbar.*
2: 1. ? 2. ? 3. . 4. ? 5. ? 6. . 7. ? 8. ?
3a: 1. ✗ 2. ✗ 3. ✗ 4. ✗ 5. ✗ 6. ✗ 7. ✗ 8. ✗ 9. ✗
3b: *Beispiele:* Seiten – leiten; Mai – frei; Bräute – Leute; Häute – Bräute; Frau – schlau; Schreiber – Weiber; heute – Häute; Klaus – Maus ...
4: 1. ✗ 2. ✗ 3. ✗ 4. ✗

K 8 1: drei – Es ist drei Uhr. – Es ist drei Uhr zehn. – Es ist drei Uhr fünfundzwanzig.
2a: richtig, arbeiten, Lehrer, wir, hören, ihre, charakteristisch, Uhr, ihr, wer
Charakteristisch: Am Wortende höre ich nie „r".

3: Studenten, Piloten, Dozentin, Kollegin, Ärzte, Autorin
4a: machen, Kirche, lächeln, Büsche, Kirsche, Bücher, Wäsche, Bäche, wasche, Vase, wach, was, wachen, Küche
4b: 1. Studenten sprechen Sprachen 2. spielen Schüler 3. Sport phantastisch 4. Verstehen schnell 5. Schreiben schwer 6. Schläft schon
4c: Vielen für Brief finde freundlich Fest phantastisch feiern Vielleicht verstehe Motive frage Motiv frage versteht Frauen

K 9 1: mein | teich | sagte | ich | sag | teer | meinte | er | sag | teich | meinte | ich | sagte | er | mein | teer
2a: 1. Sie 2. ein 3. Märchen 4. Schreiben 5. Tochter
2b: 1.c) 2.e) 3.d) 4.b) 5.a)
3a: Hand, habe, verstehe, froh, wohl, sieht, gefährlich, gehen, heute, ihre, wohin, Zahl, Herren, haha!
3b: Abend, eben, Hund, hier, hoffen, alle
4: 1. Bahn fährt 2. Wo wohnen 3. Sie sieht ihn sie liest 4. leben gefährlich 5. Ihr seht müde 6. Sohn schläft hier sehr unruhig 7. Wen sucht ihr 8. nehme Bier

K 10 1: 1a)-·; 1b)-..., daß ...; 2a)-..., daß ...; 2b)-·; 3a)-··; 3b)-..., ob ...; 4a)-·; 4b)-..., ob ...
2a: 1. ☒ 2. ☒ 3. ☒ 4. ☒
2c: gēht, Gĕld, zēhn, wĕn, nĕtt, wĕnn, sēhen, dĕnn, bĭst, Bīest, vĭel, Fĭlm, ĭn, īhn, Bĭer, Bĭld
2e: Nach langen Vokalen kommt oft „h" oder „e", oder der Vokal kommt 2x.
Nach kurzen Vokalen kommen oft zwei Konsonanten.

K 11 1a: diskutieren, erwarten, träumen, einkaufen, aufwachen, erzählen, sagen, telefonieren, zuhören
1b: diskutiert, erwartet, geträumt, eingekauft, aufgewacht, erzählt, gesagt, telefoniert, zugehört
1c: Charakteristisch: Akzent im Infinitiv am Anfang → im Partizip kommt „ge";
Akzent im Infinitiv nicht am Anfang → im Partizip kommt kein „ge"
2: 1. ? 2. ! 3. ? 4. ! 5. ? 6. ? 7. ! 8. ?
3b: Mănn, Zăhl, fähren, făllen, sāgen, Hāar, păssen, wŏhl, kŏmmt, wō, Fŏlge, wŏllen, wŏhnen, Zūg, dŭmm, Kŭrs, sŭcht, rūfen, Nŭmmer
3c: Signal für lange Vokale: nach dem Vokal kommt „h", oder der Vokal kommt 2x;
Signal für kurze Vokale: nach dem Vokal kommen zwei Konsonanten.
4a: kommt Alle fahren Mann fahren Meer man viel tun müssen Koffer Zug suchen Fahrkarten kaufen Hoffentlich vergessen Paß nicht wohnen Hotel sehen Meer Hoffentlich gutes Wetter
4b: für Psychoanalyse Tür fünf Symbole über Tür sympatisch Für anonym dynamisch unsympathisch lügen natürlich wütend Schüler lügen übertreiben Für Lügen typisch

K 12 2: 1. ☒ 2. ☒ 3. ☒
3: singen, rammen, gongen, ringen, rennen
4a: Wenn ich frühstücke, höre ich immer Radio. Ich finde, daß man schon am Morgen wissen muß, was in der Welt passiert ist. Warum ich keine Zeitung lese? Das dauert zu lange, finde ich, und ist zu kompliziert. Schauen Sie, wenn ich zum Beispiel meinen Tee koche, brauche ich beide Hände. Aber die Ohren sind immer frei. Ich frühstücke zwar immer mit meinem Mann, aber der spricht morgens nicht. Er ist ein Morgenmuffel. So sagt man in Deutschland, wenn Leute morgens nichts sprechen und nichts hören wollen.
4b: 1. Verkäufer freundlich 2. heute Leute euch 3. Freund Läufer 4. Häuser neu 5. bedeutet 6. Läuft 7. Käufer 8. Freundin träumt

K 13 1a: 1. ☐ 2. ☒ 3. ☒ 4. ☒ 5. ☐ 6. ☒ 7. ☐
2a: Kin|der, ein|schla|fen, hof|fent|lich, wie|der|ho|len, auf|wa|chen, Be|schrei|bung, Er|klä|rung
2b: Charakteristisch: Am Anfang der Silbe steht ein Konsonant. Bei zwei und mehr Konsonanten trennt man vor dem letzten Konsonant. Komponierte Nomen trennt man zwischen den zwei Wörtern.
3: Kinder wollen einen nehmen eine Schaufel fangen man einem eine fragen einen den Kindern fehlt ein Kinder nehmen ihrem einen ihn dem dem den Kindern der Mutter erzählen der kommt

K 14 1: Sekretärin c) 2. Sŏnntag b) 3. ĭmmer a) 4. Būro d)
3a: 1. essen besser Messer 2. mußt Paß 3. müssen verfassen 4. Grüße dreißig fleißigen 5. Gruß 6. weiß daß Straße 7. Wissen daß Schluß 8. heißen weißen 9. Interessieren große 10. anfassen Wasser heiß 11. gewußt 12. paßt
3b: nach langem Vokal und nach ei, au, eu ☒; am Wortende ☒; nach kurzem Vokal und vor Vokal ☒; nach kurzem Vokal und vor Konsonant ☒
4: großen Wohnung Haus vier Bad Fenster klein Frühstück genug Schlafzimmer geht Straße leider Haus steht Fernseher Eßtisch Arbeitszimmer bin Arbeit gefällt vierte Das Da ich Idee muß überlegen

Quellenverzeichnis

S. 5	© Bibliographisches Institut, Mannheim
S. 6 u. 7	Karten: R. Kreider-Stempfle, München
S. 8	Foto: R. Kreider-Stempfle
S. 9	Fotos: o.: Hubert Eichheim, München Mi: Süddeutscher Verlag, Bilderdienst, München
S. 11	Karte: R. Kreider-Stempfle
S. 12	Masken: Klaus Meyer
S. 15	Zeichnungen: O. Mazaud; Paris u.: Little Nemo, Windsor McKay © SLUMBERLAND PRODUCTIONS, Abington
S. 16	Foto: Ille Oelhaf, Hamburg
S. 17	Fotos: Ille Oelhaf
S. 18	Fotos: Ille Oelhaf
S. 19	Plakat: Helmut Schmidt-Rhen, 1983
S. 24	Ansichtskarte Heidelberg: Werbeagentur Knopf, St. Leon
S. 25	Uhr: Ruth Kreider-Stempfle
S. 28	Fotos: li.: Hans Rohrer; Mi. u. re: Kathrin Dennhardt-Rohrer, München
S. 31	Fotos: li.: Klaus Meyer, München; Mi. u. re.: Ille Oelhaf
S. 35	Paul Klee © VG-Bild-Kunst, Bonn 1993
S. 36	Foto: Klaus Meyer
S. 37	Collage: Klaus Meyer
S. 38	Zeichnungen: Michael Keller, München
S. 39	Fotos: o. li.: K. Dennhardt-Rohrer; o. r.: H. Rohrer
S. 40	Foto: Maria Thurmaier, München
S. 42	Fotos: Michael Seifert, Hannover
S. 43	Foto: Michael Seifert, Hannover
S. 44	Foto: „Bunte", Burda-Syndication, München
S. 46	Foto: Hubert Eichheim
S. 49	Foto: Michael Seifert, Hannover
S. 52	Foto: Klaus Meyer
S. 54	Zeichnungen: Olivier Mazaud
S. 57	Foto: Hans Rohrer
S. 58	Fotos: o.: Haus am Checkpoint Charlie der Arbeitsgemeinschaft 13. August e.V.; u.: Hans Rohrer
S. 60	Foto: Ille Oelhaf Fisch: Klaus Meyer
S. 62	Zeichnung: Michael Keller
S. 63	Fotos: o.: Bavaria Bildagentur, Gauting; u.: K. Dennhardt-Rohrer
S. 66	Foto: (1) u. (3): H. Rohrer; (2) + (4): Ille Oelhaf
S. 67	Foto: Herbert Bornebusch, München
S. 68	Foto: K. Dennhardt-Rohrer
S. 72	Grafiken: Verkehrsmuseum, Nürnberg; Foto u.: Hubert Eichheim
S. 78	Buchdeckel aus: Buchkunst und Literatur in Deutschland 1750–1850, Maximilian-Gesellschaft e.V. Stuttgart
S. 79	Fotos: li: Uwe Göbel, München; re.: Maria Thurmair, München
S. 80	Zeichnungen: Michael Keller
S. 85	Fotos: o.: Salzburger Festspiele/Weber; u.: Ille Oelhaf
S. 86	Zeichnungen: F. K. Waechter, Frankfurt, mit freundlicher Genehmigung
S. 87	Zeichnung: Michael Keller
S. 92	Zeichnung: Michael Keller
S. 93	Koffer: Klaus Meyer; Cartoon: Erich Rauschenbach © Vito von Eichborn GmbH & Co KG, Frankfurt Februar 1986
S. 94	Zeichnung: Michael Keller
S. 96	Zeichnung: Michael Keller; Gedicht: Wolfgang Borchert „Liebeslied" aus: Wolfgang Borchert Das Gesamtwerk © by Rowohlt Verlag, Hamburg
S. 97	Zeichnung: Peynet Raymond © VG Bild-Kunst, Bonn 1993
S. 99	Fotos: aus dem Archiv Stiftung Deutsche Kinemathek, Berlin
S. 100	Zeichnungen: Klaus Meyer, unten: Ludwig Richter
S. 102	Fotos: li.: K. Dennhardt-Rohrer; H. Rohrer
S. 105	Hut: Michael Keller
S. 106	Erich Fried, Menschenkenner aus: „Lebensschatten" © Verlag Klaus Wagenbach, 1981; Fotos: li.: Michael Seifert, Mi. u. re.: Ille Oelhaf
S. 107	Zeichnungen: Michael Keller
S. 108	Zeichnungen: Michael Keller; Foto: Bavaria Bildagentur Gauting
S. 109	Zeichnungen: Michael Keller
S. 110	Hans Traxler, Wie Adam zählen lernte © by Diogenes Verlag AG, Zürich
S. 114	Zeichnungen: o.: Antonia Berger; Michael Keller
S. 117	Zeichnungen: Michael Keller
S. 119	Foto: Simone Fischer, München
S. 120	Zeichnung: Michael Keller
S. 121	Foto: K. Dennhardt-Rohrer
S. 123	Foto: Hubert Eichheim
S. 126	Foto: Michael Seifert, Hannover
S. 127	Zeichnung: Michael Keller
S. 136	Zeichnungen: Tabea Dietrich
S. 137	Zeichnung: Michael Keller
S. 138	Klaus Meyer, München
S. 140	Suhrkamp Verlag, Frankfurt; Kiepenheuer & Witsch, Köln; Deutscher Taschenbuchverlag, München; Langenscheidt Verlag, München
S. 142	Zeichnung: Simone Reichart, Formular: mit freundlicher Genehmigung des Instituts für Deutsch als Fremdsprache, München
S. 144	Foto: Ille Oelhaf
S. 148	Zeichnung: Simone Reichart
S. 149	Foto: Michael Seifert
S. 150	Zeichnung: Michael Keller
S. 151	Zeichnung: Michael Keller; Foto: Klaus Meyer
S. 154	Fotos: Ille Oelhaf; Zeichnung: Michael Keller
S. 155	Foto: Lissi Mitterwallner, München
S. 156	Zeichnungen: Antonia Berger
S. 158	Foto: Klaus Meyer; Bertolt Brecht: Gründungssong der National Deposit Bank aus: Gesammelte Werke © Suhrkamp Verlag, Frankfurt am Main 1967
S. 161	Zeichnung: Michael Sowa, Editon Inkognito, Berlin
S. 162	Zeichnungen: Simone Reichart
S. 165	Foto: Stiftung Deutsche Kinemathek, Berlin
S. 166	Zeichnungen: Michael Keller, Simone Reichart, Antonia Berger
S. 167	Didaktisierung nach einer Idee von Mohammed Esa und Heinrich Graffmann: ‚Grammatikarbeit im Text', in: Fremdsprache Deutsch 2/1993
S. 168	Foto: Interfoto, München
S. 169	Foto: Klaus Meyer
S. 170	Zeichnung o.: Antonia Berger
S. 173	Fotos: li.: Hans Rohrer, re.: Ille Oelhaf
S. 175	Zeichnung: Michael Keller
S. 176	Foto: Hubert Eichheim
S. 180	Zeichnung: Michael Keller
S. 183 u. 184	Fotos: Hotel Flandrischer Hof, Köln, mit freundlicher Genehmigung
S. 187	Fotos: o.: Die flambierte Frau; Regie: Robert von Ackeren, u.: Im Lauf der Zeit, Regie: Wim Wenders, Weltvertrieb Filmverlag der Autoren. Aus dem Archiv der Stiftung Deutsche Kinemathek, Berlin
S. 188	Foto: Schiller-Nationalmuseum, Marbach
S. 189	Foto: Josef Rohrer, Stockdorf
S. 190	Zeichnung: Antonia Berger
S. 191	Fotos: li.: mit freundlicher Genehmigung des Bundesministeriums für das Post- und Fernmeldewesen, Bonn; re: Ille Oelhaf
S. 193	Zeichnung: Karl der Große, Michael Keller
S. 194	Zeichnung: Moritz Dennhardt
S. 195	Collage: Antonia Berger, München; Bert Brecht, Erinnerungen an die Marie A. aus: Gesammelte Werke © Suhrkamp Verlag, Frankfurt am Main, 1967
S. 197:	Fotos: Süddeutscher Verlag, Bilderdienst, München
S. 200	Foto: Ille Oelhaf; Zeichnung: Sempé: Umso schlimmer, Cartoons, © 1987 by Diogenes Verlag AG, Zürich
S. 201	Zeichnungen: li. u. Mi.: Michael Keller, re.: Bornig, A New Ambigous Figure aus: American Journal of Psychology 42 (1930): 444–45
S. 202	Text nach Werner v. Uslar aus: Aktuelle Texte II, Klett Edition Deutsch GmbH, München
S. 204	Zeichnungen: Michael Keller
S. 208	(1) Deutscher Taschenbuch Verlag, München; (2) Humboldt-Verlag, München; und (3) Apa Guide, mit freundlicher Genehmigung, beide München; (4) Fischer Verlag, Frankfurt a. M.; (5) Rowohlt Verlag, Reinbek
S. 214	Karte: Ruth Kreider-Stempfle
S. 220	DUDEN Bd. 4
S. 224	Gedicht nach Ernst Jandl: © by Hermann Luchterhand Verlag, Darmstadt-Neuwied. Mit freundlicher Genehmigung des Luchterhand Literaturverlags, Hamburg
S. 226	Zeichnung: Michael Keller
S. 256	Gedicht: Auf der Suche, von Ali, Student aus Tansania Zeichnung: Sebastian Gulden

In einigen wenigen Fällen ist es uns trotz intensiver Bemühungen nicht gelungen, die Rechteinhabe von Texten und Fotos zu ermitteln. Für Hinweise, die uns helfen, die Copy-right-Inhaber zu finden, wären wir dankbar.

Auf der Suche

Auf der Suche

Wie ein Jäger gehe ich fort.
Ich betrete einen Urwald.
Von Wörtern.
Bin auf der Suche
Nach dem Hauptsatz.

Wo die Subjekte grasen
Dahin kann man leicht finden.
Die redseligen Adjektive
Sind immer dabei.
Die Verben
Sind genauso gefährlich wie viele Raubtiere.
Manche sind schwach, aber
Andere sind stark.
Die Adverbien – wie Hyänen
Laufen sie den Verben hinterher.
Nebensätze sind überall:
Wie Vögel fliegen sie
Und landen irgendwo.
Kleine Tiere wie Antilopen
Die Präpositionen und Konjunktionen
Beachte ich gar nicht.

Aber jetzt kann ich mich nicht fortbewegen.
Vor mir steht ein gefährliches Raubtier:
Ein trennbares Verb.
Ich muß mit Treffsicherheit schießen
Denn es hat zwei Seelen.

Ali, Student aus Tansania